言葉の壁を越える
東アジアの国際理解と法

OVERCOMING LANGUAGE BARRIERS

竹中 浩 =編著

大阪大学出版会
Osaka University Press

目　次

序章　開かれた法の世界と日本 …………………………………… 1
1　はじめに　1
2　在留外国人の権利保障　3
3　法の教育と言語　7
4　東アジアの法発展と日本の経験　11
5　おわりに　15

第1部　司法通訳と在留外国人支援 ……………………………… 19

第1章　司法通訳の現状と課題 …………………………………… 21
1　はじめに　21
2　日本の司法通訳人の制度と現状　22
3　司法通訳人の役割　27
4　法律家の理解と協力　34
5　おわりに　41

補論　外国人の刑事事件と通訳を受ける権利の保障
　　　　―訴訟法学の立場から― ………………………………… 45
1　はじめに　45
2　刑事司法手続における通訳人の役割　46
3　裁判員裁判への対応　51

第 2 章　通訳翻訳サービスを受ける法的権利 …… 57
　1　はじめに　57
　2　公民権法第 6 編と Lau v. Nichols 判決　58
　3　大統領令 13166 号と司法省ガイドライン　61
　4　若干の理論的分析　66
　5　日本法との比較とこれへの示唆　69
　6　おわりに　72

第 3 章　在留外国人と法情報―在日ブラジル人の事例― …… 77
　1　はじめに　77
　2　在日ブラジル人の概況　78
　3　在日ブラジル人が直面する法律問題　82
　4　主要な法情報源　83
　5　コミュニティとの連携　86
　6　おわりに　88

補論　外国人のための情報提供サービス …… 93
　1　大阪府外国人情報コーナー　93
　2　法律面からみた事例の紹介　98
　3　外国人への情報提供に関する諸課題　100

第 2 部　法の教育における情報と言語 …… **103**

第 4 章　東アジアにおける法の教育と法情報学 …… 105
　1　はじめに　105
　2　「わかりやすい」法教育と比較対照アプローチ　107
　3　提供すべき法情報：対応関係をもった情報　111
　4　比較対照情報構築への支援：法情報学　116
　5　おわりに　121

第 5 章　外国語教育との結合―司法通訳教材の開発と応用― ……… 127
　1　はじめに　127
　2　司法通訳に関する学習と伝達　129
　3　Web 教材の開発と模擬尋問による学習　132
　4　司法通訳養成教材中国語版の作成　139
　5　学部用教材としての応用　145
　6　おわりに　153

第 3 部　東アジアにおける比較法研究の可能性 ……… **159**

第 6 章　中日企業関係法の比較研究 …………………………… 161
　1　はじめに　161
　2　中日における企業関係法の基本構造　162
　3　商業使用人、代理商と商事代理権　165
　4　消費者の情報取得と特別取消権　167
　5　独立取締役制度　170
　6　証券書類の虚偽陳述（虚偽記載）に関する民事責任　176
　7　おわりに　180

第 7 章　児童の権利に関する条約と「子どもの最善の利益」の原則 ‥ 185
　1　はじめに　185
　2　学校教育と子どもの人権：日本の状況　186
　3　子どもの権利条約と憲法：台湾の状況　190
　4　「子どもの最善の利益」と日本法　200
　5　「子どもの最善の利益」と台湾法　207
　6　おわりに　217

第 8 章　地方公共団体・地方自治体の露語訳とロシアの地方自治 … 223
　　1　はじめに　223
　　2　地方公共団体および地方自治体という言葉の露語訳　224
　　3　地方自治の否定と継受における機関と権力の概念　229
　　4　おわりに　240

あとがき　247
索　引　249
執筆者紹介　255

序　章

開かれた法の世界と日本

1 はじめに

　グローバル化の進む今日、人の移動の活発化に伴い、異なった文化的背景をもち、日本語以外の言葉を母語とする多くの人々が日本で暮らすようになった。その数はまだ、この国の政策の基本的な枠組みに修正を迫るほどのものでないとは言え、少子化による人口減少への危惧がもたらした移民論議の高まりを考え合わせるならば、多くの人が今なお抱いている、均質な国としての日本のイメージをそのまま持ち続けることは、徐々に困難になりつつあると言うべきであろう。日本に滞在する外国人よりは少ないものの、国外で学び、また働く日本人も、現在ではかなりの数に上る[1]。日本企業の生産の場が海外に移っていることもあり、どの分野であれ、重要な仕事をしようとするならば、否応なく国境を越えて活動しなければならなくなっている。

　特に、現在の日本人は、隣接する国と地域がダイナミックに影響を与え合う東アジア[2]という地域に生きている。東アジアの国々との関係は日本にとって特別な意味をもつ。この国に滞在する外国籍の人々のなかで最も大きな割合を占めるのは中国や韓国・朝鮮出身の人々であり、域内での人材流動は増加傾向にある（辻 2010：64）。また、東アジアにおいて、個々の企業や業界の経済的利害はしばしば対立するが、最大の経済規模をもつ中国を中心

に、地域内の各国は相互依存の関係にあり、一国だけが勝者として繁栄するという事態はほとんど考えられなくなっている。厳しい意見の対立を伴いつつ、かつて東アジア共同体が論じられた所以である。文化や学術の領域でも、歴史認識の問題がしばしば国家間の政治的な争点として現れる一方で、国境を越えた交流が活発に展開され、相互の影響も著しい。東アジアという地域を単位として物を考えることの必要が、今日ますます強く感じられるようになっている。日本のグローバル化は、そのなかで地位と評価を安定させることによってはじめて可能になると言わなければならない。

　もとよりこの地域の民族意識や国民相互の感情は複雑かつ微妙であり、外交や安全保障をめぐる対立も小さくない。単に友好の増進を謳うだけで、また過去を反省し謝罪するだけで事がすむような状況でないことは明らかである。日本の国内にも、近隣諸国との関係をめぐって、多様な政治的意見がある。それでも、人と情報の流動性を高めることにより、異種のものの交流を通じて、この地域に新しい価値や秩序の創出を促すことの重要性については、立場の違いを越えて、これを認めざるを得ないであろう。そのためにも、地域内に住む人々の相互理解がまずもって図られねばならない。正確な情報に基づく相互理解の促進がときにこの国のあり方に対する厳しい批判を招くことになろうとも、誤解や一面的な理解がそれ以上によい結果を生み出しうると考えることは困難である。

　リージョナルな相互理解を促進する上で、法についての情報伝達はきわめて重要な役割を果たす。法は言葉で表現されているだけに意味内容が比較的明確であり、法について知ることは、それを生み出した社会を理解する上で有効な手段の一つである。体制の相違を超えて法治の必要が唱えられ、また法化の進行とともに社会のなかで法の果たす役割がますます重要になっているだけに、その有効性はいっそう高まっていると言うことができよう。

　しかしながら、ある社会の法を、その文化の外で育った人に理解させることは難しい。一般に、法と社会全体のあり方とは相互に深く関わっており、その社会についての一定の知識がなければ、法について正確に理解することは不可能である。特に、家族関係や刑事手続、行政活動といった法分野は、

その国の法文化・法意識や日常の生活感覚、さらにはその基礎にある文化的、社会的条件によって影響されており、こうした諸条件についての十分な知識を欠く人々には理解が困難であることが少なくない。また、ある社会についてのステレオタイプ化された表面的な知識が、法について誤解を生じさせることもありうる。法についての正確な理解は、相互理解の出発点であるとともにその到達点でもある。

　さらに困難をいっそう増大させるのが言葉の壁である。法の表現に習熟し、その意味するところを正しく理解することは、その法が書かれている言語を母語とする人々にとってさえ必ずしも容易でない。まして、その言語そのものに十分に通じていない人々にとっての困難の大きさは想像に難くないであろう。その壁を越え、法について外部の人に理解してもらう方法について考察することは、法の実務とともに研究や教育にも関わる課題である。司法や行政、そして大学がひとしく関心をもち、協力して取り組んでいかなければならない。

　本書の著者たちは、4年間の共同研究を通じて、法と言語に関わるさまざまな問題に対し学際的なアプローチを試みてきた。本書では、この共同研究の成果を踏まえ、法と言語に関わる問題、特に相互理解を促す上で言語の障壁をいかにして克服するかという問題について考える。法と言語に関わる種々の問題を洗い出し、さらに、その解決に向けて公的機関や大学がどのような役割を果たすことができるかを探るのがその目的である。序章では、各部に共通する問題関心を示すことにより、本書の刊行意図を明らかにする。

2 ｜ 在留外国人の権利保障

　一人の住民として社会のなかで安心して暮らす上で、法についての基本的知識を有することは必須の条件である。日本で暮らす外国人に、必要な生活情報の一部として法情報を提供することの重要性については昨今関心が高まっており、外国人向けの刊行物もある程度存在する。しかし、教育や所得

の水準が相対的に低い層にまで、情報が十分に到達しているとはなお言えない状況にある。

　現在、日本では、製造業・建設業や農業の分野を中心に、外国人労働者に対する大きな需要が存在する。進行する少子高齢化はそれをいっそう増大させるであろう。また出身国との賃金格差等の要因から、多くの外国人が日本での就労を希望している。それにもかかわらず、日本は原則として非熟練労働者を受け入れておらず、受入れに対する社会的合意もできていない。それゆえ、法の許容する範囲で労働力需要を満たすために、いろいろな便法が講じられてきた。それは便法であるがゆえに多くの矛盾をはらまざるを得ない。人権に関わる多くの問題を引き起こしていた外国人研修制度は、現在では技能実習制度に姿を変えている。改革によって問題の一部は改められたものの、理念と実際との乖離はなお埋められていない[3]。また、母国において経済的な困難を抱えた外国人女性と日本人男性との間の、斡旋機関を通じた国際結婚も広く行われている。その結びつきには問題を抱えた不自然なものも見られ、家庭内暴力などの人権侵害を引き起こすおそれが指摘されている。いわゆる偽装結婚（法的には電磁的公正証書原本不実記録・同供用ということになる）も跡を絶たない。国家間に経済格差が存在し、移民が原則的に認められていないうちは、日本社会はさまざまな抜け道への対応に苦慮することになるであろう。そこには常に法の問題が絡むことになる。

　日本での長期滞在を希望する外国人について、望ましい形で社会的包摂を実現するためには、法的なトラブルに巻き込まれることをあらかじめ回避させ、あるいは巻き込まれた場合にはそれによるダメージを最小化して、住民として日本社会に積極的に関わっていけるよう配慮する必要がある。そのための取り組みは徐々に進んでおり、現在、外国人のために多様な相談窓口が用意されている。しかしながら、日本の行政の縦割り構造のために、公的機関相互の間で十分な連携をとることはときに難しい課題となる。また、目的や関心の違いから、在留外国人を支援する弁護士やボランティアと、警察や行政の外国人政策担当者たちとの間の関係は、ともすれば円滑さを欠いたものになりがちであり[4]、どうすればその有機的連携、生産的協働が可能にな

るのかは検討されるべき課題である。それに関して大学がどのような役割を果たしうるのかについても考えていかなければならない。

特に重要であるのが、欧米先進国から来た、富裕で教育水準の高い人々ではなく、日本語を話さず、日本法はおろか法一般についても十分な知識をもたない、中国やフィリピン、南米出身の、社会的に弱い立場に置かれた外国人への法情報の伝達である。本書の第3章では、日系ブラジル人を取り上げ、この問題について考える。

在留外国人の社会統合を実現するためには、単なる情報提供を超えた、社会的な価値や制度に関わる教育がきわめて重要であることはあらためて言うまでもない。もともと移民によって成立した国であるアメリカ合衆国では、第二言語としての英語の教育とともに、公民教育が行われている。日本においても同様に日本社会の基礎にある価値や制度を教えることが試みられてよいであろう。もちろんそれが日本のやり方の押し付けにならないような配慮が必要である。既存のルールについての、国際的な目から見た、正確な理解に基づく批判に対しては積極的に耳を傾けていくべきあり、それを踏まえて従来自明視されてきた慣行を見直し、必要なら改善していく努力が必要になる。

公民教育のなかで特に重視されるべきものの一つが法教育である。アメリカ合衆国の公民教育では自国の歴史や制度が教えられるが、その核にあるのは合衆国憲法であり、法教育が公民教育のなかで重要な位置を占めている。裁判員制度の定着もあって、日本でも法教育の必要性が広く説かれている。行政や企業においてもコンプライアンスの重要性がますます高まっており、就業後早い段階でそれについて教えることが必要になっている。それゆえ、社会のなかで法が果たす役割に関する基本的な知識を与えるとともに、市民として法を尊重することの意義について主体的に考えさせる法教育は、今後の日本社会にとってきわめて大きな意味をもつ。それは外国人をも対象とするものでなければならない。日本の法はその多くが日本人のみでなく日本に滞在する外国人にもひとしく適用されるからである。

もとより、法に関する情報提供が十分になされていても、法的な紛争の発

生を完全に防止することはできない。法的な紛争の解決は最終的には裁判所に委ねられる。特にそこで行われる刑事裁判は、法の正しい適用による社会正義の実現をその重要な任務としている。日本人と外国人はともに公正な裁きに対する権利を有しており、その間に差別があってはならない。しかし、日本人の場合には、刑罰は受刑者を矯正し社会に復帰させるという意味を与えられており、刑事裁判で有罪判決を受けた場合でも日本に住み続ける権利まで失うことはない。これに対して、外国人の場合、刑罰は事実上そのような意味をもたない。多くの場合、比較的軽微な罪であっても有罪判決が在留資格に影響し、退去強制、すなわち日本社会からの排除につながる（渡邉 2008：52-53）。それだけに、日本人とは違った意味で、公正な裁判を受ける権利の保障が重要になる。

　裁判に際して、外国人にはしばしば文化や言語の違いが障壁となり、本来の権利の享受を困難にする。それゆえ、通訳の役割はきわめて重要である。前提となる捜査においても、日本語を十分に解しない被疑者から供述調書をとるためには、通訳の協力が欠かせない。日本の刑事裁判において供述調書が占める比重の大きさを考えるとき、ここでの通訳の正確さがもつ重要性をいくら強調してもしすぎることはない。しかし、その役割は必ずしも単純ではない。日本では、外国人が「自白して反省の情を示すことのもつ意味や重要性」を知っているか否かで、その後の処遇に大きな違いが出る可能性がある。また、日本と異なる制度や事情を有する国から来ている被疑者がその差異について十分自覚的でないと、思わぬ不利益を被ることがある（栗名他 2012：76）。これに対して通訳がどのような態度をとるべきであるかは、原則についてはともかく、実際には難しい問題である。

　公正な裁判そのものの実現を目的とする司法（法廷）通訳の場合も、現状に大きな問題があることは少なからず指摘されている。特に裁判員裁判の場合、通訳の質が判決に大きな影響を及ぼすにもかかわらず、現在、司法通訳人についての公的な資格認定制度がない。信頼される司法通訳となるには、一定レベルの語学力と通訳スキルを習得した上で法制度や法律用語の知識を身につけ、さらに司法通訳の倫理を学ぶことが必要である。そのための養成

システムや教育課程が十分に整備されていない日本で、当面、資格を認定するためには、大学での所定の科目の履修をもって必要な知識の修得を証明するというやり方も考えられる。この点では、アジア系の移民を数多く受け入れ、多文化主義を標榜したオーストラリアの事例が参考になる。オーストラリアには翻訳・通訳資格認定機関（National Accreditation Authority for Translators and Interpreters：NAATI）があり、大学もこの認定制度に関わっている。日本においても、医療通訳などと同様に、司法通訳の能力認定について大学が一定の役割を果たす余地があるであろう。

　このような問題意識に基づき、第1部の最初の二つの章は、主として裁判に注目して論じている。第1章は、公正な裁判を実現する上での、言語に関わる困難の処理を背負わされた存在である司法通訳に焦点を合わせ、具体的に検討を加えている。第2章ではより原理的に、憲法学の立場から通訳翻訳サービスを受ける権利の問題に接近している。

3 法の教育と言語

　法情報の提供には、前節で述べたような、生活上それを必要とする人々に対するものの他に、学術的な、あるいは職務上の関心から日本法についての情報を必要とする人たちに対して、その知識水準を上げるためになされるものもある。そのなかで情報提供が最も集約的に行われ、また求められるのは大学教育においてである。教育の対象となる人の範囲を広げるためには通用力の高い外国語を用いる必要がある。今日の世界のコミュニケーションにおいて英語が占める比重を考えるならば、英語による教育が第一に検討されなければならないのは当然である。

　法学のうち、いくつかの分野は英語による教授に比較的適している。たとえば、法社会学、法哲学、比較法など基礎法学の分野は、方法論や問題関心において世界的な共通性が高い。国際法やビジネス法は法それ自体がグローバルである。教師の英語力が高ければ、教育に伴う困難は比較的小さいであ

ろう[5]。これに対して、たとえば日本の民刑事法について英語で教えることにはいろいろな困難がつきまとう。そもそも、日本はその法体系の基本的な部分をドイツやフランスから受け入れ、法律学をこれらの国との学術交流によって発展させてきた。日本に限らず、大陸法系に属する東アジアの国や地域で用いられている多くの法学用語の起源はドイツやフランスにある。英語に置き換えることの困難な概念も少なくない。従来英語による日本法教育について最も積極的であった名古屋大学では、法整備支援の一環として大学院に国際法政コースを設け、日本法について英語で教授することを続けてきたが、それは必ずしも容易ではないと想像される。

　日本法に関する知識・情報をどこまで英語に置き換えることが可能か、あるいは英語に置き換えることにどのような意味があるかは、注意深く検討されるべき問題である[6]。日本において法がどう使われているか、社会のなかでどう機能しているかについて深く知るためには、きわめて多くの情報が必要になる。法務省が所管するような基本的な法律であれば判例を検討する必要があるし、いわゆる業法のような、特定の政策や官民関係に関わる法律であれば、政令・省令や通達など、行政庁の内外に宛てた多くの下位規範を見なければならない。さらに、法令は相互に関係し合っており、ある法律を取り巻く制度の全体像を知るためには、一見直接的な関係をもたないように見える分野の法令についても注目する必要がある[7]。また、法そのものを社会的背景から切り離すことが難しい以上、日本の法について正確な知識を得るためには、日本の社会についてもかなり詳細な情報が必要になる。法について深く知ろうとすればするほど、背景に関して必要な知識や情報もますます多くなる。それをすべて英語で提供しようとすることは非現実的であり、そもそも意味が乏しいであろう。日本法そのものの理解を目的とするならば、やはり日本語の習得が必須であると言わざるを得ない。

　東アジア、特に漢字文化圏の法学分野における日本の優位がなお失われていない現在、東アジアの学生のなかには、日本語を学習し、日本法について深い知識を吸収することに対する動機をもつ人が少なくない[8]。このような人たちに対して、日本語の学習と日本法の学習の両方に役立つ教材があるな

らば有意義であろう。本来、日本語を習得してまで日本法を学ぶ理由は国によって異なるはずであり、それに応じた教材の作成が必要になる。このような教材は、日本の法を相対化し、他の法との比較においてその特徴を理解できるようなものであることが望ましい。そのためには、類似の事例を比較対照することによって、両国でその取扱いにどのような違いがあるかを具体的にイメージできるようにすることが有効である。具体的な事例について、法令、判例、法的問題の社会的背景に関する情報、関連の新聞記事等をパッケージにした上で、日本法と、それと対応する外国法をセットにして示すのである。研究者がより本格的に比較研究に取り組む前の段階として、こうした情報を定型化してより簡便な形で提供することは有益であろう。特に、ウズベキスタン、モンゴル、ベトナム（ハノイ、ホーチミン）、カンボジア、ミャンマー、インドネシア、ラオスの8カ所に置かれた名古屋大学の日本法教育研究センターには、その教育経験を踏まえた教材開発が期待される。

　他方、比較法的な関心、あるいは日本社会に対する関心から日本法を学ぼうとする人たちにとっては、英語による法情報の提供が有益である。これによって、法社会学や法哲学、さらには法人類学や法と経済学といった学問分野の枠組みのなかに日本法を置き、理論的な分析の光を当てつつ、複数地域の法の比較を通じてその一般的な意味を明らかにしようとする研究が進み、それに基づく教育も容易になるであろう。

　現在、法務省のプロジェクトによって日本の法令の基本的な部分が英訳され、ウェブ上で公開されているが（松浦 2009：2-5）、これに加えてどのような法情報が英語によって提供されるべきであろうか。この問題は、比較法の教育研究を目的として日本の法を取り上げるとき、どのようなトピックが重要であるかという問題とも関わっている。これについて考える上で、英語圏の日本法研究者との協力が有効であることは言をまたない。日本法研究者を養成してきたワシントン大学やハーヴァード大学をはじめとして、米国の主要なロースクールでは日本の法と社会を扱う科目が開講されており、その内容の検討も必要になろう。また、アメリカ合衆国と並び、英語圏のなかで最も日本法研究の盛んなオーストラリアには日本法ネットワーク（The

Australian Network for Japanese Law：ANJeL）がある。

　通常、日本法についての英語による教育を論じる場合、その対象として考えられているのは日本法に興味をもつ外国人である。しかし、日本法についての英語による教育の対象は外国人だけに限定されない。日本人学生を対象として、日本法について外から眺め、その特徴とされるものについてより広い見地から思考し、外の世界に向かって説明するための技能を訓練することも、英語による日本法教育の重要な目的である。

　法教育のグローバル化は、グローバルと信じられている法規範や価値基準を当然のこととして受け入れ、自国の独自性や特殊事情を無視ないし否定することではない。他方で、自国の法体系をあたかも一つの公理系のようにみなす態度も、グローバル化の要請とは相容れないものである。グローバル化の時代に法の教育が本来の使命を果たすためには、法に対するより柔軟な見方に立ち、その基礎にある考え方や前提となる社会的条件に目を向けるとともに、個々の法を広い視野のなかにおいて理解し説明する能力の涵養が必要である。法の教育に当たる人々は、そのために有効な方法の開発にいっそう多くの努力を払わなければならない。その意味で、日本法を比較法的な観点から分析する基礎法科目を英語で教授することは、学生たちの意識をグローバルな時代に適合させるのに資するであろう。また同じクラスのなかで日本人学生が留学生に日本の法、さらにはその背後にある社会や文化について英語で説明する経験も貴重である。日本法と並べて検討されるべき外国の法と社会についての情報も、日本語よりも英語によって、はるかに豊富に得ることができるであろう。このように、英語での法学教育には多くの問題が関わっている。本書の第 4 章はこれらについて検討する。

　もちろん、法分野の相互理解における英語の役割がいかに重要であるとしても、それを過大評価することもまた戒められねばならない。東アジア地域内での学生交流の活発化を踏まえるならば、留学生対象の法学教育は第一に域内の出身者を念頭に置いたものでなければならないが、香港のようなところを別にすれば、東アジアの法生活は基本的に英語とは無縁な形で営まれている。東アジアという地域において法の教育を相互理解の手段へと高める上

で、英語がもつ力にはおのずと限度があると言うべきであり、英語に加えて域内の有力な言語にも目を向けることが必要になる。東アジアの法に関心をもつ学生に、そこで話されている言語に対する関心も併せて呼び起こすことができるならば、大きな教育的効果が期待できるように思われる。

　従来、外国語の学習と法の学習との連関についてはほとんど配慮されてこなかった[9]。法の教育と結合した外国語教育の試みもそれほど広く行われているとは言えず、そのための方法論に関する研究の蓄積もなお不十分である。外国語の学習を法の学習と結びつけるために、法学分野と外国語分野の専門家が協力し、効果的な教育方法や教材を開発していくことが必要である。それは日本人学生をいわゆるグローバル人材に育てていく教育においても役立つであろう。本書の第 5 章はこの問題を扱っている。

4 | 東アジアの法発展と日本の経験

　法の分野において、日本はいちはやく欧米、特にヨーロッパ大陸の制度や理論を取り入れ、東アジアの他の国や地域に先駆けて近代的制度を構築した。その結果、東アジア、特に漢字文化圏において、日本法は一つのモデルとなった。戦前には日本の植民地であり、戦後、日本の後を追う形で制度構築を進めてきた台湾や韓国はもとより、改革開放後の中国の法にも日本法の影響が少なからず見受けられる（陳 2010：231-232；韓 2010：177-179）。その一つの現れが法律用語の輸入である。文化的な背景をかなりの程度共有する漢字文化圏では、抽象度が高く、日常的に用いない法律用語について、ヨーロッパ語の文献を読んで一から自国語に翻訳するより、まず日本で訳された言葉を検討し、適合的なら借用したほうが早かった。そのため、清末以降、かなりの和製の法律用語が中国に入っている。

　日本が東アジアにおける唯一の経済大国ではなくなった今日でも、全体としての法制度および法律学の発展において、日本の水準は相対的に高いと言うことができる。日本は、急速な経済成長や高齢化をはじめとしていち早く

さまざまな経験をし、公平と安定の実現のために制度的対応を行ってきた。何と言っても一億以上の人口を抱える社会で、急速な経済成長と高齢化に伴って生起する諸問題を法によって処理してきた経験と、それに裏づけられた法律学の研究成果は、東アジア全体にとって貴重である。日本の経験およびそれに基づく法的学知を地域の共有財産にしていくとともに、それを生かして、この地域にふさわしい法制度を協力して構築することも検討に値する。法の研究と制度の構築において日本が指導的役割を果たし、欧米と東アジアとを架橋する役割を今後も担い続けていくならば、それによって日本は地域の安定と繁栄に貢献することができるであろう。言うまでもなく、それは日本の法を理想化し、それを他国に押し付ける態度とは無縁である。

　東アジアにおいて日本法が置かれた事情は分野によって異なっている。本書の第6章が取り上げるような、経済取引や企業活動に関わる法分野は、グローバル化の影響を最も直接に受けるだけに、法の標準化が比較的進んでいる。活動における英語の比重が大きいこともあり、法の移植にもそれほどの困難はないように見える。ちなみに、中国に対する法整備支援も経済法や会社法が中心である（韓 2010：176-177）。他方、家族法や刑事法のような分野においては、社会制度や人々の意識が法にきわめて大きな影響を及ぼす。それらは国によって著しく異なっており、当然に法の発展もその差異を反映して独自の態様をとる度合いが大きい。台湾や中国の法は、日本法の影響を受ける一方で、固有の事情に合わせて独自の展開を遂げつつあり、欧米の法からの直接の影響も目立ってきている。それでも、社会的、文化的な面で、欧米との対比において東アジアという地域に共通する特質を抜き出すことが、ある程度までは可能であろう。もちろん、一定の類似性が認められるからと言って、安易にリージョナルな文化的・社会的共通性を前提としてしまうことは危険である。外見的な類似性から生じる誤解の可能性についても十分留意しておかなければならない。そのためにも、各国の間で相互理解を深めるための共同研究の振興が必須である。それに基づいて、複合的な立法や研究の動向に目を向けつつ、地域の法発展における日本法と日本語の役割を探っていかなければならない。本書の第7章はこのような問題を考えるための一

つの事例研究である。

　地域における日本法の比重が相対的に大きいことを反映して、これまで台湾や韓国から、多くの留学生が日本法を学ぶために来日した。その結果、漢字文化圏の国や地域には、かつて日本で法学を学び、日本語を習得して、母国で教育に当たっている法学研究者が少なからずいる。1980年代以降日本の法学の影響を受けてきた中国でも、その人たちはかなりの数に上る。中国人民大学法学院の韓大元教授によれば、中国で日本法の研究に当たっている人たちは100名を超え、その多くは日本で法学教育を受けた人だとのことである（韓 2010：175）。しかしながら、中国の日本法研究はなお特定の分野についてのみ行われている。法制度全体に対する体系的な理解は必ずしも十分ではなく、それに関する教育も行われていない。いくつかの日本法研究センターも設置されているが、センター間の連携は必ずしも十分でなく、役割分担によって全体として日本法の研究を進める体制にはなっていないとのことである（韓 2010：174, 184）。資料整備等の面で中国の日本法研究センターやそこで行われる研究活動を支援することは、検討されてよい課題である。

　日本留学経験者には、東アジア全体の法発展において重要な役割が期待される。日本の法学界は、この人たちを支援して共同研究を振興し、日本法の経験および学知が地域の法発展に円滑に反映されるよう配慮して、それを地域の研究水準の向上および望ましい地域的な制度構築につなげていくことに努めなければならない。特に、この人たちが日本法についての知識を常にアップデイトし、それによって自国の法整備のために日本法についての知識をよりよく活用できるようにすることが肝要である。日本語による法情報の交換ネットワークが構築されるならばさらに望ましいであろう。日本側もこの人たちからその国についての法情報を日本語で得ることができ、互恵的な関係が成立するからである。

　日本語によるものに限らず、研究と教育の双方にわたり、法情報の円滑な伝達によって発信する側と受け取る側との間に互恵的な関係と共通の基盤を形成するためには、情報通信技術の十分な活用が求められる。現在、名古屋大学の法情報研究センター（Japan Legal Information Institute：JaLII）などを中心

に、情報通信技術を用いて漢字文化圏の法と社会についての情報を交換するための非公式のネットワークが形成されている。このようなネットワークは、比較法研究の進展や各レベルの人材育成に有用であるだけでなく、立法支援にも活用できるはずのものであり、法情報研究センターでは情報科学的な方法で立法支援環境の構築を目指すプロジェクトも実施している。

立法支援には法情報の提供だけでは十分でなく、立法に伴うさまざまな作業を支援することが必要になる。なかでも重要なものの一つは法令相互の整合性を図る作業である。開発途上国や体制移行国において行われる憲法裁判所の法令審査は必ずしも法の支配を促進するとは限らず、かえって混乱を増幅させる場合がありうる。何らかの手段によって制定前に法令間の整合性を確保することは、事後の混乱を避けることにより、規範一般、特に法律の権威を高めるであろう。さらに、立法に際して、関係する利害を洗い出し、立法が生じさせる社会変化のシミュレーションを行うならば、法令を空文化させず、現実に機能させる上で有益であると考えられる。内閣法制局における法案審査をはじめ、日本は法制執務の分野で豊富な経験の蓄積がある（松浦 2009：6）。日本語によるその移転を通して、東アジアという地域に適合した法の支配の発展に貢献できる人材を育成するためのリーダーシップをとることも可能であろう。

東アジアにおいては漢字文化圏がその重要な部分を占めるが、地域のすべてを覆っているわけではない。特にロシアの存在は重要である。ロシア極東が東アジアの重要な一部であることに加え、地域のなかでロシア法の与えてきた影響が小さくないからである。

東アジアの国々、中国やその周辺国は、その多くが旧社会主義圏に属し、特に公法分野においてはソビエト期のロシアにおいて作られた法の影響をなお残している（竹中 2013：63）。経路依存の重要性にかんがみるとき、その影響を、単に時代遅れの陋習、早晩消え去るはずの遺物として片づけることは許されないであろう。ロシア法は、社会主義の伝統をもつ国の法のなかでは最も体系化され整備されている。日本法をはじめとする東アジアの多くの法と同様、ロシア法も大陸法系に属する。日本法とロシア法は大陸法の展開

における二つの異なった形であり、両者を比較することは、二つの法によって少なからず影響を受けた東アジア地域における法の研究にとっても、豊かな可能性を開くであろう。自国の法の絶対化・規範化による議論の硬直化を防ぐ上でも、それは有益であると考えられる。

日本では、かつて社会主義法という範疇でロシア法について一定の教育が行われていたが、今日ではその学問的伝統が消えかかっている。これを継承することは、東アジアの法を全体として考える上で重要である[10]。他方、ロシアでは水準の高い日本語・日本文化研究の伝統があるにもかかわらず、日本法についての系統的情報がほとんど提供されていない。このような事態を改めていくことは、東アジアにおける相互理解の促進という面からも望ましいであろう。

ロシアとの比較を試みる場合、言葉に着眼することは新たな問題の掘り起しにつながる。本書の第8章は、ロシアでは1990年代以降に出てきた新しい分野である地方自治を取り上げ、用語の翻訳に注目しつつ、ロシア法と日本法との比較可能性について検討している。

5 おわりに

以上、本書の各章の主題に触れながら、法と言語に注目して、法の世界を外に向かって開いていく上で重要と思われる問題を概観してきた。これらの問題は日本においてなお十分に注目されているとは言えず、議論の蓄積も乏しい。東アジアの他の国々においても事情はそれほど異なっていないと考えられる。

今後、日本が正面から外国人労働者の受入れを宣言するか否かは別として、少なくともより広範な外国人の在留を認めようとするならば、この人々を日本社会に適応させる上で、法情報や法教育の必要性はこれまでよりも高まるであろう。人の移動がさらに活発になり、受け入れた外国人の発言力が増すならば、グローバルな、あるいは少なくとも地域に共通した法的枠組み

序章　開かれた法の世界と日本

を採用する必要も高まることが予想される。

　多くの場合、法はその国の国籍をもつ人々のなかのマジョリティの間で共有されている価値観や正義の観念を基礎とし、その慣行と正面から衝突しないような配慮のもとに作られている。法がその国のなかで曲がりなりにも機能するのは、それがマジョリティのミニマムの合意に支えられているからである。法には国籍があり、決してそれ自体が普遍的正義や絶対的価値を体現するものではない。現在、立法が一国単位で行われている以上、それはやむを得ないことである。しかしそうであるからこそ、既存の法を自明視せず、前提となっている考え方を共有しない人々の目に触れさせて、その検討と批判を受けるようにすることが必要になる。法情報が国境を越えて円滑に流れる仕組みが求められるのは、一つにはそのためである。グローバル化の時代には、法の教育や研究もそのような考え方に基づいてなされなければならない。

　法の分野で東アジアの相互理解を進めていく上で、日本が果たすことのできる役割はなお小さくないと考えられる。そこで大学、特に法学部が果たすべき役割もまた重要である。今後、この問題について議論を積み重ねていくことは、東アジア全体にとって大きな意味をもっている。これまで日本の法学界が蓄積してきた学知が地域において活用される道も、それによってはじめて開かれるであろう。本書はそのための素材を提供するとともに、問題の整理を試みたものである。

注

1)　外務省の海外在留邦人数統計によれば、2015年10月1日現在の推計で、在外日本人数は 1,258,263 人である。
2)　ここでいう「東アジア」には、中国およびその北または東に位置する国と地域が含まれる。
3)　日本弁護士連合会は 2013 年 6 月 20 日付で「外国人技能実習制度の早急な廃止を求める意見書」をまとめ、26 日付で厚生労働大臣および法務大臣に提出してい

る。また 2014 年 4 月 3 日付で「外国人の非熟練労働者受入れにおいて、外国人技能実習制度を利用することに反対する会長声明」を出している。
4) 例えば通訳の資格認定について、問題の共通性にもかかわらず、裁判所、検察庁、弁護士会、警察の間で、共通の枠組みを作ることはなお試みられていない。
5) 日本の法令・判例等の英訳を目指した「日本法の透明化」プロジェクトも国際取引関係法の分野が中心である（野村他 2008：327）。
6) 韓大元教授は中国におけるその意義の過大評価を戒めている（韓 2010：186-187）。
7) 日本では内閣法制局を中心として、法令間の整合性を高めるために周到な配慮がなされている。このような仕組みの存在が、日本の法治主義がそれほど多くの法曹を必要としない理由の一つであるとも考えられる。
8) 国際交流基金の調査によれば、現在、海外の日本語学習者は 400 万弱とされるが、このうち中国の学習者が 4 分の 1 以上を占め、韓国の 84 万、台湾の 23 万 3 千を加えれば、海外の日本語学習者の半分以上がこの地域に集中していることになる（国際交流基金 2013：7）。
9) ロシアや中国にも優れた日本語の教育機関は存在するが、日本語の教育が日本法についての知識や情報の提供と結びつけられるということはほとんどないようである。
10) ソヴィエト法を研究してきた人たちによって編まれた小森田（2003）は重要な成果であるが、その後、この分野が十分に発展させられてきたとは言えない状況にある。

参考文献

赤羽恒雄・ワシリエバ、アンナ編（2006）『国境を越える人々――北東アジアにおける人口移動』国際書院

有道出人・樋口彰（2012）『日英対訳ニューカマー定住ハンドブック――日本で働き、暮らし、根付くために（第 2 版）』明石書店

移住労働者と連帯する全国ネットワーク編（2010）『〈日英対訳〉外国人をサポートするための生活マニュアル――役立つ情報とトラブル解決法（第 2 版）』スリーエーネットワーク

江原裕美編（2011）『国際移動と教育――東アジアと欧米諸国の国際移民をめぐる現状と課題』明石書店

大村敦志・土井真一編（2009）『法教育のめざすもの――その実践に向けて』商事法務

川口義一監修（2002）『ロシア・NIS 諸国日本語事情（日本語教育国別事情調査）』国際交流基金日本語国際センター

韓大元（2010）「日本法の透明化プロジェクトの中国における意義」『阪大法学』第 59

巻第 5 号、167-190 頁
棄名仁他（2012）『外事犯罪捜査の手引き（改訂第 2 版）』立花書房
国際交流基金（2013）『2012 年度日本語教育機関調査―結果概要〈抜粋〉』くろしお出版
小森田秋夫編（2003）『現代ロシア法』東京大学出版会
スミス、マルコム（1995）「外から見た日本法研究」石井紫郎・樋口範雄編『外から見た日本法』東京大学出版会、371-382 頁
竹中浩（2013）「北東アジアにおける行政制度の整備と『日本の経験』」『阪大法学』第 63 巻第 3/4 号、31-53 頁
田中規久雄（1999）「法学日本語教育について」『大阪大学留学生センター研究論集―多文化社会と留学生交流』第 3 号、37-47 頁
陳自強（2010）「台湾民法の百年―財産法の改正を中心として」『北大法学論集』第 61 巻第 3 号、227-285 頁
辻明子（2010）「東アジア人材流動圏の発展と日本―人口移動を通じた経済・労働市場の活性化」『東アジアの地域連携を強化する（NIRA 研究報告書）』総合研究開発機構、62-75 頁
野村美明他（2008）「国際ワークショップ『日本法の英訳は日本法の透明化につながるか』」『国際商事法務』第 36 巻第 3 号、327-338 頁
平井照水（2010）「東アジア地域連携と人材育成戦略―国家戦略としての留学生交流」『東アジアの地域連携を強化する（NIRA 研究報告書）』総合研究開発機構、49-61 頁
松浦好治（2009）「〈視点〉法令外国語訳プロジェクトの意義―日本法・法制度の国際通用性」『ジュリスト』第 1377 号、2-7 頁
―――（2010）「日本法令・判例の翻訳と日本法の透明化」『ジュリスト』第 1394 号、24-28 頁
吉村典晃（2005）「韓国における法令外国語訳の現状」『ジュリスト』第 1284 号、26-32 頁
渡邉真也（2008）「刑事施設の運営における通訳翻訳」津田守編『法務通訳翻訳という仕事』大阪大学出版会、41-56 頁
渡辺由紀子（2003）「法務通訳翻訳の世界―その多様性と将来性」『通訳研究』第 3 号、122-134 頁
Bliss, Bill (2010) *Voices of Freedom: English and Civics for U.S. Citizenship,* 4th ed. White Plains, NY.

［竹中　浩］

第1部

司法通訳と在留外国人支援

第1章

司法通訳の現状と課題

1 はじめに

　「内なる国際化」がもはや新しい現象ではなくなった今日では、日常生活のさまざまな局面で外国人との接触の機会が増加しており、司法の現場でも1980年代から日本語を解さない外国人が被告人や証人として関わるケースが増えてきている。言葉の橋渡しとしての司法通訳人の存在が注目され始めてすでに30年近く経っており、その間の関係諸機関の努力の結果、刑事手続の各段階における通訳人任用の仕組みは格段に進歩した。外国人の総検挙数は2005年にピークを迎えたあと減少傾向にあり（警察庁刑事局組織犯罪対策部統計資料）、要通訳事件の数も減っているが、裁判員裁判が2009年度に導入されたことを機に、法廷通訳の正確性の問題に注目が集まっている。従来型の書証中心の裁判では、公判時の通訳よりも取調べ段階での調書作成時の通訳の正確性が重要であったが、裁判員裁判では口頭主義により公判廷で語られることのみが証拠となるということで、法廷通訳の重要性に対する認識が一気に高まったと言える。

　本章では、法廷通訳を中心に司法通訳をめぐるさまざまな問題を取り上げる。被告人の権利保障としての司法通訳、司法通訳の現状と問題点、司法通訳人の役割、法律家との協力体制などに関して通訳研究の立場から論じた上

で、その内容について、法学者の立場からさらに議論を深めていく。また、通訳人の認定制度や通訳に関する法律家向けのトレーニングの制度が発達しているオーストラリアの状況についても紹介する。日本の今後の司法通訳制度のあり方を考える上で参考にしていただきたい。

2 日本の司法通訳人の制度と現状

司法通訳の根拠

　司法の現場でその国の言語を解さない、あるいは少ししか解さない外国人や移民に通訳や翻訳をつけることは、通常、言語権保障という文脈で議論される。1981年に欧州議会によって採択された、少数言語の権利に関する決議は、言語権に関わる三つの主要な分野としてメディア、教育、公的生活と社会活動の分野を扱っている。この三つ目に関して、決議文の中に「個人が、公的機関との関係において、そして法廷において、公的生活や社会活動の分野で、自分自身の言語を使用することが許されることを保証すること」（ギボンズ 2013）というくだりがあるが、これは司法手続において通訳や翻訳をつける権利に直接関わってくる。

　また、1948年12月10日に第3回国際連合総会の場で採択された「世界人権宣言」には、すべての人の公正な裁判を受ける権利について謳われており、日本が1979年に批准した「市民的及び政治的権利に関する国際規約」は、刑事手続において言葉の通じない当事者が通訳をつけてもらう権利について規定している。

　世界人権宣言10条は、以下のように定める。「すべて人は、自己の権利及び義務並びに自己に対する刑事責任が決定されるに当たって、独立の公平な裁判所による公正な公開の審理を受けることについて完全に平等の権利を有する。」

　国際自由権規約はその14条3項で、以下のように定める。「すべての者は、その刑事上の罪の決定について、十分平等に、少なくとも次の保障を受

ける権利を有する。(a) その理解する言語で速やかにかつ詳細にその罪の性質及び理由を告げられること。(f) 裁判所において使用される言語を理解すること又は話すことができない場合には、無料で通訳の援助を受けること。」

では、日本の状況はどうであろうか。日本国憲法 31 条は、以下のように定める。「何人も、法律の定める手続によらなければ、その生命若しくは自由を奪はれ、又はその他の刑罰を科せられない。」

ここでは、法の下での適正手続を経ずして刑罰を科せられることはないことが明記されている。しかし、日本の現行法では、日本語に通じない外国人被疑者・被告人の刑事手続上の取扱いについての規定は非常に少ない。

例えば、刑事訴訟法 223 条 1 項は、以下のように定める。「検察官、検察事務官又は司法警察職員は、犯罪の捜査をするについて必要があるときは、被疑者以外の者の出頭を求め、これを取り調べ、又はこれに鑑定、通訳若しくは翻訳を嘱託することができる。」

刑事訴訟法 175 条と 177 条では、それぞれ以下のように定められている。「第 175 条　国語に通じない者に陳述をさせる場合には、通訳人に通訳をさせなければならない。」「第 177 条　国語でない文字又は符号は、これを翻訳させることができる。」

民事裁判に関しては、民事訴訟法 154 条では以下のように述べられている。「口頭弁論に関与する者が日本語に通じないとき、又は耳が聞こえない者若しくは口がきけない者であるときは、通訳人を立ち会わせる。ただし、耳が聞こえない者又は口がきけない者には、文字で問い、又は陳述をさせることができる。」

これらを見ると、裁判で言葉が通じない当事者が「陳述」や「口頭弁論」を行う際には通訳人をつけるという内容になっており、それは、裁判所の便宜のためである。裁判手続すべてを理解するという被告人等、裁判当事者の権利保障としての通訳をつける、つまり、法の下での適正手続を保証するための通訳人の任用であるという考えは盛り込まれていない。

日本では現在に至るまで、司法通訳に関する新たな法律の制定は行われて

おらず、現在の司法通訳制度の法的根拠は、上記の日本国憲法 31 条の刑事法上の人権規定と、上述の世界人権宣言や国際自由権規約に求められる。これに従って、外国人被疑者・被告人についても、捜査から公判を通して日本語に通じる者と同様に、十分な刑事手続上の権利保障がなされることになっている。

司法通訳人任用の制度と問題点

わが国では、法の整備とは別に、刑事手続において司法通訳人を配置する制度そのものは比較的整っており、取調べ段階から公判に至るまで、警察、検察、弁護士会、裁判所などで、独自の通訳人名簿（通訳人候補者名簿）を整備している。言語の種類も多様で、平成 26 年 4 月 1 日現在で、全国の裁判所で 61 言語、3,944 人が名簿に搭載されている（最高裁判所事務総局刑事局 2015）。また、1980 年代ごろは、日本語を解さない被告人や証人が陳述する場面のみ通訳されるというようなケースもあったが（刑事訴訟法 175 条には「国語に通じない者に陳述をさせる場合には、通訳人に通訳をさせなければならない」と規定されており、国語に通じない者に手続を理解させるために通訳をつけるという義務は、日本の法律上、存在しないことになっている）、現在ではそのような通訳の運用はなく、法廷手続におけるやり取りのすべてが被告人に通訳されることになっている。

しかし、通訳人の質の保証という点に関しては、日本の制度は欧米やオセアニアの国々に比べると遅れている。特に公正さが重視される裁判においても、通訳人候補者に対する資格認定制度が存在せず、通訳スキル習得を含む体系だったトレーニングも実施されていない。そのため、実際に稼働している通訳人の能力やスキルのレベルはピンからキリまでで、問題のある要通訳裁判も多く報告されている。特に、2009 年に裁判員裁判制度が導入され、従来の書証中心主義から口頭主義への移行が起こり、法廷で語られることが唯一の証拠となるという状況のなかで、通訳人の質の問題はこれまで以上に注目を集めている。以下、過去に通訳の質が問題となった事例をいくつか紹介する。

《道後事件（1996年）》

　タイ人女性殺害事件。被告人はタイ人の女性で、売春管理者である被害者に売春をさせられていた。同じように売春をさせられていた他の2名のタイ人女性と、被害者を殴ったり刺したりして殺害した事件。第1審の通訳人は、夫の海外赴任に伴い、2年ほどタイに行っていたというだけの女性であり通訳能力がなかった。公判廷でも簡単な単語すら訳せず、別の日本語に置き換えるか、辞書の中の言葉を指し示すだけだったという。裁判官が、判決理由の補足説明について、「通訳の必要はありません。……日本語のわかる人は聞いてください」と発言し、問題となった。これは、日本の法廷が、まだ、いわゆる「アド・ホック通訳人[1]」を使用していた時代に典型的な事例である。特にタイ語のような日本人にとっての少数言語に関しては、通訳人の確保自体が難しく、この事例のような状況がいつ起きてもおかしくなかった。（深見1999）

《ニック・ベイカー事件（2002年）》

　イギリス人被告人の麻薬密輸事件。取り調べ時と第1審の通訳の正確性が大きな争点となり、控訴審のために第1審の通訳の正確性に関する鑑定書が提出された。本件では、ロンドン訛りに近い話し方をする被告人の英語を通訳人が正確に理解できないことから、多くの誤訳や訳し落としがあった。そのため、被告人の主張に一貫性が欠如しているように受け取られた。控訴審により、懲役14年、罰金500万円から、それぞれ11年、300万円へと減刑された。それにもかかわらず、控訴審判決では第1審の通訳の正確性の問題については言及されなかった。（水野 2006）

《ベニース事件（2009年）》

　英語通訳がついた初の裁判員裁判。英語を母語とするドイツ人被告人の覚せい剤密輸事件。本件では、第1審の通訳人の能力に問題があったという被告人の指摘に基づき、控訴審に控訴趣意書とともに鑑定書が提出された。鑑定結果として、いくつかの誤訳および通訳人による多くの訳し落としや言い淀みがあることが明らかになった。より精密な分析結果を出すために、言語

分析を専門とする研究者たちが合計 4 通の追加の鑑定書を提出したが、控訴趣意書に添付して提出された最初の 1 通以外は、裁判所に受理されることはなかった。それら鑑定書では、明らかな誤訳や談話標識の訳し落とし（"you know"、"you see" などのような発言に説得力を与える性質を持つ表現が、通訳ではほぼすべて省略されていた）や言いよどみ（「あのー」、「えーと」等）によるニュアンスの改変、2 人の通訳人の不適切な交代方法などが指摘され、その及ぼしうる影響について、過去の言語研究の成果に基づいて詳細に論じられていた。しかし、裁判所は、それらの通訳エラーは許容される意訳の範囲内であるとし、控訴は棄却となった。（水野他 2012；中村 2010）

《リンゼイ・アン・ホーカーさん殺害事件（2011 年）》
　イギリス人女性を殺害した犯人が、整形手術により容貌を変え、長期間にわたって逃亡した後に逮捕されたという点で、マスコミの注目を集めた事件である。殺人及び死体遺棄事件なので裁判員裁判であったが、2006 年から導入されている被害者参加制度により、被害者の家族が裁判に参加し、それが外国人なので通訳がつくという点では、全国初の事件となった。これは、法医学的内容が多く扱われる、通訳にとって難しい裁判であったが、通訳人本人の希望で、通訳人は 1 人だけしか任命されなかった。疲労のせいもあったのか、多くの誤訳があり、証人自らが誤訳を訂正するような場面もあったという。傍聴していた英字新聞の記者が多くの誤訳に気づき、日本の法廷通訳の質を問題視する記事を書いている（The Japan Times Thursday, July 21, 2011）。

《ニコラ・ファーロングさん殺害事件（2012 年）》
　未成年のアメリカ人によるアイルランド人留学生殺害事件である。通訳人は 2 人起用されたが、そのうちの 1 人が誤訳を繰り返し、英語がよく理解できる裁判員が通訳の間違いを指摘するメモを裁判官に渡すことも再三あった。その裁判員によれば、裁判における重要な部分でも、誤訳は起こっていたという。そのような状況であったにもかかわらず、裁判官と裁判員、そして弁護人は、通訳人による誤訳が裁判の結果に影響を与えたことはなかったと結論づけ、控訴されることはなかった。この裁判も、傍聴していた英字新聞の

記者が通訳の質を問題であるとし、新聞記事にした（Japan Times Mar. 27, 2013）。また、この裁判での通訳問題はアイルランドの新聞でも報道された（Irish Examiner Mar. 23, 2013）。

このように、法廷通訳の質が問題となったケースはいくつか存在しているが、その多くが英語の通訳がついた裁判である。英語の場合は通訳エラーに気づく人も多く、正確性を分析することのできる研究者たちも多く存在するからである。しかし、他言語、特にマイナーな言語の場合、どんな通訳が行われていても、その問題に気づく人もおらず、そのまま見過ごされてしまうケースも多いであろう。前述したように、日本には法廷通訳人の認定制度がなく、通訳人の能力をチェックする体制がないため、正確性が保証されない状態がずっと継続しているのが現状である。

3 司法通訳人の役割

ギボンズは、法廷通訳人のさまざまで複雑な役割について以下のような要素があると述べている（ギボンズ 2013：316）。
(1) 中立的な「導管」または機械
(2) 異文化間の架け橋。一連の社会的および文化的規範や通念の切り替えを行う。
(3) 異文化間の架け橋としての役割は、法廷自体の特有な文化や通念、法廷での手続や背景知識にまで及ぶことがある。
(4) 当事者の一方の支援者、擁護者（公式にはあってはいけないこと）
(5) 異文化問題に関しての専門家・情報源
(6) 法廷におけるディスコースを統制する。

一般的に、通訳者の役割に関わる問題として、言われたことをそのまま訳すだけの「導管[2]」でありうるのか、文化差によるコミュニケーション・ギャップをどのように、そしてどの程度調整することができるのか、一方の

第1章　司法通訳の現状と課題

当事者の擁護につながる行為をしてもいいのか、通訳者の存在によってコミュニケーションの流れが影響を受けるのかどうか、などが主に挙げられ、これらについての研究も多く行われている。

以下、上記の課題を網羅しつつ、いくつかの論点を中心に、通訳人の役割について論じる。

法律家の期待と現実とのギャップ

海外の司法通訳研究において、法律家たちが通訳人の役割として理想とする「原文に何も足さない、引かない、編集しない」という「導管モデル」は、実際の法廷などでの通訳とはかけ離れており、「司法の幻想」（Morris 1995：30）というような表現を用いて批判されてきた。しかし、司法通訳の倫理原則で「正確性」が最も重んじられており、通訳人たちも「何も足さない、何も引かない、何も変えない」を理想と考えていることも事実である。ただし、通訳人たちにとっての正確性とは、法律家たちが望む「逐語的な訳」とは異なっている。異言語同士では、言葉は一対一で対応しないため、直訳は意味をなさないことが多い。そのため、通訳においては「形式の等価」よりも「意味の等価」を重視することが重要である。筆者がオブザーバーとして参加したオーストラリアの magistrate（治安判事）を対象とする研修のなかの法廷通訳についての講義では、言語学者が法律家たちに言語や通訳のメカニズムを解説し、「逐語訳」を正確な通訳であると考えることには無理があることを教えていた[3]。

「等価な」通訳の必要性

司法通訳をする際、法律用語などの特殊表現については「意味」の等価だけでなく、「法的効果」や「法的意図」という点でも等価になるように訳出表現を工夫する必要がある。「懲役」を単に "imprisonment"（投獄、拘禁など）と訳したために、労働を伴う刑であることが被告人に伝わらず、気づいたときには控訴の期間を過ぎてしまっていた、という例もある。また、「物を自己の管理下に置く」という意味の「所持」を通訳人が「所有」の意味の言葉

で訳したために、被告人が「自分の所有物ではない」と起訴内容を否定した例もある。異なる法律体系をもつ国の言語に訳す際には、対になる法律用語があるとは限らないので、訳す際に多少説明的になることもある。例えば、英米法では日本のように「正当防衛」「過剰防衛」「誤想防衛」の区別がなく、すべて"self defense"なので、それぞれ説明をしなければならない。

訳出上の異文化問題

　慣用表現を含んだ、文化に根ざした言語表現についても、それぞれの言語の文脈に合致した表現に意訳するほうが、真意が自然に伝わることもわかっている。Mizuno, M. et al.（2013）では、被告人の反省の言葉は、その外国語の表現を直訳すると違和感を生じ、あまり反省しているように感じられないが、日本語の文脈に置き換えた自然な表現で訳すと、その反省の気持ちが伝わりやすいという実験結果を紹介している。Gentile et al.（1996）が、「文化的知識やコンテキストの知識は、文化仲介者として非英語話者を助けるためではなく、通訳を正確に行うためにのみ使用される」と論じているように（Hale 2007：45）、文化的な要素を仲介することで、メッセージの正確性が保証されるという側面がある。

　通訳しているなかで、文化的要素を多分に内包する言葉や表現を、目標言語の文脈に合うように調整しながら訳すという状況は、いわば暗黙の了解として、個々の通訳人が対処しているケースも多いが、一方で、通訳人が誤解の生じる可能性にすら気づかず、訳出表現の選択によっては、誤解を増幅させてしまう場合もある。

　また、言葉自体が文化に規定される内包的意味をもち、それについて通訳人が直訳をしてしまうなど、不適切な訳し方をして誤解を生じさせるケースがある。「信憑性」がもっとも重要視される難民認定のための審査や裁判の際に、このような問題がよく生じる。難民申請者は自分の迫害の証拠はすべて自国にあるため、すべてを自らの言葉で立証せねばならない。出来事の年度一つ違うだけで信憑性がないとされてしまうので、言葉の重みは計り知れない。スイスでの難民審査の際に、「山」という言葉が誤解のもととなった

事例がある。申請者の国で「山」と呼ばれるものは、高い山の多いスイス人にとっては「丘」にすぎない。「山」と訳されたために、異なる場所であると解釈されてしまったのである（鈴木 2010：206）。

通訳人の異文化仲介者としての役割

　裁判や難民審査の場面には多様な異文化問題が存在するが、通訳人の文化仲介者としての役割については、これまでさまざまな角度から議論が行われてきている（Mikkelson 2008；吉田 2007 など）。本来、通訳人は言葉を通訳するという業務以外の役割はないはずだが、時としてそれを超えた役割を期待される場合もある。

　法廷での異文化問題としては、外国人の被告人や証人が見せる特定の文化に特有の非言語的要素が誤解を招くケースが挙げられる。典型的な例としては、コミュニケーションにおいてアイコンタクトが重要である社会における裁判で、視線を合わせないことで地位の高い人に敬意を表する習慣のある文化出身の被告人がアイコンタクトを避けることにより、正直に話していないというような印象を与えてしまう（Mikkelson 2008；de Jongh, E. M 1992）、などがある。また、裁判などで扱われている出来事や事件の背景や経過、関係者の心情などに文化的要素が大きく関わっている場合、それを裁判官や裁判員が理解できず、誤った心証に、ひいては誤った判断につながるケースもある。被告人が来日前にガイドブックや地図の用意をしていなかったことで、来日目的が観光ではないという心証を日本人の裁判員が抱いたケース（吉田 2011）などがある。吉田（2011）は、法廷通訳人が最も困難を感じる事象は、明示的に語られない文化的前提や解釈の仕方の違いであるとしている。

　司法の現場で文化の差が問題になった場合、通訳人が裁判官などに求められて「鑑定人」のような立場で文化に関わる事柄を説明するという状況が時折あるようである。このような場合はまさに「文化仲介者」ということになるが、その場合、気をつけなければならないのは、通訳人は言語学者や文化人類学者ではないということである。通訳人が提供する文化に関わる知識が正しいという保証はない。通訳人の勝手な思い込みで、間違ったことを伝えて

しまうこともある。外国で日本人が被疑者となったある事件で、被疑者がある人物を「お兄さん」と呼んだことについて、取調官が通訳人に、日本では血縁関係がないのに「お兄さん」と呼ぶのはどういう場合かと尋ねた。通訳人は、「とても親しい人をそう呼ぶ」と答えた。ところが、被疑者が、その人物は自分の友人の兄というだけの関係で全く親しくないと言ったことから、供述に信憑性がないとされてしまった（メルボルン事件弁護団編 2012：134）。日本では、友人の兄であれば、全く親しくなくても「お兄さん」と呼ぶことは十分ありうる。このように、通訳人が正しくない文化情報を伝えてしまうことは往々にしてある。法律家が通訳人を安易に文化の「鑑定人」として扱うことは望ましくないし、通訳人自身も安易にそのような立場に自分自身を置くことは控えた方がよいと思われる。

オーストラリアのゴールドコーストの裁判官である Brendan Butler 氏、および治安判事の Ronald G. Kilner 氏は、筆者のインタビュー[4]に答え、通訳人が文化についての説明を求められるなど、通訳の仕事以外で何か説明するような場合は、その人とは別に、もう1人法廷通訳を行う通訳人をつけるべきであると述べた。鑑定人のような立場で何かを述べる場合は、通訳人としての立場から離れる必要があるという認識である。日本においても、役割の線引きが大切であることは言うまでもない。

通訳人は「わかりやすく」伝えるべきか

正確に伝えることが法廷通訳人のもっとも大切な役割であると言えるが、通訳人のなかには、被告人に内容をわかってもらうために「わかりやすく、くだいて」伝えることが使命だと思っている人たちがいる。つまり、難しい法律用語などを、わかりやすく言い換えるということである。これは、一種の「擁護」の行為であると言える。これに関しては、多くの研究者たちがさまざまな見解を示している。

Hale（2004：12）は、「英語話者[5]のほとんどが、法廷で居心地がいいわけではなく、手続を理解しているわけでもなく、自分の有利になるようなことをうまく言えるわけでもなく、全員が高度な教育を受けているわけでもな

い」と述べている。法廷で話される言語を母語とする人にとっても、法廷で話される内容は簡単に理解できるわけではないということである。Mikkelson（1998：22）は、「通訳人の仕事は被告人が手続を理解することを保証することではない」とし、Edwards, A.（1995：66）は、「質問がわかりにくくて答えが的外れになっていても、法律家の意図した意味を証人に伝えるのは通訳人の役割ではなく、法律家に対して、意図をはっきりさせるためにどのような質問の仕方をすべきかをアドバイスするのも通訳人の役割ではない」としている。Astiz, C.（1986：34）は、「法廷通訳人は英語を話さない人に対して英語を話す人より有利な状況に置くべきではない。もし法廷通訳人が『調整役』をするとすれば、英語を話さない被告人や証人に対して、それと同等の知性と教養をもつ英語を話す被告人や証人に与えられていないサービスを提供することになる」とし、英語母語話者も困難を抱える法廷で、英語を解さない外国人や移民だけが有利な状況に置かれるべきではないとしている。

　司法通訳人は公平、中立であるべきだとされている。特定の当事者に有利になるような行動は慎むべきである。被告人に情報をわかりやすく提供するのは法律家の責任であり、通訳人に調整役としての役割を期待することには問題があろう。

　また、通訳人が通訳以外のことをすること、例えば、どう答えるべきかについてのアドバイスをすることなど、決してあってはならないことであり、最も不適切な行為である。

コミュニケーションの流れへの通訳の影響
　取調べで主導権を握るのは取調官であるし、裁判では裁判官が訴訟指揮をとる。ところが、現場でのコミュニケーションの流れが通訳人によって変えられることが往々にしてあるし、しかも、その事実を誰も気に留めないことが多い。

　例えば、法廷で通訳人が発言を理解できない場合、自分で意味の説明を求めるために発言者に質問をすることがある。自ら発話者として裁判に関わっ

ているわけではない通訳人の立場としてはこれはよくない慣行だということで、近年では通訳人は裁判官にその旨を伝え、その判断にゆだねるという方法が正しいとされている。しかし、このような事態が起こる時には、ギボンズ（2013：317）が述べるように、「通訳者は事実上発話の順番について主導権を握り、誰が発言するのかを決めることになる」のである。

　また、訳出が法廷相互行為にもたらす影響についての語用論的・社会言語学的な研究も行われてきており（Berk-Seligson, Susan 1990/2002；Hale 2004；Hale and Gibbons 1999 など）、通訳人の訳出自体が、発話の印象や話の方向性を変えたり、法廷での言語戦略や司法判断に影響を及ぼしたりすることが明らかになっている。

　例えば、法廷での質問や尋問の場面では、検察官も弁護人も、証人や被告人に対して、自分の側に有利になるような答えを引き出すべく、何らかの言語上の戦略を用いている。主尋問と反対尋問とでは、当然、そのスタイルが異なってくる（渡辺他 2010）。通訳が介在する法廷では、このような法律家の法廷ディスコースが多かれ少なかれ影響を受けるし、法律家が苦心して行う言語上の工夫もその効力を失ってしまうことがある。

　また Berk-Seligson（1990/2002）は、英語—スペイン語間の法廷通訳という設定で実験を行い、通訳人の訳出スタイルの違いが発言者に対する陪審員の心証形成に影響を及ぼす可能性があることを示した。中村・水野（2010）の実験では、被告人の同じ発言に対して通訳人が丁寧に訳すと、ぶっきらぼうに訳した場合や多くの言い淀みを伴って訳した場合に比較して、裁判員の被告人に対する評価が高くなることが明らかになった。水野（2011）は、通訳人の「言い直し」や「言い換え」によって、原発言がより知的になったり説得力が増したり、発言内容が強化されたりするケースがあるとし、それが聞き手である裁判員の印象に何らかの影響を与える可能性を示唆している。

　このように、通訳人の介在はさまざまな形でコミュニケーションの流れに影響を及ぼしているのである。

4 法律家の理解と協力

　司法通訳が効果的に機能するには、それを利用する法律家が、通訳という仕事について関心をもち、それに対する理解を深めることが重要である。また、よりよいシステムを作るためには、通訳人とどのような協力関係を構築するのが望ましいのか、十分検討していく必要がある。以下、司法通訳人が法情報というものをどのように意識し、法律家にどのような協力を求めているかについて述べ、さらに、オーストラリアで行われている通訳に関する法律家向けの研修内容について紹介し、司法通訳に関して日本の法律家に期待する事柄について考察する。

法情報に対する司法通訳人の意識と法律家への期待
　2010 年 11 月から 5 月にかけて、東京、大阪、名古屋、北九州を中心に、実際の裁判手続に直接関わるプロの法廷通訳人から日常生活での法律に関わる相談窓口でコミュニケーションのサポートをするボランティア通訳者に至るまでを対象に、アンケート調査を実施した。主な内容としては、日本の法律に関わる知識をどの程度もっているのか、日頃、法に関する情報でどのようなものが不足していると感じているのかなど、法情報に関する意識を問うものである。その結果、一般の語学サポーターとプロの通訳人との間には、その意識において大きな違いが見られた（水野 2012）。
　法知識は通訳する上で必要だと思うかという問いに対しては、全員が「必要だと思う」と回答し、法的知識が必要であるという認識においては、両者の間に違いはないが、実際に知識があるかどうかについては、両者に大きな開きが見られた。

日本法を知っているか
　　A）一般語学サポーター
　　　　知っている　9 名　（31%）　　知らない　20 名　（69%）

B）司法通訳人
　　　知っている　9名（69%）　　　知らない　4名（31%）
通訳する外国人の属する国の法律を知っているか
　A）一般語学サポーター
　　　知っている　6名（21%）　　　知らない　23名（79%）
　B）司法通訳人
　　　知っている　10名（77%）　　　知らない　3名（23%）

　また、アンケートの記述からわかったことは以下である。プロの司法通訳人は、両言語の間に同じ制度や概念が存在しない場合があることや、同じ法律用語で表される制度や概念があっても、その意味が微妙に異なる場合もあるということを十分理解している。そして、正確に訳すためには、普段からそれぞれの言語の属する社会の法律に関する知識を得るための学習をすることが、通訳者として当然のことであるとしているため、一般的かつ基本的な知識の不足はないが、時々遭遇する特殊なケースにおいて必要となる知識の不足を感じている。また、法的知識そのものよりも、それをどう訳すかという言語変換に関わる知識の不足が意識される傾向にある。それとは対照的に、一般語学サポーターは、自分たちを法律の分野での素人であるととらえ、法律の知識があることを当然だとは考えていない。したがって、不足している知識という点でも、その認識が具体性に欠け、「全体として知識がない」と感じているようである。

　また、プロの司法通訳人は、通訳人としての役割意識がはっきりしており、自分たちが身につけるべきだと考える知識の量や質について、法律実務家との間に一線を引いて考える傾向がある。そして、法律や制度について説明するのは法律家の役割であり、自分たちが自ら説明することはないと考えているので、通訳するのに困らないレベルの知識があれば十分だと感じている。そして、弁護人や裁判官、検察官が被告人の国の法制度や法律の基盤となった文化・社会的慣習について知識をもっていれば、通訳人の背景知識が浅くてもそれほど問題なく通訳することが可能であるので、法律家が自らそのよ

うな知識を習得することが望ましいと考える通訳人もいる。

　プロの司法通訳人からの法律家への要望としては、法律が改定されたり新たに制定されたりした時に、いち早く情報を提供するといったサポートが欲しいという意見が複数あった。また、国別に日本の法律との違いをまとめた資料や対照表がほしい、さらに、法律そのものだけでなく、各国の法律の日本語版や日本の法律用語の各国語への翻訳版など、実際の通訳作業に役立つ知識を得るための情報がほしいという意見も多かった。また、訳語について、法律家の立場からの助言を求める声もあった。法務省の日本法令外国語訳データベースシステムなどは、司法通訳人のこのようなニーズに応えるものとなっており、積極的に利用を奨励すべきである。

効果的な法情報提供のあり方

　前述の意識調査の結果から、大学法学部を含む法律専門家からの情報提供については、プロの司法通訳人も一般語学サポーターも、さまざまな形での知識提供を望んでいることがわかった。法律実務家や法学者による司法制度や法律用語について学べるセミナーや講義といった勉強の機会の提供、法情報に関するホームページを開設するなど、インターネットを通じての情報提供や法情報に関する印刷物の配布などが多くの司法通訳人や一般語学サポーターが望んでいる形態である。しかし、プロの司法通訳人は、それに加え、専門職としての司法通訳に対する認知やその地位の向上についても、法律専門家からのサポートを望んでいる。また、未来の法律家である法学部の学生や法律家が通訳とはどのような営為であるかを理解できるような機会を法学部でも作り、法曹界全体で司法通訳に対する理解を深めてほしいという意見もあった。

　実際に司法手続において通訳業務に携わっている通訳人たちが明確なプロ意識をもって稼働していることが、上記意識調査を通しても明らかになったが、大学法学部を含む法律専門家たちからのサポートも、こうしたプロ意識にマッチするものでなければならない。一般語学サポーターを対象とする場合には、法知識の提供はごく基本的なものから始めて行けばよいと思われる

が、プロの司法通訳人に対しては、法律専門家と通訳人が互いに何をどの程度まで期待するのかという点について明確にし、互いのニーズを正確に把握し、最も効果的な知識提供のあり方を検討する必要がある。

オーストラリアの法律家向け研修

　通訳人のパフォーマンスを高めるためには、法律家が通訳という業務を正確に知り、通訳人のニーズを理解する必要がある。その有効な方法として、オーストラリアでは、法律家を対象とするユーザー・トレーニングの機会を設けている。

　オーストラリアでは、裁判官、検察官、弁護士などの法律家を対象とする法廷通訳に関する研修が行われている。前述したように、筆者は、2012年8月に、ゴールドコーストで National Judicial College of Australia の magistrate（治安判事）のための教育プログラムの一環として行われた、New South Wales 大学の Sandra Hale 教授（通訳学・言語学）が担当するレクチャーにオブザーバーとして参加した。講義の内容には、通訳という業務についての言語学的な観点からの解説なども多く盛り込まれていたが、ここでは、通訳のパフォーマンスを高めるために法律家が留意しなければならないことについて述べられた部分を紹介する。

　まず、法律家の側の通訳業務に対する無理解という点が指摘されていたが、通訳人にとって最も問題なのは、「通訳人は言われたことは何でもその場で訳せる」という思い込みである。例えば、通訳は事前準備が必要であることを認識していないため、法律家は通訳人のために事前に資料を提供したり、内容に関する説明をしたりすることがない。通訳人からは「法律家のなかには、法廷で話される内容について、それに関する知識がないまま通訳人がついていけると考える人がいる。自分たちは内容を熟知しているので、早口で次々と話が進んでいくが、通訳人は全くついていけない」という不満が多く出されている。法律家の側としては、事前に資料を通訳人に渡さない背景には、通訳人は予断や偏見なしに、法廷で話されたことをただそのまま訳せばよいという考えがある。これは、通訳業務の本質を理解していないこと

を示している。

　また、法律家の言語パフォーマンスそのものに関する通訳人の不満が多いことも指摘された。法律家の質問や尋問の仕方がわかりにくく訳せない、法廷で判決文などの文書が法律家によって読み上げられる際に、法律家は早口でしゃべるので、通訳人は全くついていけない、などが具体的な例である。

　近年では、単語を調べるために iPhone などを使用することは通訳業務においては常識となりつつある。それを知らない裁判官が、電話を使わないようにと注意した、などの事例もある。また、記憶保持のツールとしてメモを取ることはプロの通訳者にとって当然のことであるが、「内容が覚えられないからメモを取るのだ」というように、メモを取ることがまるで能力の低い通訳人のすることであるかのように考える法律家もいるようである。

　また、通訳人のための適切な労働環境を整えることの重要性についても言及された。通常、連続して通訳を30分以上続けると、その精度が落ちてくる。したがって、仕事が長時間に及ぶ際には十分な休憩をとらせることは必要不可欠であるし、声を使う仕事なので、飲料水などを用意することも必要である。また、メモが取れるように椅子やテーブルの用意なども忘れてはならない。さらに、長時間にわたる難しい内容の通訳の場合、通訳人を2人任用することも必要である。

　レクチャーでは、法律家が通訳人の能力を測る基準についても提示された。オーストラリアの場合、オーストラリア翻訳・通訳資格認定機関（National Accreditation Authority for Translators and Interpreters：通称 NAATI）（NAATI ホームページ参照）による、司法分野を含めたコミュニティ通訳[6]の認定制度[7]があり、認定試験のプロレベルに合格した者が司法の現場などで稼働できる。したがって、法律家はこの認定制度の内容や司法通訳にふさわしいレベルについても熟知する必要があり、それを基準に通訳人を任用すべきであることが強調された。しかし、認定を受けただけでは十分ではなく、大学等で正式のトレーニングを受け、通訳スキルを身につけた人材を選任する必要性についても言及された。

日本の法律家に期待すること

　ここでは、オーストラリアの研修で問題として取り上げられた事柄について、日本の現状と比較しながら、日本の法律家に何を期待するかについて述べる。

　オーストラリアの法律家向け研修で通訳人側から指摘された点のなかで、日本の方が法律家の協力体制が進んでいる事柄がある。日本の裁判では、通訳人に起訴状をはじめとする資料を事前に提供することが慣行となっている。こういう措置は、正確でスムーズな通訳の実現のためには非常に有効で、日本の法律家の理解度の高さは大変評価できる。

　日本ではまだ、通訳人がiPhone等を使うという状況はあまりないようだが、電子辞書などは必要なツールとして持ち込んでいる。メモ取りについては、最高裁判所事務総局刑事局が発行する冊子には、「記憶だけに頼るのではなく、必ずメモを取っておくことが重要（最高裁判所事務総局刑事局 2013：8）」とあるが、以前は同じ冊子に「文章が長い場合はメモを取ってもよい」というような文言が載せられていた。メモ取りの技術が通訳にとって必要不可欠であり、それをしない通訳人はプロではないという認識が高まってきていることの証拠である。

　法廷での通訳人の人数の問題であるが、通訳時間が長い場合、正確性に影響が及ぶことはすでに実証済みである。30分を超えるころから精度が落ち、1時間を超えてくると、自分のミスにも気づかないほど、生理学的にも心理的にも限界に達することは、通訳者の疲労に関するさまざまな研究から明らかになっている（Moser-mercer, et al. 1998；水野・中村 2010 など）。法廷での複数通訳人体制が法律で規定されている国はほとんどないが、状況によってはそれが望ましいとされ、裁判所の裁量で2人起用される場合もある。日本では、2009年に裁判員裁判が導入され、公判が長時間にわたるようになったため、これまで、複数の裁判において通訳人が2人任用されている。しかし、なかには法廷通訳人自らが「1人のほうがやりやすい」と言い、いくら長時間になっても1人体制で行うケースも多いようである。通訳人本人がそのようなことを言っても、疲労による正確性の低下の危険が大きい以上、裁判所

の判断で複数の通訳人をつけるようにするべきである。会議通訳は、長時間の仕事の場合、必ず複数で交代しながら行っている。本当のプロであるなら、自分のやりやすさよりも正確性を優先するものである。法律家は、通訳は長時間継続できないことを共通の認識としてもち、1人に長時間の通訳を任せるようなことは、自らの責任として防ぐべきである。

　オーストラリアの研修で触れられた認定とトレーニングの必要性であるが、この点において日本は非常に遅れていることはすでに述べた。司法通訳人の認定制度が存在しないので、法律家は通訳人の質を見極める手段をもたない。語学力を測るための客観的な資料である語学検定のスコアなどは、語学力と通訳能力とは別物である以上、当てにならない。過去の通訳経験にしても、どのレベルの通訳の仕事を行っていたか、裏づけとなる資料を提出させることは難しい。唯一、通訳能力を測れる基準は、会議通訳者養成機関の本科レベル（プロレベル）を修了している、あるいは大学院レベルで通訳実践の訓練を一定以上の期間受けてきている、などである。しかし、これらは英語などの主要言語についてのみ存在する基準であり、司法通訳における言語の多様性に対応できない。法曹界全体が、優秀な司法通訳人確保の重要性を認識し、認定制度を含めた、能力のある通訳人の基準設定に向けて動き出して欲しいと切に願っている。

　さて、認定制度が存在しない以上、クオリティ・コントロールはトレーニングを通して行うしかない。現行の裁判所等の通訳人研修は、時間という意味でも圧倒的に不十分であり、内容的にも法制度、法律用語、通訳倫理などが中心となっており、通訳スキルを身につけさせることは不可能である。長期的視野に立って計画的に有能な通訳人を育てて行くのは、やはり教育機関の役割であり、特に公益性の高い分野である司法通訳については、大学がその任にあたるのが最もふさわしいと思われる。司法通訳と大学教育の関連については、第2章で論じる。

　正確で的確な通訳は、外国人が関わる司法手続が公正なものとなるためには不可欠な要素である。法律家は通訳人の要望に耳を傾け、法情報を中心に必要な情報を積極的に提供することで協力するとともに、通訳という営為に

ついて、そのメカニズムを理解し、生じる可能性のある問題についても把握しておく必要がある。そういう意味で、通訳人がトレーニングを受けるだけではなく、オーストラリアのように、法律家が通訳を使いこなすためのトレーニングを受けることも重要である。より効果的な司法通訳システム構築のためには、このような形で情報提供に双方向性を与えることは非常に有効であると思われる。

5 おわりに

"Communication is a key to justice"（コミュニケーションは正義への鍵である）
　これは、1994年から2011年までオーストラリアのニュー・サウス・ウェールズ州検察局長（Director of Public Prosecutions for the State of New South Wales）を務めたNicholas Richard Cowdery氏が2014年4月24日にニュー・サウス・ウェールズ州立大学で開催された通訳翻訳シンポジウムで語った言葉である。このシンポジウムの目的は、オーストラリアの法廷通訳の実務家、教育者、研究者、通訳派遣エージェントなどが現状報告と問題提起を行い、通訳の質の向上のために何ができるかを議論することであった。
　このシンポジウムで強調されたことは、法律家が専門職としての通訳人のニーズをもっと理解し、法廷通訳人の労働環境を改善することが質の向上につながるということであった。例えば、正確な通訳のためには事前に裁判に関する情報を提供すること、同時通訳のための装置を導入すること、通訳人を2人任用することなどが挙げられたが、これらは日本ではすでに多くの裁判で実現していることである。日本の通訳人は、労働環境という意味では決して劣った状況に置かれているわけではない。
　ところが、日本のシステムにおいて決定的に欠けているものは、通訳人の能力の保証である。認定制度のあるオーストラリアでは、通訳人は一定以上の能力が保証されているという前提で、上記のような議論をしているわけであるが、日本では、言語能力、通訳スキルの両方において能力が充分でない

通訳人を排除する仕組みが存在しない。優秀な通訳人とそうでない通訳人との差はあまりに大きい。いくら良い労働環境が与えられても、通訳人の能力が伴わなければ、いつになっても不正確な通訳の問題は解決しないのである。

　日本では、司法通訳の問題に真剣に取り組もうという姿勢をもつ法律実務家や法学者の数は確実に増えてきている。本書にこのような司法通訳に関する章が盛り込まれていることも、その一つの表れである。今、日本の法律家に必要なことは、何が正確な通訳なのか、そして、正確な通訳をするにはどのレベルの人材が必要なのかという、通訳という業務の中核となる部分について正しい理解をすることである。適切な人材が確保されてはじめて、法律家の話し方の改善を含めた労働環境の改善やトレーニングの機会提供が、その効果を発揮する。通訳人の不十分な能力に目をつむるといった「誤った気遣い」をするのではなく、不正確な通訳は司法の根底を揺るがしかねないという認識に立った、システム全体を視野に入れた気遣いが必要なのである。

　はじめに紹介した"Communication is a key to justice"という言葉は、「コミュニケーションは正しい司法判断への鍵である」と訳すこともできる。通訳を介したコミュニケーションが正しい司法判断を導き、正義の実現につながるよう、法律家、研究者そして通訳実務家のコラボレーションによる研究を今後も活発に行っていくことが必要であろう。

注

1）　家族や友人、法廷職員、警察官などを中心に、プロの通訳者としてのトレーニングを受けていない人がその場しのぎで通訳を行うことを意味する言葉。
2）　conduit という英語で表現される。通訳者の役割モデルの一つ。
3）　この研修の内容の詳細については後述する。
4）　前述した治安判事向けの研修会にオブザーバーとして参加した際に、Southport 裁判所で両氏にインタビューを行った。この研修の通訳に関する内容については、本文で後述する。
5）　英語圏の論文なので、裁判で使用される言語が英語であるという前提で書かれ

ている。
6) 会議通訳やビジネス通訳とは異なり、司法、医療、学校、相談窓口など、日常生活に関わる現場での通訳を指す。手話通訳もこのカテゴリーに入るとされている。
7) NAATI の代表取締役である John Beever 氏によると、2017 年度を目処に、司法、医療など専門分野の通訳者認定も導入する方向で準備しているとのことである。（2014 年 4 月 24 日に筆者が行ったインタビューより）

参考文献

ギボンズ、ジョン：中根育子監訳、鶴田知佳子、水野真木子、中村幸子共訳（2013）『法言語学入門　司法制度におけることば』東京外国語大学出版会
最高裁判所事務総局刑事局　平成 27 年版『ごぞんじですか。法廷通訳』
鈴木雅子（2010）「日本における信憑性評価の現状とその課題」『日本における難民訴訟の発展と現在』現代人文社、200-221 頁
中村幸子（2010）「ベニース事件の通訳をめぐる言語学的分析—談話標識を中心に」『金城学院大学論集』社会科学編　第 8 巻 1 号、210-215 頁
中村幸子・水野真木子（2010）「法廷実験：模擬裁判員の心証形成に及ぼす通訳の影響」『統計数理研究所共同研究リポート：裁判員裁判における言語使用に関する統計を用いた研究』（統計数理研究所）237 号、53-66 頁
深見史（1999）『通訳の必要はありません—道後・タイ人女性殺人事件裁判の記録』創風社出版
水野真木子（2006）「ニック・ベイカー事件の英語通訳をめぐる諸問題」『季刊刑事弁護』No. 46、108-111 頁
――――（2011）「法廷通訳人の介在による発言の変化と裁判員の心証への影響」『金城学院大学論集』社会科学編　第 8 巻第 1 号、139-151 頁
――――（2012）「日本における法情報に関する司法通訳人の意識について」『金城学院大学論集』社会科学編　第 9 巻第 1 号、82-91 頁
水野真木子・中村幸子（2010）「要通訳裁判員裁判における法廷通訳人の疲労とストレスについて」『金城学院大学論集』社会科学編　第 7 巻第 1 号、71-80 頁
水野真木子・中村幸子・吉田理加・河原清志（2012）「日本の司法通訳研究の流れ—方法論を中心に」『通訳翻訳研究』No. 12、133-154 頁
メルボルン事件弁護団編（2012）『メルボルン事件　個人通報の記録—国際人権規約第一選択議定書に基づく申立』現代人文社
吉田理加（2007）「法廷相互行為を通訳する—法廷通訳人の役割再考」『通訳研究』No. 7、19-38 頁
――――（2011）「法廷談話実践と法廷通訳：語用とメタ語用の織り成すテクスト」『社会言語』第 13 巻第 2 号、59-71 頁

第1章 司法通訳の現状と課題

渡辺修・水野真木子・中村幸子（2010）『実践　司法通訳—シナリオで学ぶ法廷通訳』現代人文社

Astiz, C.（1986）But they don't speak the language: Achieving quality control of translation in criminal courts. *The Judges' Journal,* 25(2). pp. 32-35, 56.

Berk-Seligson, S.（1990/2002）*Bilingual Courtroom.* Chicago: Chicago University Press.

de Jongh, E. M.（1992）*An Introduction to Court Interpreting,* University Press of America.

Edwards, A.（1995）*The Practice of Court Interpreting.* Philadelphia: John Benjamins.

Hale, S.（2004）*The discourse of court interpreting.* Amsterdam: John Benjamins.

――――（2007）*Community Interpreting.* New York: Palgrave Macmillan.

Hale, S. and Gibbons, J.（1999）Varying realities: Patterned changes in the interpreter's representation of courtroom and external realities. *Applied Linguistics.* 20 (2). pp. 203-220.

Mikkelson, H.（1998）Toward a redefinition of the role of the court interpreter. *Interpreting vol. 3 (1)*: 21-45.

――――――（2008）Evolving views of the court interpreter's role: Between Scylla and Charybdis. *Crossing borders in community interpreting: definitions and dilemmas.* Carmen Valero Garcâes, Anne Martín(ed.). Benjamins. pp. 81-98.

Mizuno, M., Nakamura, S. & Kawahara, K.（2013）Observations on How the Lexical Choices of Court Interpreters Influence the Impression Formation of Lay Judges. *KINJO GAKUIN DAIGAKU RONSHU Studies in Social Science, Vol. 9, No. 2.* pp. 1-11.

Morris, R.（1995）The moral dilemmas of court interpreting. *The translator 1(2).* pp. 25-46.

Moser-mercer, B., Kunzli, A. & Korac, M.（1998）Prolonged turns in interpreting: Effects on quality. *Interpreting Vol. 3(1).* pp. 47-64.

[ウェブサイト]

警察庁刑事局組織犯罪対策部統計資料　https://www.npa.go.jp/sosikihanzai/kokusaisousa/kokusai/H24_rainichi.pdf

NAATI ホームページ　http://www.naati.com.au/home_page.html

法務省「日本法令外国語訳データベースシステム」www.japaneselawtranslation.go.jp

[Newspaper]

Irish Examiner Mar. 23, 2013

http://www.irishexaminer.com/archives/2013/0323/world/evidence-lost-in-translation-226262.html

The Japan Times Thursday, July 21, 2011

The Japan Times Saturday, March 23, 2013

[水野　真木子]

| 第1章補論 | **外国人の刑事事件と通訳を受ける権利の保障** —訴訟法学の立場から—

1 はじめに

　裁判所法74条は、「裁判所では、日本語を用いる。」と規定する。日本が「単一民族・単一言語」の国であると素朴に信じられてきたことも手伝って、この規定は当然のことを注意的に規定したものに過ぎないと考えられてきた。法律学の立場からは裁判における言語の問題にはあまり関心は払われてこなかったといってよい。本書第1章（以下「第1章」という）にあるように、民事・刑事の訴訟法も「日本語を用いた裁判」を可能にするための通訳・翻訳の規定を置いているに過ぎない。訴訟関係人に「通訳を受ける権利」がある、という考え方は、法律の規定には表れていないのである。

　しかし、1980年代に入って来日する外国人が急増し、これに伴って外国人が被疑者・被告人となる刑事事件が増加しはじめると、通訳の問題が司法制度の課題として意識されるようになった[1]。この時期から1990年代にかけて、裁判所のための通訳という観念から被疑者・被告人の通訳を受ける権利へと視座の転換が起こったのである[2]。しかしながら、外国人事件の増加や要通訳言語の多様化というあらたな事態に直面しても、日本では通訳・翻訳に関する法制度の改正が行われたわけではない。ただし、第1章でも指摘されているように、実際には通訳制度はこの間かなりの改善がされてきた。警察、検察庁、弁護士会、裁判所による通訳人名簿の整備、通訳方式（陳述だけを通訳する方式から法廷でのやり取りのすべてを通訳する方式への変化）、通訳人のスキルアップを目的とした各言語での『通訳ハンドブック』の刊行[3]、尋問等の録音による誤通訳をチェックできる体制の整備などである。

　しかしこれらは、実務的なレベルでの改善に留まっている。以下で見るよ

うに、日本の裁判所は通訳を受ける権利を正面から認めることには消極的であるし、通訳言語の多様化や要通訳事件の増加に制度的に対応しようとする姿勢は乏しい。また、連日開廷、全日開廷を原則とする裁判員裁判が始まったことにより、通訳の在り方について新たな問題も生じている。そこで、ここでは、第1章の問題提起を受けて、訴訟法学の観点から通訳問題について検討することとする。

2 刑事司法手続における通訳人の役割

　刑事司法手続において通訳人が必要となる場面は、捜査（とりわけ捜査官による取調べ）、身体拘束中（とりわけ弁護人等と被疑者・被告人の接見）、公判手続、刑確定後の自由刑の執行段階など、多様である。しかし、通訳についての国内法規定は、第1章でも指摘するように非常に乏しい。しかも現行の規定は、被疑者・被告人の権利保障のための規定にはなっていない。

　このため、通訳を受ける権利を法的権利としてとらえ直すためには、日本が批准した条約として国内法的効力を有する国際人権規約（自由権規約）を援用することが理論的に不可欠であった[4]。日本語による意思疎通が困難な者（これには外国人だけでなく、耳が聞こえない者等も含まれる）が通訳の援助を受けることは、刑事手続における適正手続（憲法31条）の実現のために必要である。しかし、憲法31条の規定から直接的に通訳を受ける権利を導き出すことは難しい。これに対して、自由権規約14条3項(a)は、「その理解する言語で速やかにかつ詳細にその罪の性質及び理由を告げられる」権利、14条3項(f)は、「裁判所において使用される言語を理解すること又は話すことができない場合には、無料で通訳の援助を受ける」権利を明示的に保障しており、これらの規定は、「日本国が締結した条約及び確立された国際法規」の遵守を規定する憲法98条2項と憲法31条を介して日本の公権力を拘束し、裁判規範としての効力ももつことになるからである。

　そこでまずは、自由権規約14条3項(a)、同項(f)の規定が日本において

満たされているかどうかを検討するところから始めよう。

　自由権規約14条3項(a)の告知を受ける権利は、適正手続（due process of law）の本質に関わる権利である。憲法31条が保障する適正手続保障の中核は、公権力によって不利益な処分を受ける立場に立たされたときに、受けるべき処分の内容とその理由を知らされ、それについて自己の言い分を聞いてもらうことができる、という告知・聴聞、弁論の機会の保障である[5]。告知は、その前提をなすものであって、告知が有効に行われなければ、聴聞と弁論も有効にはなしえない。

　刑事事件では、被疑者・被告人に対する告知は次のような場面で要求されている。すなわち、身体拘束にあたっての理由の告知（憲法33条、34条、逮捕につき刑訴法201条、203条、204条、勾留につき61条、73条2項）、訴追にあたっての起訴状謄本の送達（刑訴法271条）、上訴権の告知（刑訴規則220条）である。通訳を受ける権利は、これらすべての場面で保障されなければならないはずである。

　身体拘束のうち、逮捕理由の告知は、逮捕状による逮捕の場合には令状の提示（刑訴法201条）によって、無令状逮捕の場合には逮捕時、及び逮捕後の告知（緊急逮捕につき刑訴法210条1項、現行犯逮捕につき刑訴法216条が準用する203条、204条）によってなされる。勾留については、勾留質問（刑訴法61条）において理由の告知と弁解の機会が与えられることになっているし、勾留状の提示（刑訴法73条2項）もまた身体拘束の理由の告知の機能をもつ。

　これらのうち、令状による告知については、被疑者が外国人で日本語を解さない場合であっても、令状に翻訳文をつける扱いや令状執行にあたって通訳を行う運用は行われていない。また、特に無令状逮捕の場面では、その場に通訳人が存在することはまずありえないから、身体拘束の時点では「自己の理解する言語」での告知は行われないことになる。ただし、これが自由権規約14条3項(a)に違反するとは考えられていない。身体拘束の時点では告知がなされなくても、自由権規約14条3項(a)は「速やかに」告知することを求めているので、その期間内に被疑者が理解する言語で告知がなされればよく、それは刑訴法203条、204条の逮捕後の権利告知・弁解録取の手続で

行われることになるからである[6]。

　起訴内容の告知に関しては、起訴状謄本の送達がその告知機能を果たすことになる。しかし、ここでも被告人が外国人の場合起訴状の翻訳文の添付は行われていない（ただし、起訴事実の要約を送達時またはその後に送付する扱いはあるようである）。これに関して、平成2年11月29日の東京高裁判決は、次のように言う。「起訴状の謄本が送達された際には、被告人としては自分がいかなる事実について公訴を提起されたのか直ちには理解できていなかったとしても、公判手続全体を通じて、被告人が自己に対する訴追事実を明確に告げられ、これに対する防御の機会を与えられていると認められるならば、適正手続にいう「告知と聴聞」の機会は十分に与えられているということができ、ひいては手続全体として憲法三一条には違反していないと考えることができる」と[7]。

　起訴状謄本の送達期限は、起訴後2カ月（刑訴法271条）である。しかし、2カ月という期間は、とうてい「速やかな」という条件を満たしているとは言えない。また、起訴後の弁護人との接見の際に同道した通訳人を介して起訴内容が伝えられればよい、とする考え方も、告知が裁判所の側の義務であることからすれば適切とは言えない。上掲の東京高裁判決の言うように、「公判手続全体をとおして」告知がなされればよいというのでは、自由権規約14条3項(a)の要請を満たしていないと思われるのである。被疑者の身体拘束の場面と異なり、公訴提起の段階では、捜査段階で関与した通訳人に起訴状の翻訳を求めることが難しいわけではなかろう。しかし、実務ではいまだに翻訳文の添付は行われていない。日本語で書かれた起訴状に各言語で作成された起訴手続、公判手続に関する説明文などが添付されるにとどまっているのである[8]。

　次に自由権規約14条3項(f)の無料の通訳を受ける権利について検討する。

　裁判所が任命した通訳人の場合には、通訳人に対する報酬は、裁判所から支払われる（刑訴法178条により準用される刑訴法173条）。この通訳人の費用は、訴訟費用の一部とされ、有罪判決の場合には、訴訟費用は被告人にその

負担が求められることがある（刑訴法181条1項）。自由権規約14条3項(f)は、無料の通訳を保障しているのであるから、事後的にとは言え、通訳費用の負担を命じることは、明らかに同規定に反する。

ところが、自由権規約14条3項(f)の規定を、あらかじめ費用を負担しなければ通訳人がつけられないことを禁じた規定と解し、事後的に訴訟費用の一部として通訳費用を負担させても自由権規約違反ではない、とする見解があり[9]、裁判例にもそのように解していると考えられるものがある[10]。ただし実際には、裁判所の裁量により、資力がない被告人には訴訟費用を負担させない扱いが広く認められているから、事実上規約違反の問題は生じないと考えられているようである[11]。

しかしながら、無料の通訳の保障は国に課せられた義務である。外国人の被告人に資力があり、訴訟費用の負担をさせる場合であっても、訴訟費用についての裁判で「通訳人の費用については、自由権規約14条3項(f)により、被告人に負担させないものとする」と明示することが適切であろう[12]。

次に、自由権規約14条3項(f)の保障する通訳を受ける権利の内実について検討する。第1章で指摘されているように、通訳が果たす役割にはさまざまな側面がある。法廷で話される日本語を通訳言語に、そして被疑者・被告人の陳述を日本語に訳して訴訟関係人に伝えることがその基本的なものであり、その際正確性が最も重要であることは言をまたない。しかし、この基本的な役割を果たすためには、通訳人には相当高度な能力が必要である。証人尋問や被告人質問の場面では、尋問者（質問者）の発言と証人や被告人の発言とを正確に訳すことが求められる。このレベルでは一般的な意味での語学力で充分かもしれない。しかし、法廷でのやり取りのすべてを被告人に伝えることが通訳を受ける権利の内実として求められる、ということになると、日本語と通訳言語の双方について、刑事手続において使われる法律用語を、制度的な違いにも目配りしながら訳さなければならないからである。

法律用語の意味については、第1章も指摘するように、基本的には訴訟関係人の側（検察官、弁護人、裁判官）が被告人に説明するべきである。しかし、日本語でいかにわかりやすく説明したところで、それに対応する通訳言語で

それを説明できなければならない。日本の法律用語ないし法律上の概念と通訳言語のそれが一致しないこともある。したがって、通訳人に求められる能力には法的素養も含まれることになり、そのレベルは相当に高いものになる。このことが通訳人に対する研修などの充実が求められる所以でもある。現在は、日本の法令自体についても英語など数カ国語の翻訳がされているに過ぎない。外国の法令の日本語訳ということになると、資料はさらに乏しい。通訳人となろうとする人への研修の素材の充実がまず必要であり、これには、研究者を含めた法律家の協力が不可欠である。

　通訳を受ける権利が被疑者・被告人の権利であることを承認するのであれば、さらに、誤訳や通訳能力の不足によって、有効な告知や防御権行使ができない場合には、被疑者・被告人の側に通訳人を排斥したり、誤通訳からの救済を求めたりする権利が与えられなければならない。誤通訳や通訳人の能力不足が問題となった事例は、第1章が挙げる最近の事例以外にも多数存在する[13]。しかし、紹介されている事例のほとんどでは、誤訳が重要な事項についてなされたわけではないという理由で、通訳人の交代や上訴審による破棄といった効果は認められていない。第1章が指摘する資格認定制度等による通訳人の質の向上とともに、その質が保たれなかった場合の救済の問題も考える必要があり、これは法制度ないし法律家の側の課題である[14]。

　もう一つ、通訳を受ける権利の質に関しては、通訳人の中立性・公平性の確保の問題がある。現在、通訳人の名簿は、警察、検察庁、裁判所等でそれぞれ作られている。それが人的に重ならず、場面ごとに異なる通訳人が用いられるのであれば、通訳人の中立性が疑われることはない。しかし、実際には特に通訳人の人的資源が乏しい言語については、いずれの名簿にも同一の通訳人がリストアップされ、一つの事件で捜査段階、弁護人との接見、公判手続のいずれの場面でも同一の通訳人が選任されることがあり得る。その場合、最も問題が大きいのは、取調べの際の通訳人と弁護人の接見時の通訳人が同一、という事態である。

　通訳人の側からは、通訳の正確性確保の観点から、事前の書面交付などの形で事件に関する資料が求められることが多い。取調べに立会い、事件に関

する資料の内容を知った上で通訳人が弁護人の接見に同行する場合、とりわけ被疑者段階の接見に関しては、弁護人は事件について証拠開示等による情報を得ていない場合があるので、通訳人の方が事件のことをよく知っている、ということが起こり得る。そのような場合、意図的ではないにせよ、通訳人が知っている情報を加えた通訳が行われる可能性は否定できない。また、被疑者から見たとき、取調べのときと同一の通訳人が同席していれば、弁護人に話すことが捜査側に漏れるおそれを感じるかもしれない。取調べで述べたことと弁護人に述べようとすることが異なる場合もあり得る。たとえ通訳人に職業上の倫理として守秘義務があり、弁護人からも接見の秘密性が保障されているという説明があったとしても、被疑者の側から見れば、取調べの際の通訳人が居る場で取調べのときとは異なる陳述や主張をすることに躊躇を覚えることになろう。最低限、取調べの通訳と弁護人接見の際の通訳は、別の人が行うべきである。なお、通訳人の中立性・公平性に疑義がある場合には、訴訟当事者に忌避申立権を認めるなど、手続的な保障を設けることも必要であろう[15]。

3 裁判員裁判への対応

　裁判員裁判は、公判前整理手続において争点と証拠の整理が行われたうえで、公判期日が始まると、連日開廷で結審まで進む。第一回公判期日から結審・判決までの日数は、事実に争いのない事件の場合には数日、争いがある場合でも特異なケースを除けば1、2週間である[16]。連日開廷による集中審理方式は、日常の用務を投げうって裁判に参加しなければならない裁判員の負担を考慮して採用されたものである。従前は平均的に言えば、一期日あたり2時間程度の期日が1カ月に1回程度のペースで入れられていたので、通訳人がつく事件でも通訳人の負担過重やスケジュールの調整が大きな問題となることは少なかった。しかし、連日開廷方式になると、通訳人は連日、かつ丸一日公判に立ち会わなければならない。法廷での通訳を専業とするわけ

ではない通訳人にとっては、裁判の予定期日を早めに知らせてもらい、他の業務との調整をすることが必要になるはずで、それだけでも従前の裁判よりも裁判員裁判は負担が重い[17]、ということになろう。

連続した通訳時間が長くなる裁判員裁判では、通訳人の疲労に対する配慮が必要である。通訳の精度は、「30分を超えると精度が落ち、1時間を超えてくると、自分のミスにも気づかないほど、生理学的にも心理的にも限界に達する」という第1章の指摘は法律家にとっては重い。裁判員裁判では、裁判員の疲労に配慮して、1時間に1回程度休憩時間がとられる扱いが多い。単にこれと同じ配慮を通訳人に対してすればよい、というものではない。裁判員に対する配慮以上の配慮が通訳人に対して払われるべきであり、例えば、証人尋問等が30分以上続く場合には、必ず通訳人を交代させる、というルールが必要であろう。これを可能にするためには、通訳人の複数選任の制度化[18]が不可欠である。

裁判員裁判においては、従前の調書裁判から脱却して、口頭主義の原則に立ち戻った審理の在り方が推奨されている。これは証拠調べの場面だけでなく、冒頭陳述、論告・弁論にまで及んでおり、従前のように書面を延々と読み上げるという法廷場面は少なくなっている。それだけに、要通訳事件では、従前とは異なる問題が生じている。一つは、通訳によるタイムラグを少なくするためであろうか、同時的な通訳方式がとられ始めていることである。もう一つは、従前であれば事前に通訳人に書面を交付しておくことが可能であった証人尋問、被告人質問、冒頭陳述、論告・弁論、判決について、事前に通訳人に渡された書面が読み上げられるわけではないために、通訳人が公判廷で臨機応変の対応をしなければならなくなったことである。

まず、同時的な通訳について検討する。従前の逐次通訳方式の場合、法廷では日本語と通訳言語が交互に現れるため、時間はかかるものの、傍聴者にとっても法廷におけるやり取りがわかりやすくなる、という傾向があった[19]。これに対して、同時的な通訳方式の場合、法廷で陳述をする外国人の証人や被告人は、イヤホンを通じて通訳人の声を聞きながら陳述をする。すると、証人・被告人の声に通訳人の声が重なることがあるため、法廷でのや

り取りを理解するのに相当の注意力が必要になる。このことは、裁判員にとっても同様のはずであり、施行前の模擬裁判の段階で指摘されていたように[20]、同時通訳に適した設備や機器が整っているのでない限り、逐次通訳を原則とするべきであろう[21]。

　裁判員裁判は、冒頭陳述や弁論の在り方にも変化をもたらした。従前は、いずれもこれらの陳述の「要旨」と題する書面が事前に用意され、法廷ではほとんどその書面が読み上げられていた。これに対して裁判員裁判では、裁判官・裁判員とアイコンタクトをとりながら平易な言葉で陳述する、あるいはパワーポイント等を利用して陳述するなど、その場で理解しやすい方法が選択されるようになった。書面があらかじめ用意されている場合には、通訳人はその書面の事前交付を受けることなどにより、準備が可能である。これに対して、口頭主義に徹した陳述の場合には、従前のような事前の準備（あらかじめ書面を翻訳しておくこと）では十分でないことがあり得る。判決に関しても、結審から言渡しまでの期間は従前と異なり、せいぜい1、2日しかとられていないので、この点でも、裁判員裁判では、通訳人に従前以上の高い能力が必要になっていると言えよう[22]。

　いずれにしても、裁判員裁判では、裁判員にとってのわかりやすさ、裁判員の負担の軽減に裁判所の側の意識が傾けられており、通訳人に対する配慮は十分とは言えない側面がある。裁判員裁判における要通訳事件は、対象事件に薬物の輸入罪（法定刑の上限が無期懲役）を含むため、常に一定数存在する[23]。裁判員裁判に関しては、控訴審による救済も従前に比べて狭められる傾向にある[24]から、第1審の裁判員裁判における通訳人の質の確保は極めて重要である。裁判員裁判の実施に伴い、通訳人の質の向上の問題は、最早実務的な対応では足りない段階にきていると考える[25]。

第 1 章補論　外国人の刑事事件と通訳を受ける権利の保障

注

1) もちろん、それ以前から裁判に通訳をつけること自体は訴訟法の規定に従って行われていたし、日米安保条約の下での地位協定（17 条 9 項(f)が「必要と認めたときは、有能な通訳を用いる権利」を認める旨を規定する）に基づいて、チェック・インタープリターを配置するなど、被告人の保護のための特別な配慮が行われていた例は存在した。しかし、これは英語通訳に限られたものであり、米軍関係者のための特別の権利保障とみなされていたことから、通訳制度を改善するための契機とはならなかった。この「チェック・インタープリター」とは、「裁判所が選任した法廷通訳人の通訳の正確性を、当事者の立場からチェックする立場の通訳人」のことであり、「検証通訳」と訳されることもある。なお、児玉晃一「裁判員裁判とチェック・インタープリターについて」東京弁護士会・LIBERA　9 巻 12 号（2009 年 12 月）28 頁は、裁判員裁判では、その場で誤訳を指摘する必要がある、との観点からその制度的導入を提唱している。
2) 拙稿「国際人権法と外国人刑事事件」刑法雑誌 33 巻 4 号 192 頁以下参照。
3) 2014 年 1 月現在、20 種類以上の『法廷通訳ハンドブック』と 8 種類の『少年審判通訳ハンドブック』が法曹会から刊行されている。
4) 本書第 1 章では、通訳制度の法的根拠の一つに世界人権宣言 10 条を挙げる。しかし、世界人権宣言は国家を法的に拘束するものではないとされており、世界人権宣言 10 条から直接、通訳を受ける権利を導くことは難しい。もっとも、「公平な裁判所による公正な公開審理を受ける権利」は自由権規約 14 条 1 項が保障するところであり、「公正な裁判」の不可欠の要素として言語権の保障をとらえることは十分にできよう。
5) 杉原泰雄（1980）『基本的人権と刑事手続』（学陽書房）74-76 頁など参照。
6) ただし、これらは逮捕直後の手続であるため、この段階で通訳人が確保されていることはまれであり、実際の告知はその後取調べのために通訳人がついた段階ということも多いと考えられる。
7) 東京高判平成 2 年 11 月 29 日・判時 1375 号 139 頁。
8) 起訴状の翻訳文添付が行われない理由として、すべての言語に対応できないことが挙げられることがある。一般的な手続の説明文であれば、あらかじめ想定される多数の言語のバージョンを用意しておくことができるが、起訴状自体の翻訳は、即時の対応が困難な場合がある、というのである。
9) 長沼範良「通訳料と訴訟費用」ジュリスト 1043 号（1994 年 4 月）31 頁以下。ただし、長沼論文は、事後的に負担させても規約違反ではないとしながら、実際には被告人に通訳費用を負担させるべきでないとする。
10) 浦和地決平成 6 年 9 月 1 日判タ 867 号 298 頁。
11) 自由権規約の批准にあたっても、通訳や訴訟費用に関する規定の改正は必要な

いと考えられており、その理由として挙げられたのが、このような実態であった。
12) 東京高判平成 5 年 2 月 3 日東京高等裁判所（刑事）判決時報 44 巻 1-12 号 11 頁は、「国際人権 B 規約 14 条 3(f) に規定する「無料で通訳の援助を受けること」の保障は無条件かつ絶対的のものであって、裁判の結果被告人が有罪とされ、刑の言い渡しを受けた場合であっても、刑事事件訴訟法 181 条 1 項本文により被告人に通訳に要した費用の負担を命じることは許されない」としており、これを具体的に示すには、このような判示をすることが適切である。
13) 渡辺・長尾 (1998) も通訳人の資質に問題があった事例や誤訳が問題になった事例を紹介している。
14) 日弁連 (2013) は、通訳の正確性の事後的な検証制度を明文で規定する必要があると指摘し、具体的には録音、異議制度、鑑定制度の創設を提言している。
15) 国によっては、通訳人が訴訟関係人を兼ねることが禁止され、公平性に疑義がある場合には通訳人に対する忌避申立権が認められている。フランスの事情につき、拙稿「紹介・エシーユ『刑事における通訳』」三重法経 97 号（1993 年 6 月）49-53 頁参照。
16) 公判の実審理期間は、平成 27 年 1 末までの累計の統計でみると、自白事件で 4.9 日、否認事件で 9.4 日である。http://www.saibanin.courts.go.jp/vcms_lf/h27_1_saibaninsokuhou.pdf
17) 津田 (2009) 41 頁は、裁判員裁判以外にも他の業務との調整が困難な新たな制度として、即決裁判手続（起訴後 2 週間以内に公判期日を定め、即日判決をすることが予定されている）を挙げる。
18) 日弁連 (2013) も裁判員裁判等の要通訳事件について通訳人の複数選任を原則とする旨の規定の創設を提案している。
19) そのことを考慮して、筆者は学生に裁判傍聴を勧める際に、通訳のついた事件を推奨していた。証人尋問も論告・弁論も、通訳のために文を短く区切るなどの配慮がされ、初めて傍聴する者には手続がわかりやすくなっていたからである。
20) 津田 (2009) 44 頁。
21) さらに、逐次通訳の場合、問いと答えのずれなどから、誤訳の可能性をその場で認識しやすいというメリットもある。
22) しかしながら、最高裁 (2015) では、Q & A (11 頁) で「Q 連日的開廷になると、負担が重くなるのではないか不安です。」という問いに「A まず、公判前整理手続で、通訳人の負担にも配慮した審理計画が立てられます。また、審理の際にも、通訳人の要望や負担に配慮して手続が進められます。事件を担当する際に、分からないことがあれば、裁判所に相談してください。」との記述があるのみで、裁判員裁判で従前以上の通訳能力が必要とされるという認識は示されていない。
23) 最高裁 (2015) によると、裁判員裁判で平成 25 年に判決を言い渡された被告人 1,387 人のうち、134 人に通訳人がついている (3 頁)。
24) 最決平成 24 年 2 月 13 日刑集 66 巻 4 号 482 頁は、事実誤認を理由とする控訴は、

第 1 審の事実認定が論理側・経験則等に照らして不合理であることを示した場合にしか認められないとする。
25) 本書第 1 章および日弁連（2013）がともに通訳人の資格認定制度を求めているのも、このためであろう。

参考文献

刑法雑誌 33 巻 4 号特集（1994）「外国人事件と刑事司法」
最高裁判所事務総局刑事局監修（1993）『法廷通訳ハンドブック〔英語〕補訂版』（法曹会）、『法廷通訳ハンドブック』各国語版
最高裁判所事務総局刑事局編（2015）『平成 27 年版　ごぞんじですか法廷通訳』　http://www.courts.go.jp/vcms_lf/h27ban-gozonji.pdf
津田守（2009）「裁判員裁判導入と法廷通訳翻訳の在り方」『法律時報』81 巻 1 号、39-46 頁
日本弁護士連合会（2013）「法廷通訳についての立法提案に関する意見書」　http://www.nichibenren.or.jp/library/ja/opinion/report/data/2013/opinion_130718_3.pdf
渡辺修・長尾ひろみ編著（1998）『外国人と刑事手続』（成文堂）

［水谷　規男］

第2章

通訳翻訳サービスを受ける法的権利

1 はじめに

　本章に与えられた課題は、わが国において日本語に習熟していないことから生じる不利益は当然に本人に帰属すべきものか、それとも、政府はそれに対して何らかの対策を講じる（つまり日本語に習熟していないことによってその人の人権が危うくなるような場合に予防的な措置を講じる）義務があるかどうかについて、人権論の立場から論じることである。そこで、本章では、アメリカ合衆国において英語に習熟していない人々に対して政府が行うサービスに関して公民権法が与える権利を素材として、この問題を考えるヒントとしたい。

　この問題を考えるについては、言語権について憲法で明文規定を置いているカナダ[1]などの国を素材とすべきかもしれない。これに対して、アメリカ合衆国は、一部に English-only の運動があるなど「一言語国家」に自己アイデンティティを求める考えも根強く、必ずしも言語的多様性に関する法的対応の経験に富んでいるわけではないかもしれない[2]。しかしそうであるからこそ、わが国の状況とも似ているとも言える。その意味で、アメリカの法制度を参照することに価値があるように思われる。

　本章では、連邦法である 1964 年公民権法第 6 編[3]における「国民的出身

(national origin)」を理由とする差別の禁止をめぐる動きを追うことにしたい。これについては、まず、1974年の連邦最高裁判所の判例 Lau v. Nichols を分析する。次に、特に英語に習熟していない者に対するサービスを保障する 2000 年の大統領令 13166 号、およびこれを具体化する司法省ガイドラインなどを紹介し、その意義を考えたい[4]。これによって、わが国における同様の問題に対処するための一つの視角を獲得することをめざす。

2 公民権法第 6 編と Lau v. Nichols 判決

公民権法第 6 編

1964 年、人種差別撤廃運動の成果として、公民権法（Civil Rights Act）が連邦議会を通過した。この公民権法はいくつかの部分からなり、特に、雇用における差別を禁止する第 7 編が有名であるが、第 6 編もアメリカ社会における差別の撤廃に重要な意味をもってきた。この第 6 編は、連邦政府の財政援助を受けている州その他の事業（プログラムまたは活動）における、人種（race）、皮膚の色（color）または国民的出身（national origin）を理由とする差別を禁止するものである。

まずは、基本となる実体的な権利に関する条文を引用する。

Title VI of the Civil Rights Act of 1964, §601
42 U.S.C. §2000d
　（人種、皮膚の色又は国民的出身を理由とする、連邦政府の支援の下にあるプログラムにおける参加排除、利益拒否又は差別の禁止）
　合衆国内にいる何人も、人種、皮膚の色又は国民的出身を理由として、連邦政府の財政援助を受けるいかなるプログラム又は活動への参加からも排除され、その利益を拒否され、又はその下において差別を受けることはない。

第 6 編は、その後に、執行の手続や司法審査、適用範囲や適用除外などに

ついて規定している。通訳翻訳サービスを受ける権利との関係では、実際上、上記の規定を実効化するための行政規則が非常に大きな役割を果たしている。

Lau v. Nichols 判決（1974年）

　この公民権法第6編に関して、英語力の十分でない者について重要な連邦最高裁判所判例が Lau v. Nichols, 414 U.S. 563 (1974) である。同事件は、カリフォルニア州サンフランシスコの公立学校にいる多数の中国系の児童が、英語力が十分でないために適切な教育を受けることができていないと訴えた事案であり、連邦最高裁は、そのような状況を作り出している教育当局の責任を認めた。

(1)　事案の概要

　カリフォルニア州サンフランシスコの公立学校は、連邦地裁の命令により1971年に人種・民族的に統合されたが、当時2,856人の中国系の児童生徒がおり、そのうち約1,000人は英語の補習授業を受けていたが、約1,800人は受けていなかった。そのため、英語を話さない中国系の生徒らが、学校区の責任者を相手取って、不平等な教育機会に対する救済を求めてクラス・アクション（集団訴訟）を提起した。しかし、連邦地裁および連邦控訴裁は、救済を認めなかった。

(2)　判旨

［ダグラス裁判官の法廷意見］

　まず、英語に熟達させることが州の教育政策であり、州は、学校区に、いついかなる状況の下でバイリンガル教育を行うべきかを決定する権限を与えている。同州法は、バイリンガル教育は、体系的・連続的・恒常的な英語による教育に干渉しない限度で認められるとしている。また、州法によれば、英語に熟達しないと12年生修了証明を受けられないとされ、しかも、若干の例外を除き、6〜16歳の児童生徒はフルタイムの義務教育を受けることとされている。

　このような州によって課された基準の下では、単に同じ施設、教科書、教

師およびカリキュラムを児童生徒に提供したからといって処遇の平等は存在しない。なんとなれば、英語を理解しない児童生徒は実際上、意味のある教育から排除されているからである。

公民権法第6編の下で、行政機関は規則を制定する権限があるが、1970年、保健教育福祉省（当時）はガイドラインを明確化し、次のように規定していた。すなわち、英語を話し理解する能力の欠如が国民的出身に関する少数者集団の子どもを学校区の提供する教育プログラムへの効果的参加から排除している場合には、当該学校区はその教育プログラムをこれらの児童生徒に開くために言語面での能力不足をなくすための積極的な措置をとらなければならない。また、同ガイドラインは、国民的出身に関する少数者集団の子どもの特別の言語スキルについてのニーズに対応するために学校システムによって採用されるいかなる能力別グループ分けまたはコース分けシステムも、可能な限りそのような言語スキルのニーズに合致するようにデザインされなければならず、また、教育上の袋小路または永続的な別コースとして働かないようにしなければならない、としていた。

学校は、補助金を受けるにあたり、公民権法第6編およびこれに基づいて発せられる保健教育福祉省の規則に従うと約束していたのである。

よって、適切な救済を策定するように、本件を控訴裁判所に差し戻す。

［3 裁判官の結論同意意見］

上告人も、被上告人が積極的または意図的にこのような問題状況を作り出したとは主張せず、ただ、社会的・言語的様相の変化に直面して行動することを怠ったと主張するだけである。このような学校当局の放任的態度を取り上げて、§2000d（公民権法第6編）がそれだけで学校区への連邦資金の支出が違法になるとしているかどうかは明らかではない。しかし、保健教育福祉省の規則や解釈指針はこのような児童生徒に積極的措置をとることを求めている。本件での決定的な問題は、この規則や解釈指針が公民権法§2000dの範囲を逸脱しているかどうかであるが、逸脱しておらず、有効である。

(3) 判決へのコメント[5]

法廷意見の趣旨は必ずしも明快でない。法廷意見も、結論同意意見と同じ

く、連邦議会の可決した公民権法第 6 編そのものの効力ではなく、これを受けて制定された保健教育福祉省の規則によって、英語のできない児童生徒への特別の教育という積極的な措置が求められると述べているようにも読める。しかし、行政機関の制定した規則によるにせよ、英語のできない子どもがバイリンガル教育などを受けることを保障したという意味で、この判決は重要な意義を有している。

　この規則は、児童生徒が英語に熟達することを目標としており、英語補習教育を過渡的な措置としているように見える。したがって、理念的には、英語を話せるようにするという同化政策と言うべきであろう。

　また、この判決は、合衆国憲法修正 14 条を根拠とする論点は回避している。このような判例に特徴的なのは、合衆国憲法修正 14 条の平等保護条項に関する判例とは異なり、公民権法の解釈適用においては、効果による差別の認定が可能なことである（disparate impact：差別的効果の法理）。公民権法第 7 編（雇用における人種差別・性差別などを禁止）ではよく使われる法理であり、今日の日本では「間接差別」とも呼ばれる。本判決は、第 6 編も直接に差別的効果の法理を採用したと解しているようである。

　ただし、後の判決ではこの点は変更され、公民権法第 6 編そのものは差別的効果の法理を採用していないと解されるようになった[6]。もっとも、後述の 2000 年司法省ガイドラインによれば、最高裁の判例は、差別的効果の法理を採用する行政機関の規則を一貫して支持してきたとされる。そこで、次に、連邦の行政部門が、英語力が十分でない人たちの権利ないし処遇に関して制定した、公民権法第 6 編を執行するための命令・規則を見ていくことにする。

3　大統領令 13166 号と司法省ガイドライン

(1)　大統領令 13166 号（2000 年）[7]
　まず、大統領令 13166 号を全訳する。

第 2 章　通訳翻訳サービスを受ける法的権利

大統領令 13166 号
限定的な英語力をもつ人々（PERSONS WITH LIMITED ENGLISH PROFICIENCY）のためのサービスの改善

　アメリカ合衆国の憲法及び諸法律により大統領としての私に与えられた権限により、また、国民的出身の結果としてその英語力が限定されている（LEP）人々のために、連邦政府により行われ、連邦政府により支援されているプログラム及び活動へのアクセスを改善するために、ここに次のように命令する。

第 1 条　諸目標

　連邦政府は、英語に熟達していないが他の点では資格のある人々にとってアクセス可能になしうる一連のサービスを提供し、これに資金を与える。連邦政府は、LEP の人々によるこれらのサービスへのアクセス可能性を改善することにコミットしており、これは、個人が英語を学習することを助けるように構想されたプログラム及び活動を促進するという同様に重要なコミットメントを補強する目標でもある。この目的のために、各連邦政府機関は、その提供するサービスを点検し、当該機関の基本的な使命に合致しこれに過度の負担をかけないようにしながら、LEP の人々が有意義にこれらのサービスにアクセスできるようなシステムを開発し実施するものとする。各連邦政府機関は、また、連邦政府の財政援助の受給者（補助金受給者）が LEP である申請者及び受益者に有意義なアクセスを提供することを確保するように働くものとする。この事業を行う各機関を援助するために、司法省は、本日、一般的な指針文書（LEP ガイダンス）を発表した。それは、補助金受給者が、それらが通常英語で提供するプログラム及び活動が LEP の人々にアクセス可能になるように、したがって、改正された 1964 年公民権法第 6 編及びその施行規則に違反して国民的出身を理由として差別することがないように確保するために従わなければならないコンプライアンスの基準を定めるものである。LEP ガイダンスに記されているように、補助金受給者は、そのプログラム及び活動への LEP の人々による有意義なアクセスを確保するための合理的な措置を採らなければならない。

第2条　連邦政府によって実施されるプログラム及び活動

　各連邦政府機関は、その連邦政府によって実施されるプログラム及び活動への資格のある LEP の人々によるアクセスを改善するための計画を準備するものとする。各計画は、LEP ガイダンスに定められた基準に従うものとし、当該機関のプログラム及び活動に資格のある LEP の人々が有意義にアクセスすることができるように確保するために当該機関が採る措置を含むものとする。政府機関は、この命令の日付から 120 日以内にこれらの計画を策定し、実施し始めるものとし、その計画の写しを司法省に送付するものとし、司法省は各機関の計画の中央保管機関となるものとする。

第3条　連邦政府によって援助されるプログラム及び活動

　連邦財政援助を与える各政府機関は、司法省によって公布された LEP ガイダンスに合致するように、その補助金受給者に特に適応した第 6 編ガイダンスを起草するものとする。この政府機関ごとのガイダンスは、LEP ガイダンスに定められた一般的基準がどのように当該機関の補助金受給者に適用されるかを詳細に記述するものとする。政府機関ごとのガイダンスは、補助金受給者によって提供されるサービスのタイプ、補助金受給者のサービスを受ける個人、及び LEP ガイダンスの定める他の要素を考慮に入れるものとする。司法省によって LEP ガイダンスに合致すると判断された第 6 編ガイダンスをすでに策定した政府機関は、その現存のガイダンス並びにそのプログラム及び活動を、この大統領令に従うために追加的なガイダンスが必要かどうかを決定するために、点検するものとする。司法省は、政府機関がそのガイダンスを制定するにあたり相談に応ずるものとし、この命令の日付から 120 日以内に各政府機関は政府機関ごとのガイダンスを司法省に審査及び承認のために提出するものとする。司法省による承認の後、各政府機関はそのガイダンス文書をパブリック・コメントのために連邦官報に掲載するものとする。

第4条　意見の受付

　この大統領令を実行するにあたり、政府機関は、LEP の人々及びこれを代表する組織、補助金受給者、並びに他の適切な個人又は団体といった利害関係者が意見を表明する適切な機会を持つことができるように配慮する

ものとする。政府機関は、当該政府機関及びその補助金受給者のサービスを受けている LEP の人々の特定のニーズ、並びに当該政府機関及びその補助金受給者にとってのコンプライアンスによる負担を評価することになる。この利害関係者による意見表明は、現実的で効果的であり、財政的に責任があり、各政府機関の置かれた特定の状況に適応し、容易に実施可能である、LEP の人々による有意義なアクセスを確保することへのアプローチを策定するにあたって政府機関を助けることになる。

第5条　司法審査

この大統領令は、執行部門の内部的運営を改善することのみを意図したものであって、何者かが合衆国、その機関、その公務員若しくは被用者又は何人かに対して求めうる普通法又は衡平法上執行可能な、実体的又は手続的ないかなる権利又は利益も創設するものではない。

WILLIAM J. CLINTON　　　ホワイトハウス　　　2000 年 8 月 11 日

(2)　大統領令 13166 号へのコメント

この大統領令自体は、5 条にあるように、LEP の人々などに訴訟によって実現できる権利を与えるものではない。この点に関する司法解釈については後述する。しかし、少なくとも、連邦政府が、大統領令や司法省等のガイドラインを遵守しない補助金受給者に対して、補助金打ち切り等の制裁を科すことによって、これらの命令等を守らせることはできる。

司法省ガイドライン

(1)　2000 年司法省ガイドライン[8]の意義と内容

上記の大統領令と同じ日に、司法省公民権局がポリシー・ガイダンスを公布した。これは、各行政機関が LEP の諸個人へのサービスに関してガイドラインを作成する際に適用すべき一般的原則を示すものである。各行政機関は、連邦政府の資金援助を受ける各プログラムの特有の性質を考慮に入れてこの原則を適用することが期待される、とこのポリシー・ガイダンスは述べている。

この司法省ガイドラインは、連邦補助金受給者の提供するサービスにLEPの人々が有意義なアクセスをすることを確保する合理的な措置（reasonable step）をとることが求められるとして、その判断基準の例として、4点を挙げている。

① LEPの人々の人数・割合

もとよりある連邦補助金を受けるプログラムのサービスを受ける人がたとえ一人であっても公民権法第6編は適用されるが、どのような措置をとるべきかは、利益衡量によって検討されるべきである。その際、具体的な措置としては、商業ベースで提供される言語サービス（commercially available language line）でよいこともあれば、直接の通訳者を確保すべき場合もありうる。

② LEPの人々のプログラムとの接触の頻度

初等中等教育の学校のようにLEPの人々が毎日のように関わるプログラムの場合、とるべき措置は、その分、手厚くなければならない。

③ プログラムの性質及び重要性

受益者にとっての当該プログラムの重要性も、とるべき合理的措置の内容の決定に影響する。学校や病院は、動物園や劇場とは違う。また、サービスの即時の影響と長期的な影響の双方を考慮に入れなければならない。

④ 利用可能なリソース

例えば、大きな団体のほうがより多くの措置を求められる。

(2) 司法省ガイドラインへのコメント

一見してわかるように、このガイドラインは、功利主義的側面を有している。特に、上記①などで明確に現れている。このことは、個人の「権利」としての側面だけでとらえられないということでもある。これは、一つには、公民権法第6編に連邦補助金＝政府資金の配分という性格があるためかもしれず、また、特に連邦政府補助金受給者が私人である場合には、その利益も考慮しなければならないからかもしれない。積極的なサービス提供のプログラムに関しては、単純に「差別の禁止」という不作為義務を課すというだけでとらえられないのかもしれない。

また、別の側面から見ると、判例では、職務の性質上、英語の使用が必要

な職務への採用試験で英語力の試験を課すことは許されているようである。その意味で、ここでも「差別の禁止」は絶対的な要請ではなく、ある種の利益衡量がなされているようにも思われる。もっとも、このような利益衡量は、憲法上の平等原則の適用においても見られることであるから、実際的に重要なのは、どのような基準で利益衡量するかということであろう。

　このような限界はあるが、しかし、その範囲内で、LEPの人々が効果的にコミュニケートする権利が認められているということはできよう[9]。

4　若干の理論的分析

(1)　差別的効果法理（間接差別）の問題なのか？

　一般に、憲法その他の法令の保障する平等の問題を考えるとき、表面的には中立的な規定や実務が実際上は特定の集団（本章の場合でいうと特定の「国民的出身」の者）に不利に働くとき、二つの対応がある。一つは、差別的動機を問題にする手法、もう一つは差別的効果を問題にする手法である。

　合衆国の判例上、憲法上の平等原則については、立法者に差別的動機が認定されれば違憲とされるが、差別的効果だけでは違憲とは言えない、とされている（と理解するのが通説である）。

　他方、公民権法第7編では、差別的効果の認定により雇用者の方針・行動が違法とされうるところであり、この点については、訴訟における立証責任の分配などについて、多数の判例があり、ルールが詳細に発達している。

　では、公民権法第6編ではどうなのであろうか。

　ここでは、憲法上の平等保護条項と同様に、意図的な差別だけが訴訟によって争うことができると一般に解されているようである。この点に関しては、2001年のAlexander v. Sandoval判決[10]が重要である。この事案は、アラバマ州において1990年の州憲法改正で英語が同州の公用語（official language）とされたことを受けて運転免許の試験が英語でのみ実施されるようになったことに対して、そのような措置は、英語の話者でない者を、国民的出身に基

づいて差別する効果を有し、したがって公民権法第6編に違反するとして訴訟（クラス・アクション）が提起されたものである。連邦最高裁（スカリア裁判官の法廷意見）は、①公民権法第6編は意図的差別を禁止し、これに対しては私人が差し止めや賠償を求めて裁判所に提訴する権利を有する（訴訟原因を与えている）ことを認めつつ[11]、②公民権法第6編601条自体が禁止するのは意図的差別のみであり[12]、差別的効果を有するという理由のみでは問題の行為が本条に違反するとは言えないとし、さらに、③行政機関は第6編602条の規定に基づいて、差別的効果を有する措置を禁止する行政規則を制定する権限を有することを本件においては一応前提とするとした。その上で、連邦行政機関に規則制定を指示する602条の文言からは私人の提訴権は見出せないため、法律（第6編）本体ではなく行政規則に基づいては私人は出訴することができない（訴権・訴訟原因を有しない）と判断したのである。そして、上記のように、第6編601条は意図的差別のみを禁止しているとの解釈を前提として、本件におけるような差別的効果の事案では私人は公民権法第6編の下で提訴することはできないと結論した[13]。

　連邦補助金受給事業が法律や規則に違反して不当な差別をした場合に差別を受けた私人が裁判所に救済を求めることができるかどうかという私人の訴権ないし訴訟原因（cause of acion）の問題も興味深いが、本章では深入りを避け、Sandoval判決では、一応、公民権法第6編を根拠に制定された連邦政府の行政府の規則が人種、肌の色または国民的出身に関して差別的効果のある措置を禁止している場合[14]その規則は実体法的には有効であると認めた（少なくとも否定はしていない）ことに注目しておきたい。上述のように、違反に対する補助金打ち切り等によって実効性を確保することができるのである。また、私人の立場からも、司法省に苦情を申し立てるなど、行政内部での改善を求めることはできる[15]。

　しかし、さらにさかのぼって考えると、そもそも世界には多くの言語があり、「国民的出身」が違えば英語以外の言語を母語とする者が含まれるのはあたりまえのことである。公立学校などの公的機関等が英語を使用したところ、結果としてたまたま国民的出身によって不利益を受ける集団が現れた、

というものではないはずである。その意味で、これは差別的効果の法理以前の問題であり、むしろ、教育その他の公的サービスを提供する際に英語だけを用いるということは、英語に熟達していない人々を意図的に差別している、と言えなくもない。他方で、ある社会で、いかなる言語を用いる者にも完全に同等のコミュニケーションの手段を与えるというのは、情報処理技術がきわめて発達していかなる言語にも対応可能な高性能の自動翻訳装置が発明されるといった状況にでもならない限り、現実的にはたいへん考えにくい。つまり、その社会で「標準」とされる言語を（一つとは限らないにしても）定めないことには、人々のコミュニケーションが成り立たないようにも思われる。そうすると、結局、「標準」以外の言語を用いる者に不利益が生じてしまう。

この不利益を法的制度においていかにして少なくするか、というのがここでの課題である、とさしあたって考えておきたい。

(2) 費用の分担の問題

しかし、この不利益の低減のためには、異なる言語間でのコミュニケーションを実現しなければならず、実際上多くの場合、費用がかかる。本章の文脈でいえば、英語に熟達していない者のために、英語以外の言語で政府等がサービスを行うには費用がかかる。

この問題を「純粋な」自由権で説明しようとすれば費用負担の問題は生じないかもしれないが、その場合、差別禁止の帰結は「コミュニケーションの禁止」、すなわち公的機関がサービスを提供することの禁止となろう。これは、初等中等教育をはじめ多くの政府プログラムについて、とりえない選択肢である。また、それ自体として絶対に必要とまでは言えない各種サービスであっても、いかなる言語の使用者にも平等に利益供与できない限りはサービス提供を禁止するという原則を徹底すれば、現代社会の機能は大きく減殺される。

結局のところ、上記大統領令や司法省ガイドラインが示すように、ある程度は功利主義的に、費用・財政面をにらんだ政策方針にならざるをえないのであろう。そして、実際的な仕組みとして、公民権法第6編はまさに連邦政

府が財政支援をする条件を定めたもので、つまり一定の財政的背景があるからこそ、英語以外の言語サービスの提供を法的に義務づけることが可能になるという面があるのだろう。要するに、各種プログラムで実際に人々にサービスを提供する連邦補助金受給者（州政府や民間団体）にとっては、お金をもらえるから（あるいは、もらえなくなることを恐れるから）、LEPの人々にサービスをしようという気になるという面があるように思われる。

その枠内で、個別の場面で、どこまで英語以外の言語でのサービスを要求できるか、の問題が今後解明すべき課題であり、個別の文脈に即した実証的な研究が大いに期待されるところである。

5 日本法との比較とこれへの示唆

最後に、簡単に、上記の問題から得られる日本の問題への示唆を考えてみる。

(1) 差別の問題としてとらえるのはアメリカ的か

アメリカ合衆国の特に連邦の法制度では、個人の人権の問題の多くが、いくつかの理由で、平等原則の問題として顕在化する。一つは歴史的な理由である。アメリカ史を通じて、黒人解放は大きな政治的・社会的課題であり、南北戦争後は憲法上の原則でもあり、さらに1960年代以降は連邦法としての公民権法も結実した。そして、この人種問題への対応は、他の形での差別に反対する運動のモデルともなり、多くの問題で「差別禁止」を要求する運動が活発になされた。したがって、法制度的にも、その成果である法律規定は「差別禁止」の形をとることになり、これがさらに訴訟戦略にも影響してきた。また、州の独自性・自律性を強く保障するアメリカ特有の連邦制の面からも、連邦政府が個人の実体的な権利を保障したり州の政策の内容を強く規定したりすることは好まれず、連邦法に関する限りは「差別禁止」という最小限の要点を押さえるという形での規定が多用されることになる。

ひるがえってわが国では、むしろ実体的権利として構想する方がよいか、

という問題を提起することができるかもしれない。すなわち、日本社会で日本語に習熟していないがゆえに不利益を被ることがないようにするためには、日本語に習熟していない人々に何らかの実体的な法的権利を保障するという方向で考えるべきか、ということである。

本章ではもとよりこの問題に答えは出せないが、実体的権利として考察するなら、きめ細かな場合分けが必要であろうと思われる。以下では、これまでの考察を踏まえ、ごく簡単に検討の視点を示してみたい。

(2) 司法手続における司法通訳について

刑事手続における司法通訳については本書の他の章で詳しく論じられ、また、これに関する法的問題についてもすでに多くの先行業績があるので、ここではごく簡単に基礎理論的な課題を指摘しておきたい。刑事手続において通訳翻訳サービスを受ける権利は、被疑者・被告人の請求権のように見えるが、自由権として理解できなくもない。つまり、国家として被疑者・被告人に通訳翻訳のサービスを提供したくないなら、処罰を断念すればよい、ということである。

ことの性質を考えてみても、現行の法制度上、刑罰というのは個人に対する不利益が最も強度なものである。したがって、刑罰を科するに際しては、最高度の慎重な手続が要求される。反面、国家が犯罪者の処罰を断念することは、社会にとって一定のコストを伴うものではあるが、社会全体で負担できないものではない。実際、現行の刑事手続において、「疑わしきは被告人の有利に」という原則、ないし有罪の認定についての「合理的な疑いを容れない証明」の要求が認められ、また公訴時効や刑の時効の法規定があり、さらに、迅速な裁判を受ける被告人の権利が侵害されたときには手続の打ち切りという手段をとった判例[16]もある。これらは、実体的な真実を解明して犯罪者を処罰するという利益が他の被告人等の利益に譲っているものであると理解できる。同様に、日本語に習熟していない人が被疑者・被告人の立場に置かれた場合に、通訳翻訳サービスの提供に費用がかかるとしても、そして、被疑者・被告人が外国人である場合であっても、社会全体の負担においてこれを提供すべきであると論ずることは十分に可能である。

実定法上、国際人権規約B規約14条3項(f)や刑事訴訟法175条等の規定があるが、上記の視点からこれらの規定を解釈すべきことを試みるべきであろう。ここでもある種の利益衡量が働いているとも言えるが、刑事手続においては、その秤は、はじめから被疑者・被告人の側に大きく傾いているのである。

(3) 出入国管理に関わる行政手続等

以上のような刑事手続における通訳翻訳サービスの提供を出発点にして考えると、行政手続等における通訳翻訳サービスについても、利益衡量的な視点からとらえることができよう。

外国人に対する出入国管理について言えば、たしかにこれは国の外交に関わる面があって行政機関の裁量の余地があり、その意味で利益衡量において刑事手続に較べれば国家の側にやや有利な面がある。しかし、個人の側から見れば、国外退去等は大きな不利益であるから、基本的には出入国管理に関する行政手続、とりわけ強制退去に関する手続では通訳翻訳サービスは国の費用で十分に保障されると考えるべきではなかろうか。

その他の行政手続については、上記のアメリカの例のように、さまざまな要素を考慮に入れた利益衡量が必要であろう[17]。

(4) 医療サービスの提供

わが国における福祉に関するサービスは、国または地方公共団体等の公的機関の提供するものと民間の提供するものがあり、また、公的機関の提供するものに限っても、憲法レベルでは判例理論による限り、一般に、個人が有するサービスを受ける権利の権利性はあまり強くない。立法政策の問題としては、上記のような利益衡量を真剣に行うべきであると言えるが、裁判所がどこまで踏み込んで判断できるかは、生存権等に関する憲法論の課題でもある。

もっとも、こと医療サービスに関する限り、これは個人の生命・健康に直接に関わるものであるだけに、広範な立法裁量・行政裁量に委ねてよいかは問題である。ウェッブ上で検索すると、わが国では、上記のアメリカの公民権法第6編に関する状況は、医療通訳の関連でよく参照されている[18]。とは

言え、国民医療費の増大など費用の問題は深刻化しており、医療通訳の費用負担の問題は、倫理的にも、法的・政策的にも、相当困難な課題であることも否定できない。さらに詳細な検討が必要である。

(5) 教育を受ける権利

これもある種の行政サービスとも言えるが、一般的に言えば、普通教育の絶対的必要性にかんがみ、利益衡量において受益者の利益は強く保障されるべきであろう。ただ、具体的にどのような教育を行うのか、バイリンガル教育といってもさまざまな形態がありえようし、また、基本的な理念として、日本語を主として用いて生活する日本社会への同化を求めるのか、それとも外国語を用いた生活を継続する異文化の保持をめざすのかなど、課題は多い[19]。

(6) 雇用関係

雇用関係における通訳翻訳サービスを受ける権利を論じようとすれば、憲法論的には「人権の私人間効力」の問題に触れなければならないし、法規定・政策一般としても私人たる雇用者にどの程度負担を課することが許されるのかを解明する必要があろう。これからの課題としたい。

6 おわりに

本章で論じられなかった論点は多いが、最後に、そのなかでも思いつくものをいくつか挙げておく。

まず、わが国で、「日本語に習熟していない人々が通訳翻訳サービスを受ける権利」を論ずる場合には、実際上、外国人を念頭に置くことがほとんどであろう。その場合、外国人（日本国籍を有しない人々）の法的地位という問題があり、法的な議論をする場合には、これとの関係を十分に整理しておく必要がある。

次に、本章において見たように、アメリカにおいて公民権法第6編の「国民的出身」による差別の禁止の問題として「通訳翻訳サービスの提供」義務

が論じられるのであれば、わが国の実定法上の問題として、わが国も批准している国際人権規約B規約がその26条で「言語」や「国民的……出身」による差別を禁止していることを活用できないか、その適用範囲を検討することも重要であろう。

最後に、民事裁判手続等、あるいはそこに行くまでのリーガルサービスにおける通訳翻訳サービスを受ける権利の問題がある。

注

1) 松井（2012）285-296頁参照。
2) 州によっては、英語を共通語（common language）と規定している例がある。例えば、カリフォルニア州憲法3条6節。このような規定が、もし公務員が英語以外の言語で、LEP（英語を話せない（話す能力の乏しい）人々）とコミュニケートすることを禁止すると解釈されるならば、それは合衆国憲法に反しないかが問題となる。Ruiz v. Hull, 957 P.2d 984 (Ariz. 1998); Bent (2012) 参照。本章の主たる課題は、このような、政府機関における英語以外の言語の使用の禁止の合憲性ではなく、個人が政府機関に対して英語以外の言語でのコミュニケーションを要求する権利が憲法その他の法令上あるかどうかである。
3) わが国では、アメリカ公民権法のなかでも、雇用における差別を禁止した1964年公民権法第7編が——差別禁止事由として性別をも挙げていることもあり——よく知られ、その研究も進んでいる（相澤2012）。これに較べて第6編への関心は低く、アメリカでも同じような状況にあるようであるが、第6編をもって「眠れる巨人（sleeping giant）」だという評価もある。Johnson (2014) p. 1294 & n.2（ペレズ司法次官補通知を引用）参照。
4) カリフォルニア州法による同様の法的対応については、Jung et al. (2013) p. 49以下参照。また、地方自治体レベルについては、Jung et al. (2013) p. 56以下参照。
5) 同判決に関しては、Sugarman et al. (1974); Minow (1985) 参照。
6) Alexander v. Choate, 469 U.S. 287, 293 (1985).
7) http://www.justice.gov/crt/about/cor/Pubs/eolep.php（2014年3月16日アクセス）。
8) http://www.gpo.gov/fdsys/pkg/FR-2000-08-16/pdf/00-20867.pdf（2014年3月16日アクセス）。
9) Jung et al. (2013); Ming (2014) 参照。
10) Alexander v. Sandoval, 532 U.S. 275 (2001).

11) Cannon v. University of Chicago, 441 U.S. 677（1979）.§1003 of the Rehabilitation Act Amendments of 1986, 100 Stat. 1845, 42 U.S.C.§2000d-7 も参照。
12) Regents of the University of California v. Bakke, 438 U.S. 265（1978）; Guardians Association v. Civil Service Commission of New York City, 463 U.S. 582（1983）; Alexander v. Choate, 469 U.S. 287（1985）参照。
13) この判決までの判例の展開等については、Johnson（2014）pp. 1296-1310 参照。
14) Johnson（2014）p. 1295 n.8 は、規則上の差別的効果禁止を明記した例として 28 CFR 42.104(b)(2)(2013); 49 C.F.R.§21.5(b)(2)(2013) を挙げている。
15) Jung et al.（2013）pp. 48-49; Rubin-Wills（2012）pp. 488-489 参照。
16) 最大判昭和 47 年 12 月 20 日刑集 26 巻 10 号 631 頁〔高田事件〕。
17) Groisser（1981）
18) アメリカにおける医療通訳の問題については、Lo（2011）; Teitelbaum et al.（2012）参照。
19) アメリカにおける教育と言語の関係については、Moreno（2012）参照。なお、ロースクール教育に関しては、クリニックなどを通じた LEP の人々の法的ニーズに対応するための教育が重要であり、いくつかのロースクールでそのような教育がなされているという指摘がある（Dutton et al.（2013）pp. 20-48）。

参考文献

相澤美智子（2012）『雇用差別への法的挑戦　アメリカの経験・日本への示唆』創文社

松井茂記（2012）『カナダ憲法　多文化主義の国のかたち』岩波書店

Abel, Laura K.（2013）Language Access in the Federal Courts, 61 Drake Law Review 593.

Bent, Scott J.（2012）"If You Want to Speak Spanish, Go Back to Mexico"?: A First Amendment Analysis of English-Only Rules in Public Schools, 73 Ohio State Law Journal 343.

Davis, Lynn W., Michael N. McKell, Jaysen R. Oldroyd & Brian C. Steed（2004）The Changing Face of Justice: A Survey of Recent Cases Involving Courtroom Interpretation, 7 Harvard Latino Law Review 1.

Dutton, Gillian, Beth Lyon, Jayesh M. Rathod & Deborah M. Weissman（2013）Promoting Language Access in the Legal Academy, 13 University of Maryland Law Journal of Race, Religion, Gender & Class 6.

Groisser, Debra S.（1981）A Right to Translation Assistance in Administrative Proceedings, 16 Columbia Journal of Law & Social Problems 469.

Johnson, Olatunde C.A.（2014）, Lawyering That Has No Name: Title VI and the Meaning of Private Enforcement, 66 Stanford Law Review 1293.

Jung, David, Noemi Gallardo & Ryan Harris (2013) A Local Official's Guide to Language Access Laws, 10 Hastings Race & Poverty Law Journal 31.

Lo, Lily (2011) The Right to Understand Your Doctor: Protecting Language Access Rights in Healthcare, 31 Boston College Third World Law Journal 377.

Miller, Maxwell Alan, Lynn W. Davis, Adam Prestidge & William G. Eggington (2011) Finding Justice in Translation: American Jurisprudence Affecting Due Process for People with Limited English Proficiency Together with Practical Suggestions, 14 Harvard Latino Law Review 117.

Ming Hsu Chen (2014) Governing by Guidance: Civil Rights Agencies and the Emergence of Language Rights, 49 Harvard Civil Rights - Civil Liberties Law Review 291.

Minow, Martha (1985) Learning to Live with the Dilemma of Difference: Bilingual and Special Education, 48 Law & Contemporary Problems 157.

Moreno, Jennifer Bonilla (2012) ¿Only English? How Bilingual Education Can Mitigate the Damage of English-Only, 20 Duke Journal of Gender Law & Policy 197.

Rubin-Wills, Jessica (2012) Language Access Advocacy After *Sandoval*: A Case Study of Administrative Enforcement Outside the Shadow of Judicial Review, 36 New York University Review of Law & Social Change 465.

Sugarman, Stephen D. & Ellen G. Widess (1974) Case Commentary, Equal Protection for Non-English-Speaking School Children: *Lau v. Nichols,* 62 California Law Review 157.

Teitelbaum, Joel, Lara Cartwright-Smith & Sara Rosenbaum (2012) Translating Rights into Access: Language Access and the Affordable Care Act, 38 American Journal of Law & Medicine 348.

［髙井 裕之］

第3章

在留外国人と法情報
―在日ブラジル人の事例―

1 はじめに

　日本に在留する外国人が日本で安心して生活することができるためには、日本の法制度や司法に対する理解を深めることが必要不可欠である。しかし、日本語を解さない外国人が、日本の法制度や司法に関する情報を得ることは困難であるため、外国語（母国語）による効果的な法情報の発信が課題となっている。

　2013年12月末の在留外国人数は206万6445人であり、2012年12月末（203万3656人）に比べて3万2789人増加した[1]。前年を上回ったのは2008年のリーマン・ショック以来である。在留外国人数の国籍・地域別では、中国が最も多く64万8980人で全体の31.4％を占め、次いで韓国・朝鮮51万9737人（同25.1％）、フィリピン20万9137人（同10.1％）、ブラジル18万1268人（同8.8％）、ベトナム7万2238人（同3.5％）の順となっており、これら5カ国で8割弱を占める[2]。在留外国人数における上位5国籍のうち、ブラジル以外はすべてアジア系の国籍である。

　本章では、法情報の発信者側ではなく、法情報の受信者側である外国人、とりわけアジア諸国と異なる文化的背景をもち、日本語能力が不十分な人が多い在日ブラジル人に焦点を当て、日本法に関する情報不足に関わる問題や

在日ブラジル人コミュニティと関連行政機関との連携・協力等について考察することを目的とする。

まず、在日ブラジル人コミュニティを概観し、その後在日ブラジル人コミュニティが日常的に直面している法律問題について取り上げる。次に、在日ブラジル人コミュニティがどのように法情報や行政情報を収集しているのかを明らかにし、最後に在日ブラジル人コミュニティと関連行政機関等との連携について具体的にどのような取り組みが進んでいるのかを検討する。

2　在日ブラジル人の概況

1980年代のブラジルは、インフレが激しくなり、対外債務の返済も困難となって深刻な経済危機に陥っていた。「1980年代はブラジル経済にとって、ハイパー・インフレとモラトリアムで混乱を極めた"失われた10年"となった」[3]。一方、日本は、経済の急成長に伴い、製造業を中心に労働力不足が深刻化していた。このため、外国人労働者の受け入れを求める産業界の声を受け、1989年に出入国管理及び難民認定法（以下「入管法」という）が改正された[4]。改正入管法は1990年6月1日から施行され[5]、日系人の子孫（日本人の実子および日本人の実子の実子）を受け入れるために在留資格が拡大された。日系2世、3世とその家族に就労制限のない「定住者」の在留資格が新設されたことによって、雇用機会を求めて来日する「出稼ぎ」日系人が急増した[6]。

1985年に約2千人であった在日ブラジル人は、5年後の1990年には5万6426人、10年後の1995年には17万6440人、15年後の2000年には25万4394人と急増し、2007年のピーク時には、約31万7千人に達した（図1）[7]。

しかし、2008年のリーマン・ショック以降、日本企業が円高や東日本大震災等を背景に減産をしたり、人員を削減したりしたことによって、雇用形態が不安定なブラジル人労働者の多くは仕事を失い、帰国する者が続出した。日本政府が2009年4月から2010年3月まで実施した日系人帰国支援事

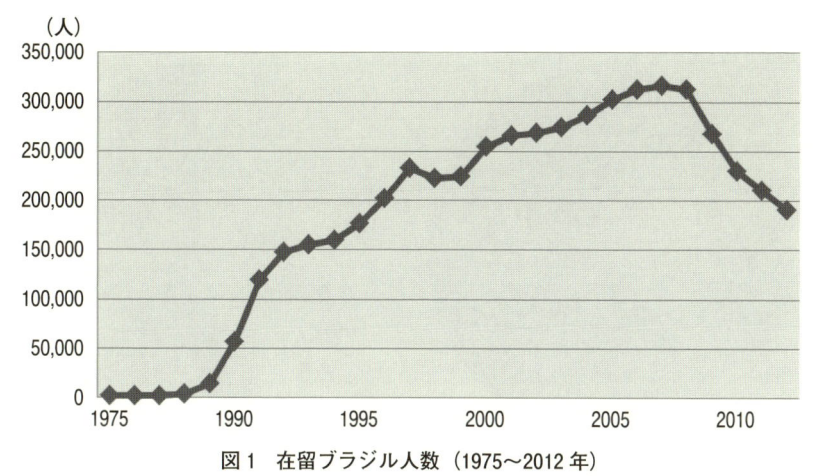

2 在日ブラジル人の概況

図1 在留ブラジル人数（1975〜2012年）
出典：法務省『在留外国人数・外国人登録者数』

業による帰国支援金[8]の支給を受けた 21,675 人のうち、92.5％（20,053 人）はブラジル人であった[9]。

このように、在日ブラジル人の数は、2007 年に過去最高の 31 万人に達して以降、6 年連続で減少し、2013 年 12 月末には 18 万 1268 人となった。その前年の 2012 年 12 月末の在日ブラジル人数は 19 万 581 人で、1995 年以来 17 年ぶりに 20 万人を下回るとともに、1990 年より 22 年間、在留外国人のなかで 3 番目に多かったブラジル人数をフィリピン人数が上回った[10]。

ここで、2013 年 6 月末に日本に在留している 18 万 5644 人のブラジル人とはどのような人たちなのかを簡単に見ていく。

まず、在留資格別から見ると、永住

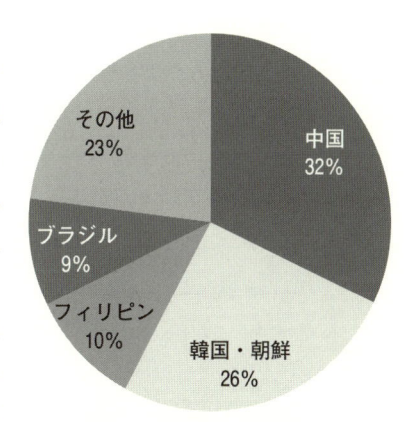

図2 在留外国人（国籍別）
出典：法務省『在留外国人統計』
（2012 年 12 月末）

第3章　在留外国人と法情報

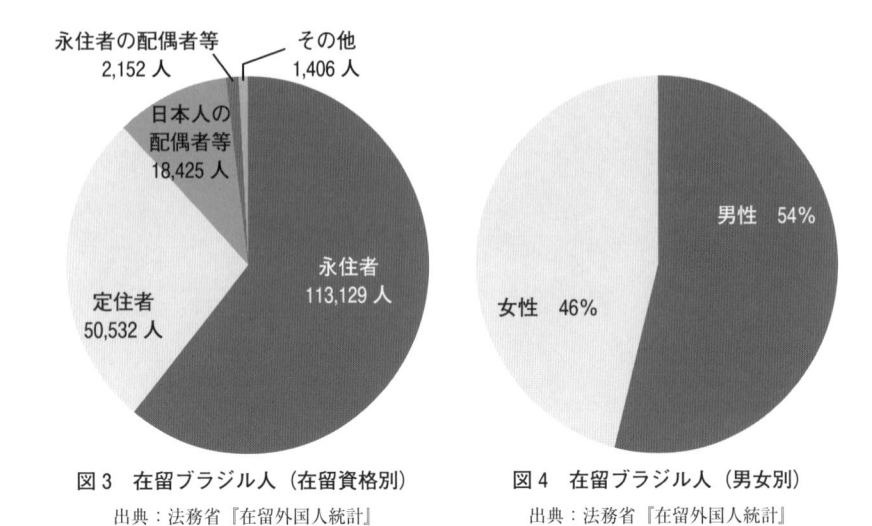

図3　在留ブラジル人（在留資格別）
出典：法務省『在留外国人統計』
（2013年6月末）

図4　在留ブラジル人（男女別）
出典：法務省『在留外国人統計』
（2013年6月末）

者は11万3129人（60％）、定住者は5万532人（28％）、日本人の配偶者等は1万8425人（10％）、永住者の配偶者等は2,152人（1.2％）、その他の在留資格（教授、宗教、技術、興行、留学等）は1,406人（0.8％）となっている（図3）[11]。

次に、男女・年齢別から見ると、男性が10万890人（54％）、女性が8万4754人（46％）であり（図4）、19歳以下が4万3398人（23％）、20・30代が6万9683人（38％）、40・50代が6万1837人（33％）、60歳以上が1万726人（6％）となっている（図5）[12]。

最後に、在日ブラジル人が集住している上位8県を見ると、1位が愛知県で4万9491人（26.6％）、2位が静岡県で2万8544人（15.4％）、3位が三重県で1万2874人（7％）、4位が群馬県で1万2098人（6.5％）、5位が岐阜県で1万924人（5.9％）、6位が神奈川県で8,998人（4.8％）、7位が埼玉県で8,099人（4.4％）、8位が滋賀県で8,074人（4.3％）である[13]。8県を合わせると75％となり、在日ブラジル人が8県に集中していることがわかる（図6）。

上記の統計によって導かれる結論としては、在日ブラジル人の多くは、比較的若くて永住資格をもっており、つまり、継続して日本に長く在留してお

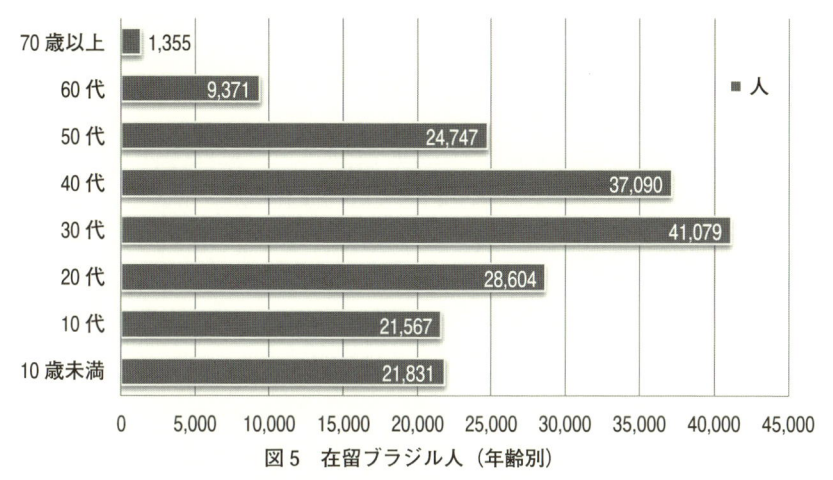

2 在日ブラジル人の概況

図5 在留ブラジル人（年齢別）

年齢	人
70歳以上	1,355
60代	9,371
50代	24,747
40代	37,090
30代	41,079
20代	28,604
10代	21,567
10歳未満	21,831

出典：法務省『在留外国人統計』（2013年6月末）

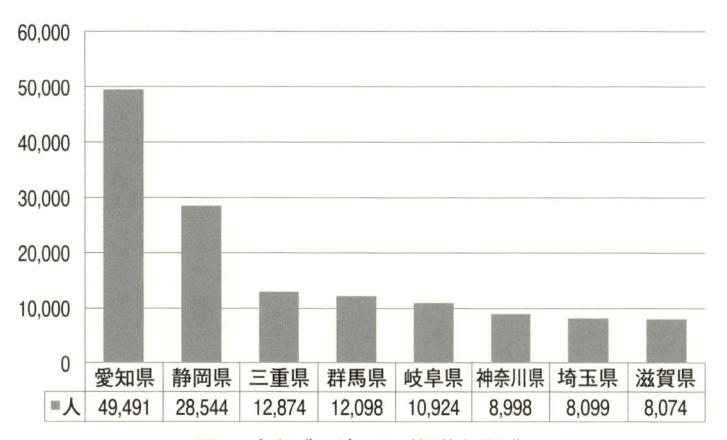

図6 在留ブラジル人（都道府県別）

	愛知県	静岡県	三重県	群馬県	岐阜県	神奈川県	埼玉県	滋賀県
人	49,491	28,544	12,874	12,098	10,924	8,998	8,099	8,074

出典：法務省『在留外国人統計』（2013年6月末）

り[14]、一定の地域に集住していると言える。

　こうした在日ブラジル人は、日常的にどのような法律問題に直面しているのだろうか。以下では、具体例に触れながら、ブラジル人労働者の特徴について考察する。

3 在日ブラジル人が直面する法律問題

　在日外国人は、日本法に関する情報不足により、さまざまな不利益を被ることが少なくない。実は、筆者自身もそのような経験があった。

　10年以上前に留学生として来日した時に、日本で暮らすためにまず居住地域の市区町村で外国人登録[15]の手続きおよび国民健康保険への加入をしなければならないという説明を大学のオリエンテーションで受けたが、国民年金については、大学においても市役所においても説明を受けなかったのである。当時、日本に来たばかりということもあり、年金そのもの自体を認識していなかったかもしれないが、それから6年後に日本で就職した時に、採用手続きの必要書類として年金手帳の提出を求められ、初めて日本の年金制度そのものを知った。国籍や在留資格に関係なく、日本国内に住所を有する20歳以上60歳未満のすべての人は国民年金に加入する義務がある[16]。そのため、新たに来日した20歳以上の留学生は国民年金に加入する必要があるが、当時それを知らなかった筆者は、保険料の納付が猶予される学生納付特例制度や保険料免除制度を利用することができなかったので、結局保険料が未納のままになってしまった[17]。

　これは一つの例として取り上げたが、在日外国人ならば、日本語能力のレベルにかかわらず、このような経験をしている人は少なくないと思われる。留学生の場合は、大学のサポートもあるし、日本語を勉強する機会もあるため、日本語をある程度理解することができるが、外国人労働者の場合は、近くにサポートをしてくれる支援者があまりおらず、また日本語の理解能力にも欠けている場合が多いという困難さだけではなく、留学生とは異なり、家族を連れて来日する人が多いので、家族・家庭問題、社会保障法の問題、労働問題、税法の問題等、法に関わるさまざまな困難さを乗り越えなければならない[18]。

　在日外国人が安心して日本に滞在できるようになるためには、法情報は必要不可欠なものである。彼らは日本社会の法的ルールや行政ルールに関する

情報をどこでどのような形で入手しているのであろうか。ここで、在日ブラジル人コミュニティの主要な法情報源について述べていく。

4 主要な法情報源

まず、マスメディアが重要な法情報源となっており、在日ブラジル人向けのテレビ局が存在する。

エスニック・メディア

　IPC TV（アイピーシーテレビ）というテレビ局[19]は、1996年にテレビ放送を開始し、現在24時間のポルトガル語放送を行っている。日本国内のニュースはもちろん、在日ブラジル人コミュニティに関連する日本のニュース等が東京のスタジオから放送されており、自社制作番組を通して在日ブラジル人コミュニティにとって身近な情報を母国語で提供している[20]。
　いうまでもなく、在日ブラジル人には言葉の壁もあり、日本の地上波放送は日本語能力が不十分なブラジル人にほとんど見られていないので、IPC TVは地震や津波、台風に関する情報をはじめ、日常生活に関する情報の入手先として重要な役割を果たしている。具体例を挙げると、最近、扶養控除に関して多くのブラジル人が申告漏れにより必要以上に税金[21]を支払っていたということがわかり、2013年7月4日に放送されたニュース番組でその問題が取り上げられた。IPC TVの記者は愛知県東浦町に足を運び、税務課の担当者を取材した。そして、2010年の税制改正により、16歳未満の扶養控除（所得税・住民税）は廃止されたが、住民税においては、非課税限度額を計算する上で、16歳未満の子がいるか否かは非課税限度額の判定に影響があるため、16歳未満の扶養親族について申告漏れがないように注意しようというニュースを流した[22]。税金という非常にわかりにくい制度を在日ブラジル人に理解してもらうために、現場の担当者から正確な情報を得てポルトガル語で発信するということが、大きな効果を発揮することがわかる。

第 3 章　在留外国人と法情報

　しかし、IPC TV は有料放送であり、衛星放送のスカパーに加入しなければ視聴することができない。そのため、加入して視聴料金を支払う余裕がある家庭はそれほど多くはないようである。
　テレビ以外の有料のメディアとして、かつては新聞[23]や雑誌があったが、購読者数の減少等により廃刊せざるを得なくなった。また、フリーペーパー[24]や無料の新聞も発行されているが、日常的にはインターネットが情報の入手方法の中心となっている。例えば、日本国内のブラジル人向けメディアのホームページ[25]や地元の団体のホームページ、ポルトガル語ポータルサイト等が発信している日本国内のニュース[26]やブラジル人コミュニティの情報、生活情報がインターネットを通じて取得されている。また、ブラジル人同士の口コミによるネットワークやフェイスブックのような SNS は相談や意見交換、情報交換のツールとしてよく活用されている[27]。

ブラジル総領事館無料法律相談
　次に、もう一つの法情報の取得方法としては、ブラジル総領事館が行っている無料法律相談が挙げられる。
　ブラジル総領事館は、東京[28]、名古屋[29]、浜松[30]の 3 カ所に設置されており、月に 1 回程度ボランティアのブラジル人弁護士、あるいは総領事館が費用を負担する日本人弁護士が無料法律相談を受けている。できるだけ多くの人がそのサービスを利用できるように、領事館所在地だけではなく、それぞれの領事館の管轄内の最もブラジル人が多い地域を定期的に回る「移動総領事館」(Consulado Itinerante) も開催されている。その際は領事館の職員が各種手続きを受けつけるとともに、弁護士による無料法律相談が行われている。
　ここでいうブラジル人弁護士とは、ブラジル人の外国法事務弁護士のことである。外国の弁護士が日本国内で弁護士として活動するには、法務大臣の承認と日本弁護士連合会の登録を受けなければならない[31]。この二つの手続きを終えると、「外国法事務弁護士」と名乗ることができる。現在、登録が認容されているブラジル人弁護士は、愛知県で 2 人、静岡県で 1 人、岐阜県で 2 人、計 5 人のみである[32]。

外国法事務弁護士は、日本の弁護士資格がないため、日本の裁判所で訴訟代理人になったり、行政庁に対する申立の代理をしたりすることはできない。そのため、日本人弁護士の法律事務所あるいはブラジルにある法律事務所と共同で事業を営むことが多いようである。日本全国でわずか5人であるが、ブラジル人外国法事務弁護士はポルトガル語による法情報発信のために重要な役割を果たしていると言える[33]。

法律相談のなかで最も多いのは労働問題および家族・家庭問題[34]に関する相談である。前者に関しては、在浜松ブラジル総領事館内に「ブラジル労働者担当部」（Espaço do Trabalhador Brasileiro）[35]が設置され、労働法律相談をはじめ、ブラジル・日本の労働市場に関する情報等を提供している。後者に関しては、裁判外の紛争解決を促進するために、在浜松ブラジル総領事館内にADR（Alternative Dispute Resolution：裁判外紛争解決手続）センターの設置が現在検討されている[36]。

タントウシャによる情報提供

最後に、工場現場での情報提供も重要な法情報源となっている。タントウシャとは、工場に派遣されている日系人就労者の世話役を務めている人である。多くの場合は、長年日本で働いているブラジル人の先輩であり、日本語能力のある人材派遣会社の従業員である。

ブラジル人スタッフが日本で安心して働けるように、入国管理の手続をはじめ、生活指導、労働のルール、行政手続のサポート等を行っている。ブラジル人労働者にとって、日常的に最も近くにいる支援者なので、重要な情報発信者となっている。

以上、在日ブラジル人コミュニティの主要な情報源をまとめた。次に以下では、コミュニティとの連携についての具体的な取り組みを紹介する。

5 コミュニティとの連携

在日外国人が日本語能力不足によって不利益を被ることがないように、また日本の生活ルールや法律、制度等を理解できるためには、そのコミュニティと関係機関との連携・協力が重要であることが明らかになっている。ここで、いくつかの具体的な例を取り上げたい。

外国人交通安全教育指導員

まず、外国人交通安全教育指導員制度について述べる。交通安全教育指導員制度は日本全国に存在する制度であるが、三重県や静岡県、岐阜県等のブラジル人集住都市では、外国人交通安全指導員が存在する。日本語とポルトガル語が話せるブラジル人を交通安全教育指導員として採用し、交通安全教育の一環としてブラジル人学校の生徒に交通ルールをわかりやすく教えているのである[37]。

子どもへの指導は親にも広がるという効果があるので、まず子どもたちに指導を行っていると言う。小さい頃からルールを守る大切さを身につけてもらうために、指導員がブラジル人学校を対象に交通安全教室を開き、自転車の乗り方や信号の守り方をポルトガル語で指導し、交通ルールが浸透していくことを目指していると言う[38]。

もちろん、子どもだけではなく、日系ブラジル人の派遣従業員向けにも、交通安全教室を実施しており、この制度が導入されて以来、交通事故の発生件数は減少していると報告されている地域もある[39]。このように、日本の交通規則を母国語で指導することによって、母国との交通ルールの違いを学び、日本の交通マナーが浸透していくという成果が出始めている。

この制度は、コミュニティと関係機関との連携・協力を通じて日系ブラジル人に必要な情報・法的知識を効果的に伝える仕組みとして重要な参考となるであろう。

ラジオニッケイ

上記の外国人交通安全教育指導員制度と同様の制度が、愛知県豊橋市にある。それは、コミュニティのラジオ放送を通じて、法情報の発信を行うプロジェクトである。

「ラジオニッケイ」というラジオは、NPO法人豊橋ブラジル協会によるインターネットラジオ局である[40]。このラジオでは、日本で暮らす日系ブラジル人に生活に必要な情報を発信していくために、豊橋警察署と愛知県警察教養課等の協力を得て、日本の法律や交通ルール等の広報活動を始めた。この広報活動は、豊橋署がNPOブラジル協会に呼び掛けたのがきっかけとなったようである。

愛知県警察本部教養課国際警察センターのスタッフがポルトガル語で日本の刑法や交通ルール、違法薬物問題、地域の防犯情報の提供等をわかりやすく説明している。母国語で直接警察官から法情報や防犯情報を得ることができるので、コミュニティのなかでこの活動は高い評価を得ている[41]。また、インターネットラジオ局なので、豊橋に限らず、日本全国で聞くことができるというメリットもある。

日系人就労準備研修

日系人就労準備研修とは厚生労働省委託事業であり、JICE（Japan International Cooperation Center：日本国際協力センター）[42]という一般財団法人が提供している研修である。この研修は、仕事を探しているブラジルやペルーの日系人に実践的な日本語能力や日本で働くためのビジネスマナー、労働環境等の必要な知識やスキルを学んでもらうことを目的としている。つまり、この研修では、日本語だけではなく、例えば、日本での働き方やマナー、面接の受け方、履歴書の書き方等、日本の職場で役立つ知識を習得することができる。さらに、労働制度や社会保険制度、介護制度、そして日本の労働法令、雇用慣行等の基本的知識も学ぶことができる[43]。

さまざまなレベルのコースがあり、初級レベルでは、日本語コミュニケーション能力の向上が中心となっている。簡単な漢字の読み書きとある程度の

会話ができるようになった人たちは上級レベルのコースに入り、日本の労働環境や法律の講義も受けることができる[44]。

このように、日本の法律まで勉強する機会を与えられているJICEの研修は、法的知識の理解を深める上で、非常に効果的であり、日系人の間で高い評価を得ている。

コミュニティ通訳

コミュニティ通訳とは、日常生活で外国人のニーズに対応する通訳のことである[45]。例えば、各機関の窓口での案内通訳（婚姻届、出生届、就学手続、税金、公共サービス関係の手続等）を行ったり、病院・福祉保健センター、児童相談所、家庭裁判所、少年院等においても相談通訳を行っている[46]。

日系人が集住している名古屋や犬山等では、公益財団法人のような機関が、コミュニティ通訳養成のために、ボランティアを対象に研修を開催している。また、JETプログラム（The Japan Exchange and Teaching Programme）の参加者で、ブラジル人集住都市の役場等に配属されるブラジル人国際交流員もコミュニティ通訳を行っている[47]。

コミュニティ通訳は、社会的に弱い立場に置かれている外国人が直面する言葉の問題を乗り越えて市民としての権利を保障されるために非常に重要な役割を果たしているにもかかわらず、その多くは日本ではボランティアベースであり、職業として成り立っていない。コミュニティ通訳に対する理解と社会的評価を高めるとともに、制度が徐々に整備されていくことが必要であると指摘されている[48]。

6 おわりに

言葉が通じないことでさまざまな権利を知らないことが多く、必要な情報の不足や不正確な情報の流布による混乱や不利益を受けているブラジル人等の在留外国人は、いわゆる「情報弱者」である。

そういった外国人が安心して日本に滞在できるようにするためには、日本社会の法的ルールや行政ルール、法文化に関する情報等、必要な法情報が母国語あるいは多言語で的確に伝えられることが不可欠である。その目的を達成するため、コミュニティの役割が改めて認識されており、外国人コミュニティと行政や、団体同士が相互に連携していく重要性が注目されるようになっている。本章で取り上げたいくつかの具体的事例を参考に、今後もこのような連携がさまざまな形でますます発展していくと、在留外国人に対する権利保護につながり、多文化共生社会の実現に向けて重要なステップになると思われる。

さらに、言語障害を乗り越えて法情報が伝わるようにするために、コミュニティと関係機関との連携の発展のみならず、従来の制度や機関のあり方についても再検討を行う必要があるだろう。一つの例として挙げられるのは法テラス（日本司法支援センター）である。法テラスが、必要な法情報や司法サービスの提供が受けられる社会を実現するために重要な役割を果たしていることは間違いない。英語・中国語・ポルトガル語・スペイン語・韓国語の5カ国語で対応しており、通訳業者を通じて法テラス職員に相談することができる[49]。また、一定の資力要件を満たした人に対して弁護士・司法書士による無料法律相談やその費用の立替制度（代理援助・書類作成援助）も実施している[50]。それにもかかわらず、いまだ多くの外国人に知られていない[51]。法テラスのホームページが英語版しかないこともあり[52]、法テラスという組織そのものや業務内容等を理解していない外国人は少なくない。法情報や司法サービスをより受けやすくするために、日本に在留する外国人をも視野に入れたインクルーシブな情報提供を考慮しつつ、従来のあり方の再検討が求められるようになってきている。

第 3 章　在留外国人と法情報

注

1) 法務省『在留外国人統計』（http://www.moj.go.jp/housei/toukei/toukei_ichiran_touroku.html）を参照。
2) 前掲注 1 参照。
3) 鈴木孝憲（2008）『ブラジル 巨大経済の真実』（日本経済新聞出版社）16 頁。
4) 平成元（1989）年 12 月 15 日法律第 79 号（出入国管理及び難民認定法の一部を改正する法律）。
5) 平成 2（1990）年 3 月 26 日政令第 45 号を参照。
6) 「初期の段階ではいわゆるデカセギとして単身の短期就労が多かったが、90 年代半ばころから家族同伴で来日し、いまや定住化する傾向もみられる。」金七紀男（2009）『ブラジル史』（東洋書店）267 頁。
7) 法務省『在留外国人数・外国人登録者数』（http://www.moj.go.jp/nyuukokukanri/kouhou/nyuukokukanri01_00013.html）を参照。
8) 支給額は本人 1 人当たり 30 万円、扶養家族については 1 人当たり 20 万円であった。日本への再入国を当分認めないことが条件となったこの帰国支援金は手切れ金と批判された。「雇用の調整弁にするな」『朝日新聞』（社説）2013 年 9 月 22 日朝刊を参照。その後、日本政府（厚生労働省）は 2013 年 10 月 15 日から一定の条件の下に再入国を認めると発表した。http://www.mhlw.go.jp/stf/houdou/0000024158.html を参照。
9) 厚生労働省『日系人帰国支援事業の実施結果』（http://www.mhlw.go.jp/bunya/koyou/gaikokujin15/kikoku_shien.html）を参照。
10) 2012 年 12 月末の在留外国人数の統計では、中国人（65 万 2555 人、全体の 32％）が最も多く、2 番目は韓国・朝鮮人（53 万 46 人、26％）、3 番目はフィリピン人（20 万 2974 人、10％）、4 番目がブラジル人（19 万 581 人、9％）であった。前掲注 1 参照。
11) 前掲注 1 を参照。
12) 前掲注 1 を参照。
13) 前掲注 1 を参照。
14) 丹野清人（2013）『国籍の境界を考える 日本人、日系人、在日外国人を隔てる法と社会の壁』（吉田書店）236 頁によると、日系人が急速に永住者化していることによって、帰国支援事業のような「帰してしまえばいいという政策は、結局、政策当局の選択肢を狭めてしまった。なぜなら、永住資格で滞在する人口が過半数を占めるようになった以上は、今後は帰国支援事業に相当する政策を打つことが難しくなるからである」。
15) 2012 年に外国人登録制度が廃止され、新しい在留管理制度が導入された。平成 21（2009）年 7 月 15 日法律第 79 号（出入国管理及び難民認定法及び日本国との

平和条約に基づき日本の国籍を離脱した者等の出入国管理に関する特例法の一部を改正する等の法律）を参照。
16) 国民年金法7条1項1号。
17) 年金についてこれまで二重加入の問題および年金受給資格の問題が生じてきた。前者は、両国の年金制度への強制加入による二重加入・保険料の二重負担の問題（ブラジルに派遣される日本人）であり、後者は、相手国での加入期間が短いために年金の受給に必要な期間を満たさないことによる年金を受給できないという問題（在日ブラジル人）である。これらの問題を解決するために、2010年に日本とブラジルの間において社会保障協定（「社会保障に関する日本国とブラジル連邦共和国との間の協定」）が締結され、2012年3月から効力が発生している。日・ブラジル社会保障協定では、二重加入が解消され、保険料の掛け捨てとならないために、両国での保険期間を通算してそれぞれの国における年金の受給権を確立できるようになった。http://www.mhlw.go.jp/topics/bukyoku/nenkin/nenkin/shakaihoshou-kyoutei.html を参照。
18) 外国人の生活から見た日本法については、大村敦志（2008）『他者とともに生きる―民法から見た外国人法』（東京大学出版会）68頁以下を参照。
19) http://www.ipctv.jp/ を参照。
20) http://www.nhk.or.jp/bunken/summary/research/report/2009_12/091202.pdf を参照。
21) 日本国民に限らず、国内・道府県内に住所を有する外国人も所得税や道府県民税を支払う義務を有する。所得税法5条、地方税法24条を参照。
22) http://www.ipcdigital.com/br/Noticias/Comunidade/Aichi/Estrangeiros-perdem-dinheiro-por-nao-declarar-seus-filhos-menores-no-Gensen-adverte-funcionario_16082013 を参照。
23) 例えば、Jornal Tudo Bem や International Press 等があった。
24) 例えば、Revista Vitrine や Alternativa 等がある。
25) IPCのポータル（http://www.ipcdigital.com）や Alternativa のポータル（http://www.alternativa.co.jp/）等がある。
26) NHK World Portuguese（http://www3.nhk.or.jp/nhkworld/portuguese/top/）等がある。
27) http://www.k-i-a.or.jp/shuppan/pdf_report/community2011.pdf を参照。
28) http://www.consbrasil.org を参照。
29) http://nagoia.itamaraty.gov.br を参照。
30) http://www.consbrashamamatsu.jp を参照。
31) 外国弁護士による法律事務の取扱いに関する特別措置法7条、24条を参照。
32) 日本弁護士連合会の弁護士検索（http://www.bengoshikai.jp/）を参照。2015年5月現在の外国法事務弁護士の会員数は383人である。
33) また、司法書士や行政書士といった隣接法律専門職の国家資格を有するブラジ

ル人もおり、外国法事務弁護士と同様にポルトガル語による法情報発信のために重要な役割を果たしている。日本行政書士会連合会の行政書士会員検索（https://www.gyosei.or.jp/members/search/）、岐阜新聞ホームページ（https://www.gifu-np.co.jp/tokusyu/2013/japones_garantido/jaga_130810.shtml）を参照。

34) 在日ブラジル人の離婚に伴うさまざまな問題については、二宮正人（2013）「在日ブラジル人の離婚問題に関する一考察」ケース研究315号、3頁以下を参照。

35) http://www.consbrashamamatsu.jp/setor-trabalhista-mainmenu.html を参照。

36) http://www.ipcdigital.com/br/Noticias/Comunidade/Shizuoka/Hamamatsu-pode-ter-centro-de-mediacao-e-conciliacao-para-questoes-juridicas_24072013 を参照。

37) http://www.clair.or.jp/j/forum/forum/pdf_259/05_information.pdf を参照。

38) http://www.clair.or.jp/j/forum/forum/pdf_255/16_information.pdf を参照。

39) http://www.nikkeyshimbun.jp/2009/090513-77colonia.html を参照。

40) http://www.radionikkey.jp を参照。

41) 「ブラジル人に安心届けたい」『朝日新聞』2010年4月19日朝刊を参照。

42) http://sv2.jice.org/ を参照。

43) http://sv2.jice.org/jigyou/tabunka_p_gaiyo.htm を参照。

44) 前掲注43を参照。

45) http://www.nic-nagoya.or.jp/japanese/nicnews/archives/2159 を参照。

46) 例えば、群馬県太田市や伊勢崎市等では、月に1回「外国人日曜納税相談窓口」が開設され、ポルトガル語・スペイン語による納税相談が行われている。http://www.pref.gunma.jp/07/n00710001.html を参照。

47) http://www.tufs.ac.jp/blog/ts/g/cemmer/img/pdf/s16_sato.pdf を参照。

48) http://www.ritsumeihuman.com/hsrc/resource/08/open_research08_001-017.pdf を参照。

49) http://www.houterasu.or.jp/multilingual/index.html を参照。

50) http://www.houterasu.or.jp/service/hiyoutatekae/index.html を参照。

51) 日本人の間でも法テラスの認知度が高いとは言えない。『法テラス白書平成24年度版』148頁を参照。

52) http://www.houterasu.or.jp/en/index.html を参照。

［マルセロ　デ　アウカンタラ］

第3章補論　外国人のための情報提供サービス

1　大阪府外国人情報コーナー

　大阪府は、さまざまな形で日本に住む外国人が安心して生活を送り、いきいきと活動できるように、多言語による行政情報や生活関連情報を含めた幅広い情報提供事業を推進している。その柱の一つとして、「大阪府外国人情報コーナー」（以下「情報コーナー」という）を運営している。

　1993年9月に大阪府の国際課が設置・運営することになったが、その背景には、1990年の入管法改正を受けて、外国人住民が増加したことがある。当時の大阪府の外国人登録者数は213,918人に上り、東京に次いで全国で2番目であった。日本語によるコミュニケーションができない外国人が増加するなか、行政窓口における多言語対応のニーズ高まった。その後、2009年大阪府国際交流財団（OFIX）に業務を委託し、現在までその運営を続けている。

　相談には、情報コーナーにおいて英語、韓国・朝鮮語、中国語、スペイン語、ポルトガル語、タイ語、フィリピン語、ベトナム語および日本語の9言語で対応している。ベトナム語を除く7言語の選定は、開設当時大阪府の外国人登録者数が多い順となっていた。ベトナム語は2003年に追加した。以上の言語で月曜日から金曜日の午前9時から午後5時30分まで運営している。これらの言語でこのような日時で対応する機関は全国にも類を見ない。曜日・時間帯により、対応言語が決まっているのが一般的である。

　一方、利用者側から見れば、曜日・時間に関係なく、即座に多言語でアクセスできるサービスが本来利便性が高いものと言える。その利便性を一層確保するために、「トリオフォン」（3者通話）を用いた対応を行っている。ト

第3章補論　外国人のための情報提供サービス

図1　相談件数の推移（1993～2012年度）

リオフォンとは、1台の電話で外国人相談者・情報コーナー・通訳の3人が同時に話をすることができるシステムである。これによって、8言語の通訳を事務所に常駐させることなく、自宅待機による常時対応が可能となっている。

情報コーナーの相談件数の推移（言語・内容）

　開設時の1993年度は9月からの統計になっており、557件であった。その後1,400件台を推移するが、2012年度は1,318件。2001年度の急増は、HPを開設し、情報コーナーの認知度が高まり、メールによる相談も受け付けるようになったことが主な原因である（図1）。

　2012年度相談言語の内訳は、日本語が最も多く602件。その約半数は外国人が日本語を用いて相談するケースである。本来災害時に使用が始まった「やさしい日本語」（漢字にひらがなルビ、ひらがな多用、短文主体、複雑な文法の回避を原則）による説明の必要性が高まった。それに続き、英語が311件（全体の4分の1）、次いで中国語・スペイン語と続く（図2）。

図2　相談言語の内訳（2012年度）

（日本語対応の約半数は日本語を用いた外国人からの相談）

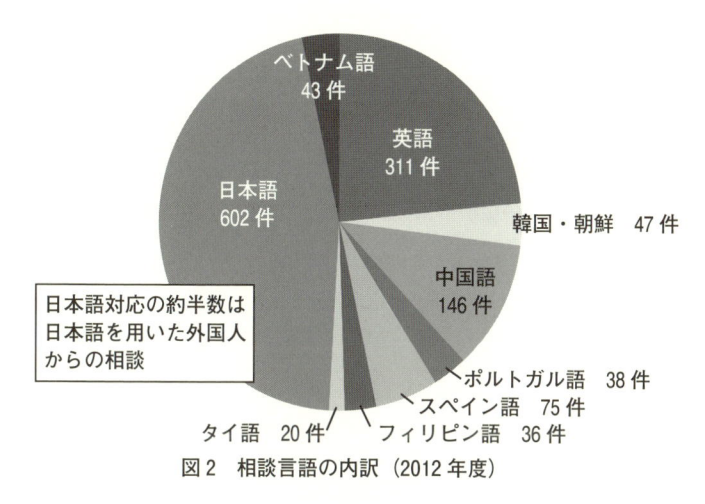

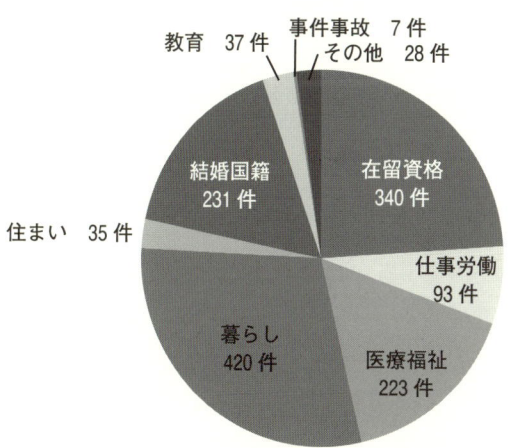

- 日本語 602件
- ベトナム語 43件
- 英語 311件
- 韓国・朝鮮 47件
- 中国語 146件
- ポルトガル語 38件
- スペイン語 75件
- フィリピン語 36件
- タイ語 20件

図3　相談内容の内訳（2012年度）

- 在留資格 340件
- 仕事労働 93件
- 医療福祉 223件
- 暮らし 420件
- 住まい 35件
- 結婚国籍 231件
- 教育 37件
- 事件事故 7件
- その他 28件

　2012年度の相談の内容に関しては、全体の約3分の1の420件が「暮らし」に関係する内容になる。それに続き、外国人と関係の深い「在留資格」が340件となっており、「結婚・国籍」に関する相談と「医療・福祉」に関する相談がほぼ同数の230件程度となっている（図3）。

第3章補論　外国人のための情報提供サービス

「暮らし」の相談内容

暮らしの内容は生活の全般に関するもので、多岐にわたる。

住民税に関する問合せについて、住民税納付は在留期間更新の際に入管でチェックされるため外国人はとりわけ神経質になっている。住民税の計算方法、滞納している住民税の支払い方法などについての問い合わせも多い。

製造物責任法に基づく消費者保護を求めるものについて、例えば、購入した子どもの自転車の不具合で子どもが怪我をしたことによる責任の所在をどこに求めるかという相談があった。

また、年金に関する相談では、昨年度導入された過去10年間の年金後納制度の通知にとまどう質問が多く、障害年金の受給資格などに関する専門的な質問は年金事務所に問合せをしながら対応を行った。

「在留資格」の相談内容

2012年に入管法と住民基本台帳制度が改正されたことを受けて、さまざまな手続きに関する相談が寄せられるようになった。

大きな変更の柱は、①在留カードの交付、②在留期間（最長5年）、③再入国制度、④外国人登録制度の廃止、⑤住民基本台帳の適用対象であるが、在留カードをいつ、どこで切り替えるのか、あるいは、外国人登録証と同様に、市役所に出向いてもらえるのかという質問があった。

転出届は、今までの外国人登録法下では必要ではなかったが、新たに引っ越しの際の手続きとして旧住所地からの転出証明書が必要になり、新たな制度にとまどった人からの問い合わせがあった。

また在留資格取消制度に関して、新たに日本人の配偶者の在留資格者もその対象になっている。そのため、別居などで婚姻の実態がない外国人からの相談があった。

「婚姻・国籍」の相談内容

日本人の夫から離婚を切り出されている外国人の妻からの相談をよく受ける。日本の離婚ほど簡単な方式は世界でも稀である。違法であるにもかかわ

らず、本人の知らない間に離婚届を勝手に市役所に出せる。いったん受理されると、これを無効にするには家庭裁判所への申し立てが必要になってくる。また離婚により、外国人の場合は在留資格を失うこともある。こうした事態を阻むための離婚届不受理届の制度に関する情報提供を行っている。

また面接交渉に関して、離婚後子どもに面会を希望したが、妻が子どもに会わせないという外国人父親からの相談があった。この種の問い合わせは多いが、救済策の切り札が限られており、悩ましい状況にある。

そのほか、日本人の妻から家を追い出され、住むところも仕事も失い、インターネットカフェ難民となった外国人の夫からの相談もあった。

日本人と外国人の夫婦、外国人同士の夫婦、いずれについても、かなり解決困難な相談内容が多いという実態である。

「医療福祉」の相談内容

医療分野では、外国語のできる医療機関の紹介、医療通訳派遣の問い合わせが多い。出産に伴う費用に関して、健康保険や国民健康保険から出産一時金が支給されるが、通常出産で医療機関に支払う額は、それよりも多い。そのため、外国人にとって、費用面でかなり厳しい状況下にあると言える。

一方、健康保険や国民健康保険の限度額適用認定申請などの問い合わせがある。2012年4月1日から外来療養にも適用されるようになった。新制度が施行される度に、情報を提供する側も勉強しながら、情報提供を行っているところである。

また、福祉分野では、特定の在留資格の外国人に準用されている生活保護に関するさまざまな質問が寄せられている。

離婚後の生活を心配する外国人の親からの児童扶養手当の問い合わせなどもある。

このように、相談内容は大きく分けて、在留資格、お金、人間関係に集約できる。

2 法律面からみた事例の紹介

法改正の情報に気づかない外国人

　2002年に道路交通法107条第2項の法改正があった。それ以前は海外で取得した国際免許を毎年数日間帰国して書き換えて利用する外国人ドライバーも存在した。改正により1年以上日本に滞在する場合、日本の免許への切り替えが必要になった。もともと、この改正は海外で運転免許を取得した日本人を想定した改正であった。多言語による周知がなされなかったために、知らずに国際免許を継続使用した外国人が、交通違反や交通事故などを起こした際国際免許の違法継続使用が判明するという事態が生じたのである。この場合、無免許運転で道路交通法違反、30万円以下の罰金、又は1年以下の懲役が科される。さらに、2013年6月の改正道路交通法成立によって、刑罰が50万円以下、又は3年以下の懲役と厳罰化された。驚いて相談する外国人相談者はすべて、法改正の情報に気づいていない。罰金刑、場合によっては自分の在留資格にも影響するかもしれない法律違反である。知らなかったでは済まされない状況である。

　外国人の生活に何かしら関係してくる法律改正に関しては、国の方でも多言語対応による周知徹底を図ることが望まれる。

正しい法情報のソースが限られる外国人

①情報のソースがDVの加害者の場合

　外国人の女性が家庭内暴力（DV）を受けつつも、逃げることもできない状況にあることがある。言葉の問題、孤立した環境、情報入手先がわからないことなどが理由に挙げられる。情報は加害者である夫からしか得られないことが多い。夫からの悪意・無知による情報操作もある。例えば、離婚すれば、子どもの親権は外国人の親はとれない、ビザがなくなり不法滞在となり、退去強制につながる。また、たとえ永住許可を取得していても、離婚するとその許可が取り消されるなど、間違った情報を教え込まれる。そのため、身

2 法律面からみた事例の紹介

動きできない状況に陥ることがある。
②情報のソースが雇用主の場合
　雇用主が、自らに都合よく働かせるため、また、外国人に対する偏見もあり、外国人労働者に雇用保険・健康保険・有給休暇に関する情報が故意に与えられない。また、雇用主は外国人従業員が職場を勝手にやめると、入管へ連絡して在留資格をキャンセルできると脅す。雇用主からの間違った情報を信じ、また情報がないことで、外国人は自分の権利を擁護するための行動が起こせないという苦境下に置かれることがある。

非日常的な場面で情報不足に陥る外国人
　法情報が必要な場面は往々にして、離婚・紛争・逮捕・災害・事故・死亡など非日常的な場面である。突然降って湧いた事柄に対して冷静に判断ができない状態にある。日本人でさえ、このような非日常的な事象にとまどうのは至極当然である。ましてや、法律や制度を知らない外国人の場合、どこに、どんな情報を求めればよいのか見当もつかない。
　外国人の男性で、日本人の妻が死亡し、子ども2人が残された事例を挙げる。妻名義のクレジットカードにはかなりの額の借金がある。妻名義の公営住宅に住んでいる。日本人の妻が死亡したことで、申請中の永住許可の行方、お金の問題、子どもの問題と解決すべき問題が一気に噴出した状況である。最大の痛手は、今まで唯一の情報源となっていた日本語のできる妻が死亡したことである。相続放棄のためには、相続の開始があったことを知ったときから3カ月以内に家裁へ申立てる必要があること、国民健康保険からの葬祭費、国民年金からの死亡一時金、父子家庭にも支給される児童扶養手当、公営住宅の名義変更、在留資格の手続などについて、本人に有益な情報を提供したことによって、一応の解決を図ることができた。
　非日常的な場面で、タイムリミットもある制度や法律に関する情報不足が外国人の生活に不利益をもたらすこともある。

3 外国人への情報提供に関する諸課題

外国の法律・制度の情報収集

　情報を提供するにはまず、情報収集が必須である。特に外国の法律・制度の情報入手が必要と痛感している。

① ヒンズー教徒の法に基づく養子縁組について、異なる国の外国人同士の夫婦が日本人の子どもを養子縁組する場合、一方の国の法律に関する情報はあるが、ヒンズー法による養子縁組の要件に関する情報提供を求められた（インターネット検索により情報収集）。

② タイの兵役について、日本に住む18歳のタイ国籍の男子が、日本在住のまま、タイの兵役免除手続を行いたいという希望。その子どもを収容する機関の職員から情報提供依頼があった（タイ国防省のHPにアクセスして情報収集）。

③ 韓国の健康保険制度について、韓国人男性と結婚し、夫が韓国企業に就職、韓国へ単身赴任することになった。日本に残る日本人妻が夫の健康保険の被扶養者になれるかどうかという問い合わせがあった（韓国総領事館に照会）。

　現在は、インターネットの普及により情報を取得しやすい。一方、情報の信憑性、言語の壁などで困難な場合もある。国による公開情報に関して、その情報量が豊富であったり、乏しかったりする。領事館や他関係機関との連携により、大阪府外国人情報コーナーの情報収集能力が日々試されている現状である。

希少言語のできる人材確保

　大阪府では、現在約160カ国から外国人が住民登録をしている。情報コーナーで対応できる8カ国の言語以外の言葉しかできない外国人は多数存在する。そうした外国人の対応として、教育現場、保健・福祉の分野で通訳が必要な場面があり、今まで要請のあったいくつかの言語として、クメール語

（カンボジア）、ダリ語（アフガニスタン）、ビサヤ語（フィリピンの方言）、広東語、モンゴル語などがあった。

外国人への情報流通の仕方

　いかに情報を多言語で用意しても、それが必要とされる外国人の手元に届かなければ意味がない。キーパーソンを探し、外国人コミュニティを把握することで、情報流通経路を知ることが大切である。2010年度に大阪府緊急雇用創出基金事業で「外国人府民への情報流通促進調査事業」を行った。国籍やコミュニティにおいて、どのような情報が届いているのかを、外国人府民に直接ヒアリングを行った。大阪府内には現在約30の公的な多言語情報窓口があるが、80％以上の外国人府民が知らないという結果であった。いかにして情報を外国人まで届けるかが課題である。

　対策として、同国人の状況を理解するために、ネットワークがある在日領事館などとの連携を深めた。昨年度フィリピンの総領事館とOFIXが共催で、出生・国籍・婚姻・離婚・相続などの日本法、福祉制度・労働法等に関するセミナーをフィリピン・コミュニティのキーパーソンやリーダー的な人物を対象に開催した。好評であったことから、今後愛知でも同様の催しが実施される予定である。

　上記情報流通調査で外国人府民に対して行った「地震・火事・津波などの際に逃げ込める避難場所を知っているか」とのヒアリングに対して、知らないと答えた人が全体の65％に達した。OFIXでは東日本大震災を機に災害時という非日常的場面に備えた外国人支援の取り組みを積極的に行っている。その取り組みの例として、外国人向け防災訓練、高等教育機関の留学生担当者向け防災ワークショップ、市町災害支援共催事業等が挙げられる。また、多言語で防災パンフレットを作成し、防災情報に関する周知を行っている。

「大阪府内外国人向け行政情報提供相談員ネットワーク」構築

　外国人住民に対してより充実した情報提供および相談サービスを行うために、情報交換、知識の共有を図ることができるよう2010年度より毎年「ネッ

トワーク会議」を開催している。講師として、弁護士、領事館のスタッフ、行政書士、外国人支援団体の代表、IT関係の団体の代表などを招いている。相談業務に関わる専門家から学ぶとともに、互いに具体的な事例を持ち寄り、話し合う場を設けている。

大阪生活必携〜外国人のための生活情報〜

外国人住民への情報発信として、生活ガイドをHPで発信している。HP「大阪生活必携」は10言語から構成されている。情報コーナーの対応言語に加えてインドネシア語がある。項目としては、婚姻・出産・離婚、在留管理制度、住民基本台帳制度、医療制度、労働などに関する制度を紹介している。もう少し深く踏み込んだ、制度や法的な仕組みを説明した9言語によるFAQサイトも運営している。多言語への翻訳チェックに時間と経費がかかるため、時点修正が実勢に追いつかないのが現状である。

高等教育機関の物心両面のリソースを有益に活用し、法的な制度を網羅した多言語の情報発信体制を構築したいと考える。情報不足に苦しみ、不利益をこうむる外国人住民のみならず、その支援者にも大きな一助となるはずである。

［北田　加代子］

第 2 部

法の教育における
情報と言語

第4章

東アジアにおける法教育と法情報学

1 はじめに

　東アジア諸国では、英語を母語としない国で英語による法教育の発展が見られる。例えば、中国政法大学中欧法学院（the China-EU School of Law, 2008年設置）は、中国と欧州連合（EU）との協定に基いて、双方から選ばれた共同委員会が運営する大学院で英語による法教育を行っている[1]。その教育の中心は、中国法とEU法であり、中国とEUの双方から派遣された研究者や実務家（EU裁判所の裁判官など）が教育を担当している。学生の英語能力は、きわめて高い。この種の動きは、韓国、台湾、タイなどの有力大学でも見られる。日本の名古屋大学、九州大学、神戸大学などの大学院でも英語で法学教育が行われている[2]。

　英語が日常に用いられるシンガポールや香港とは異なり、東アジア諸国で英語による法教育が広まる背景にあるのは、グローバリゼーションであろう。文化的多様性や言語的多様性に関わる議論（例えば、英語帝国主義論）が一方で行われているが、それにもかかわらず英語が国際的コミュニケーションのなかで占める重要性は、グローバリゼーションのなかでかつてないほどに大きくなっている[3]。

　英語が国際的コミュニケーションのなかで占める重要性から見て、国際的

105

な法律業務を英語できちんとこなし、国際的に活躍できる人材はどの国も必要としている。人とモノの交流が国境を超えて急速に広がる動きのなかで、東アジア各国がその環境に対応できる有能な人材の育成を進めているのは、当然であろう。

英語の法情報の重要性も増している。例えば、1990年代以降、日本は、「法整備支援」という形でアジアの発展途上国に対する法改革協力・支援事業を政府レベルで進めてきた。日本法の経験や比較法上の知見を発展途上国の専門家に伝えるためには、日本に関する法情報を翻訳する必要があり、日本語から直接協力相手国の言語への翻訳も行われたが、多くの作業は英語を媒介言語にして行われた[4]。

グローバリゼーションのなかでは、英語による法情報の提供は、自国をよりよく世界に理解してもらう有力な手段にもなる。なぜなら、法制度や法は、社会の設計図であり、社会運営のマニュアルだからである。例えば、社会の基盤をなす土地制度、家族制度などの制度の骨格や運営の基本方針は、法として記述されている。制度運営の実態は、別の法情報（裁判例や各種の下位規則、ガイドラインなど）からある程度把握できる。そのため、英語によるわかりやすい法情報を提供することで、自国の社会制度や社会運営を対外的に説明することができる。さらに、法は社会の文化、歴史に深く根ざすものであるから、法情報の提供は、同時に自国の社会、文化、歴史情報の国際発信と広報にもつながる。

しかし、法情報を外国語である「英語」に翻訳して提供する負担は、きわめて重い。翻訳は、想像以上に、高度に複雑で細心の注意を必要とする作業だからである。しかも、英語に翻訳する作業は、日本だけでなく、英語を母語としない東アジア諸国一般にとっても負担が大きい。なぜなら、自国の法情報を滑らかな英語に仕上げるには、英語を母語とする人間の協力が不可欠だが、英語を母語とする人的資源は、東アジア諸国では、日本を含めてきわめて限られているからである。翻訳コストが大きくなるのは当然だが、法改正への対応など情報の継続的更新が不可欠なため、翻訳コストは固定コストになってしまう。

翻訳量は場合によっては、膨大になる。例えば、欧州委員会の翻訳局のヒエ・タム氏の講演資料[3]によれば、欧州委員会は、2012年だけで176万頁の多言語翻訳作業を行ったという。日本でも英語で組織的な大量翻訳を行った経験がある。日本の官報は、法令情報などを含む国の主要情報を広報するものだが、いわゆる戦後占領期には、連合国最高司令官総司令部の指示で、日本語の官報と並んで、英文官報が1947年から1952年にかけて刊行された[5]。その作業が大変なものであったことは、想像に難くない[6]。

　英語による法教育を考える場合、まず検討する必要があるのは、法情報を「英語」で外国人に「わかるように」説明するというのは、具体的にどのような作業を積み重ねることであるのかをはっきりさせることであろう。本章は、英語による留学生教育に関わった筆者の経験と法情報学の観点から、日本法を英語でわかるように教えるための条件について、検討することを目的にしている。あわせて、英語による法教育を行う場合に、すべての日本語資料を英訳することはできないから、どこまでを英語で情報提供し、どこから日本語情報（当該法域の言語）に委ねるのかという点（英語情報と日本語情報の「適切な」ミックス）も意識して検討を進めることにしたい。

2 「わかりやすい」法教育と比較対照アプローチ

　英語で日本法の教育を行う場合、教育の内容は日本法であり、教育を受ける側はふつう非日本人である。当然ながら、教育内容が「わかりやすい」かどうかは、教育を受ける側に立って考えなければならない。日本の法学者には、海外で外国法を学んだ経験のある人が少なくない。異国で異国の法を学んだ折の経験は、日本法を外国人に教える場合に有用であり、さまざまに活用することができるはずである。

　外国法を学ぶ場合に、まず思いつくのは、日本法との比較対照で外国法を理解するやり方である。それは自分にとって身近であり、深く幅広い理解をもっている事柄を手がかりにして、身近でない事柄を理解しようというやり

方に他ならない。筆者の経験も踏まえて、比較対照を通したアメリカ法の理解を例にして考えてみたい。

日本は連邦制をとらない単一国家である。その結果、一つの最高裁判所を頂点とする単一の裁判所制度が成立する。ところが、アメリカ合衆国は、連邦制を採用し、連邦の最高裁判所のほか、各州に最高裁判所があり、連邦の裁判所と50の州の裁判所が並列的に存在するという制度になっている。

そこで、まず、日本の裁判所制度と合衆国の州の裁判所制度とを比較対照してみる。特定の州に着目すると、最高裁判所、高等裁判所、地方裁判所のような階層性のある単一の裁判制度があり、それは日本と共通しているように見える。ところが、多くの州では、裁判官は、州民による選挙で選ばれる。日本のように最高裁判所が用意する名簿によって、10年単位で任命されるわけではない。日本のような裁判官の定期的な転勤もない。転勤による昇進という観念もない。

すると、裁判官の間の「上下関係」は、州の裁判所制度ではどのようになっているのだろうかという疑問に行き当たる。しかし、アメリカの教員に「州の裁判官の間に上下関係の意識はあるのでしょうか」と尋ねても、適切な回答はふつう返ってこない。おそらく、アメリカの多くの教員は、そもそも何を問われているのかを正確に理解できないだろう。なぜなら、この質問は、多くのことを相手が知っているという暗黙の前提に立っているからである。ところが、現実はそうではない。日本の裁判所では、第何期の司法試験に合格したのかが先任という観点から重要であること、司法修習生は司法研修所修了後に選挙なしに裁判官（判事補）に任命されること、裁判官には、定期的な転勤があり地方裁判所、家庭裁判所、高等裁判所など各レベルの裁判所に勤務して、多様な経験をすること、昇格という観念があることなどは、質問相手には共有されていない。

これらの前提となっている一連の事柄を説明した後に、裁判官の上下関係の意識について質問してはじめて、アメリカの教員は、「州の裁判官の間に上下関係の意識はあるのでしょうか。」という日本人の法律家の質問の意味をある程度理解できるレベルに到達する。日本の裁判所では、所長や長官が

各裁判官の人事評価をするという追加説明も必要かもしれない。これは、比較対照をするためには、関係者が相互に一定の情報を徐々にではあれ、共有する必要のあることを示唆している。比較対照を通した理解とは、したがって、両者の間の情報共有を並行的に深めるコミュニケーションを不可欠な要素としているのである[7]。

そのようなコミュニケーションが行われると、アメリカの教員の回答は、イエスかノーかではなく、日本の法律家が説明のなかで使った日本の裁判所に関する個別の特徴に対応する複数の回答群になることが通例である。まず、州の裁判官は、一定の例外を除いて、選挙で選ばれる、つまり、裁判所が任命するのではなく、人々が選ぶのである。人々の信任を受けて着任するのだから、各裁判官は、審級に関係なく意識の上では同等だと思っているであろうという回答が返ってきそうである。裁判所の所長や長官が各裁判官の人事評価を行うという点については、裁判官の独立性保障という面から、そういうことは考えられないというコメントもありそうである。さらに、州の裁判所でも第一審裁判所（例えば、地方裁判所）は、事実関係を確定させる作業が中心であり、上級の裁判所は、事実関係の再調査をしないので、法的な問題の検討が中心的な作業になる。同じ作業をしていない以上、そこでも上下関係という感覚は希薄であるという返答がきそうである。もちろん、裁判官になる前の法律家としての経歴や評判（大弁護士事務所の高名な弁護士、有名な社会改革家、優れた学者など）は、個々の裁判官への評価や尊敬に直結するけれども、質問にある上下関係とは異質だろうという補足もありそうである。アメリカの教員のこのような回答を聞いて、今度は日本の法律家がアメリカの裁判所制度と裁判官のユニークさを徐々に実感し始めることになる。そもそも、アメリカの州の裁判官は、裁判「官」なのかとも思い始める。なぜなら、そこには日本でいう国家の官吏という意識感覚はないからである。同時に、アメリカの教員も徐々に日本の裁判官と裁判所制度のユニークさをわかり始める。

次に、日本の裁判所と連邦の裁判所との比較対照が必要になる。ここでも、連邦裁判所は日本と同様の階層性になっている（地方裁判所、控訴裁判所、

最高裁判所)。しかし、連邦の裁判官は、大統領の指名による終身任期であり、しかも大統領の指名は各種の実質的な考慮と政治的交渉の結果であること、扱う事件の種類は、しばしば高度に政治的・社会的な意味をもった紛争であることなどがわかってくると、日本の法律家は、連邦裁判所制度が日本とは相当に異質な機能をもっていることを感知し始める。同時に、アメリカの教員もなぜ日本の裁判所が連邦裁判所のように機能しないのかも感知し始める。

仮に、比較対照による理解が双方向のコミュニケーションを通して進むものであるとすると、英語で法教育をする場合に意識すべき事柄がいくつかわかってくる。第一に、教育という知的コミュニケーションの双方が相手の法と社会とに関心をもつということ、第二に、類似点と相違点、とりわけまず相違点を見つけ出す努力が必要であるということ、第三に、自分の側から見た相違は、一定の自分の法制度に関する理解を前提にしているので、自分の前提している事柄を相手に見えるようにすること、相手から「われわれのやり方とは違う」という反応をできるだけ引き出すこと、第四に、自分の法制度の説明を手掛かりにして、相手に相手の法制度に関する一層の情報提供を求める(あるいは情報を聞き出す)必要があることである。

第四の点との関係では、比較対照をする関係者の間で相互に「なぜ」という質問が必要になる。なぜ、選挙で裁判官を選ぶのか、なぜ、任命で裁判官を配置するのか、なぜ裁判所の長が裁判官の人事評価をする制度がないのか、なぜ、裁判所の長が裁判官の人事評価をする制度があるのかなど、理解を深めるための「なぜ?」という問いに真剣に応えてくれるパートナーなしに、外国の法の理解を深めるのは至難の技である。しかも、応える側には、「それが伝統だ」とか「それがわれわれのやっていることだ」という回答以上の個別具体的で分析的な情報提供をする努力が必要であり、それがより深い理解につながる[8]。

比較対照のアプローチを使って日本側が日本法の教育を提供しようとする場合、まず何を比較するのか(比較対照の項目)をある程度特定しなければならない。日本側からは、日本法を理解するための基本情報だと日本側が考え

る情報を暫定的に提示し、比較対照のコミュニケーションのなかで比較対照すべき項目をよりはっきりさせる作業が必要であろう。

3 提供すべき法情報：対応関係をもった情報

制度に関する静的情報

　比較対照をしようとする場合、必要な情報は、対応関係をもった情報である。なぜなら、例えば、日本の裁判所と中国の法院とが「対応している」という前提の下で、比較対照が可能になるからである。法学教育の場合、比較対照は、制度比較から始まることが多い。統治制度、社会制度、法制度がどのように設計されているかに関する情報は、比較的容易に入手できるからである[9]。二つの法域を制度の概要比較を通して俯瞰するという点でも意味がある。

　日本法と中国法とを比較対照する場合、両法域の概要情報は一定の範囲で容易に入手できる。例えば、アメリカ中央情報局の the World Factbook[10]は、国別の概要情報を共通の項目を使って提供し、比較対照を可能にしている。その項目は、序論、地理、国民と社会、政府、経済、エネルギー、通信、運輸、軍事、対外問題の10項目に分類されている。情報内容は、非常に簡潔で、序論が扱う日中両国の歴史的概観は、それぞれ一つのパラグラフに過ぎない。しかし、社会理解の出発点としては、有益であり、人口、平均寿命、文化的多様性、識字率、政治制度、経済状況などを容易に比較対照することができる[11]。

　法学教育の場合、国家制度、法制度を中心にして、関連する社会制度に関する情報が比較対照の出発点になるので、日本と対照先法域の国家制度、裁判所制度、その他の関連する法制度に関する英語の情報があることが望ましい。実際、多くの法域は、自国の国家制度、裁判所制度、法制度の概要情報を英語で提供している[12]。したがって、国家機構などに関する静的な情報を複数の法域について英語で入手し、相互の対応関係をつけた資料を用意する

ことは、比較的容易である。

しかし、これらの制度が実際にどのように機能しているのかに関する情報に対応関係をつけて、法域間で比較対照できる形にすることは容易ではない。すでに触れたように、裁判官の任用と勤務形態についてさえも、慎重な情報交換の上ではじめてある種の対応関係をつけることができることからしても、法制度の核心である「法」に関する情報、制度を支える人材の養成（法学教育、実務研修など）と勤務実態（昇格、給与、転勤などを含む）、制度を現実に運営する実践を支える政策と考え方、特定の制度（例えば、民事裁判）をとりまく社会状況などの動的情報は、すぐに比較対照できる形で入手できないことが多い。そのため、比較対照のテーマに応じて、教室の内外における相互コミュニケーションを通じて比較対照可能な情報を用意しなければならない。

法的基準に関する情報

どの法域についても法と呼ばれる基準があり、その法を解釈適用して問題を解決するという活動を観察することができる。その基準群の全体を概括的に比較対照できれば、異なる法域間の相互理解のための基礎情報になるであろう。しかし、基準群の比較対照は、それほど簡単ではない。

例えば、日本法の場合、憲法の下、国会が定める法律、国会が批准する条約、国会の議院が定める議院規則、最高裁判所が定める規則、行政機関が定める政令、府省令、その他の命令、地方公共団体の定める条例と規則などが主要な基準である[13]。

他方、中国法の場合、憲法の下、全国人民代表大会が定める基本的法律、全国人民代表大会の常務委員会が定める基本的法律以外の法律、国務院が定める行政法規（条例、規定、辨法）、国務院の部や委員会が定める行政規章、地方性法規、自治区などが定める自治条例と単行条例、最高人民法院が定める司法解釈（解釈、規定、批復、決定）や最高人民検察院の定める司法解釈などが主要な基準である[14]。

しかし、日中の主要基準をこのように示しただけでは、日本法の基準と中

国法の基準との比較対照は、一目瞭然にはならない。比較対照するには、基準を設定する日中の機関の対応関係と日中の基準の対応関係、基準間の優先関係などの関係情報をわかりやすく追加提示する必要がある。その作業の成果を英文資料（図解を含む）にして初めて、有益な比較対照の資料になる。

　さらに、最新の法的基準（いわゆる現行法）に関する情報は、事件処理にとって決定的に重要である。例えば、韓国は、最新の法令情報をウェブ経由で公開し、その情報は印刷された官報の情報に近い取扱いをする方向に動いている。オーストラリア、ニュー・サウス・ウェールズ州の法令はウェブ経由で提供されており、一定の証明を経て拘束力をもつ法情報として取り扱われている[15]。他方、日本の総務省経由で提供されている法情報は、参考であり拘束力をもたない[16]。最新の法令情報を入手するためには、商業的に提供されるデータベースを利用して、さらに官報の情報を確認しなければならない。各法域の最新の法情報入手の方法は、それぞれにユニークであり、比較対照の基礎データとして提供する必要がある。

法的基準の機能に関する情報

　各種の法的基準を特定するだけでは、比較対照は十分ではない。その機能に関する情報がなければ、法的基準を比較対照して理解することはできないからである。

　例えば、憲法は、日本と中国にある。日本では、裁判所は、憲法を下位法令の合憲性判断の基準として使うが、これに対して、中国では裁判所（法院）が憲法を判決書の中で引用することはできないとされている[17]。この種の情報がわかって初めて、日中の憲法の比較対照を始めることができる。

　法的基準の優先関係の理解も同じではない。判断のために法律家が参照する基準に関する情報（法）は、日本では、国会が定めた法令の条文の形で提供されるが、英米では、過去の事件の判決記録という形で提供され、その情報のなかから法律家が一定のやり方で「判例」あるいは「先例」という基準を抽出するという形になっている[18]。制定法の文言を理解する場合でも、その制定法を作る資料とされた判例の方が制定法の文言よりも重要であるとさ

れることが少なくない[19]。

　日本の判例は、法的拘束力はないものの、具体的な事実を前提にして、より具体的な基準を作り出し、実務で参照され、実務を動かしている。ところが、中国では、一般の裁判所（法院）の裁判例は、他の裁判所に対して、法的にも事実的にも拘束力はないとされる。すると、アメリカ法、日本法、中国法で、判例という基準の機能は同じでないことがわかる。

法的基準設定の流れに関する情報

　法的基準がどのようにして作られ、更新されるかに関する情報も比較対照という観点から見ると、基本的な情報である。日本の場合、内閣が国会に提出する法律は、各省庁で原案が作成され、内閣法制局で審査され、閣議を経て国会に提出される[20]。各省庁が原案を作成する場合、審議会などが利用されることもある。原案を作成する場合、日本では、法令データ提供システム[21]を利用して、文章のスタイルや用語使用の一貫性や整合性が確認される[22]。

　日本とは異なり、オーストラリアのニュー・サウス・ウェールズ州の議会法制局（Parliamentary Counsel's Office）は、州政府や州議会の議員から依頼を受けて、州政府のすべての法案、議員立法による法案を起案している。法令の公布と最新の法令情報の提供も行っている[23]。

法制度と連動する制度に関する情報

　法制度は、他の社会制度と連動して初めて正常に機能することが少なくない。法制度に連動する社会制度の情報は、ある法域の人間にとっては、ほとんど意識されないほど身近な情報になっている。しかし、比較対照という観点からは、ほとんど意識されないほどの常識的情報を意識的に明示する必要がある。

　例えば、契約の成立条件として申込と承諾が必要なことは、法学生の常識である。日本では、申込に対して承諾を郵送するという対応は、ふつうに行われる。それは、郵送される承諾が相手に確実に届くからである。しかし、

3 提供すべき法情報：対応関係をもった情報

確実に郵送されるという想定は、国際的にはいつでも成立するわけではない。多くの発展途上国では、郵便制度自体が機能不全であり、投函してもその封書はどこにも届かないことが起こる。であるとすれば、信頼できる郵便制度[24]の存在は、日本の法制度に不可欠な要素として、意識しておく必要があろう。

社会的な情報の共有についても注意が必要である。法律家が振り込め詐欺の事件を担当する場合、日本では各地で頻繁に起きている事件だという認識をもつ。なぜなら、テレビ、新聞などのマスメディアが全国津々浦々に共通の情報を提供しているからである。しかし、同じ情報が津々浦々に提供されるというのは、世界のどこででも成立する前提ではない。全国紙と呼ばれる新聞が非常に多くの部数を発行し、全国にほぼ同じ情報が提供され、共有されているという日本の状況は、きわめてユニークなものである[25]。主要な新聞社がウェブ版を含めて英語で情報提供していることもユニークな前提として考えてよいであろう[26]。

法律家が事件の事実を理解しようとするとき、暗黙のうちに社会で起きていることも考慮したり、意識するとすれば、日本の法律家が社会的事実をどのように収集するのかも、それなりにユニークなものとして意識しなければならない。政府を含む公的機関からどのような情報が提供されているのか[27]、民間からどのような情報が提供されているのか、その情報の入手はどの程度容易か、またその信頼性はどの程度のものかなどが一つの目安になる。

しかし、比較対照のために提供すべきユニークな日本の社会情報を特定する作業はこれまでのところ十分ではない。例えば、司法の独立を比較対照する場合、裁判官の数、裁判官の養成プロセス、任命プロセス、報酬、異動のプロセス（多くの法域では、異動はない）、地位の安定性、個別の裁判官の人事評価、昇格（この観念がほとんどない法域も多い）、裁判官と他の法律家（例えば、検察官）との関係など多くの情報が必要であり、提供すべきユニークな情報は、比較対照の作業のなかで徐々に特定していく努力が必要である[28]。そのなかで、特に重要な情報は英語で文書化することが明らかに望ましい。ある

法域の情報が英語で入手できるようになれば、比較対照の対象になる法域についても、対応する情報の価値を考えることができるようになるからである[29]。

リーガル・リサーチに関する情報

各法域の法に関する情報がどのように整備・保存されているのか、また必要な情報をどのように調査すればよいのかに関する訓練は、リーガル・リサーチと呼ばれる。その技能の概要を共有し、比較対照することによって、それぞれの法域の法情報の特徴を理解することができる。

日本法については、日本法を研究している外国の大学などから英文の情報を集めて提供することができる[30]。例えば、シアトルのワシントン大学[31]や合衆国の連邦議会図書館[32]は、コンパクトな情報を提供している。日本法と中国法を比較対照する場合には、この両機関から日中のリーガル・リサーチに関する英語情報を入手して、日中の法情報の対応関係を整理した資料を作るなどの方法が考えられる[33]。

4 比較対照情報構築への支援：法情報学

東アジアにおける法教育を英語で行う場合、これまでの検討で、法の理解の背景となる統治機構の構造、重要な法制度や社会制度、制度を運用する専門家とその育成、法を作り出し、改正するプロセス、法に関連する各種情報の構造などに関する情報の比較対照と制度や情報の対応関係の把握が重要であることを確認した。

前節で述べたように一定の情報を英語で用意することによってある程度の比較対照を通した法の理解を実現することができる。しかし、英語による情報提供には、限界があることもたしかである。ある段階からは、より深く幅広い理解を実現するためには、それぞれの法域の言語と法情報に通じた専門家が連携して、複数の法域を結ぶ比較対照のコミュニケーションを強化しな

ければならない。さしあたりの媒介言語は、英語であろう。

　その場合、比較対照作業を始めるための手がかりを幅広く提供することができれば、コミュニケーションは一層強化されるであろう。二つの法域の間の違いを認識することが比較対照の出発点になることが多い。そうであれば、違いを認識しやすい形で法情報を提示することが望ましい。

　東アジアの漢字文化圏では、法令情報は漢字概念を使って表現される[34]。法的作業の出発点が法令の条文であることも、基本的に同じである。そうであるとすると、各法域の法令を相互に比較対照することができれば、日本法のルールと自分の属する法域のルールとを比較しながら、日本法を学ぶことができる。

　一定の日本法の日本語テキストとその英訳情報は、法務省所管の Japanese Law Translation というウェブから提供されている[35]。仮に、あるテーマについて、日本法と台湾法との間の関連する条文を比較対照できるとすると、それは二つの法域の法の理解にとって有益である。法務省のウェブには、「文脈検索」という機能があり、ある法概念が条文の中でどのように使われているかを対訳表示することができる。その情報は、日本語法令とその英訳に限定されるが、「文脈検索」の機能を日本法と台湾法の法令データの双方をカバーするようにすると、図1に示すようなことが可能になる。

　この図は、「不法行為」の英訳である"tort"で、日本法のデータと台湾法のデータを検索した結果を表示している。検索結果として、不法行為（中国語でいう侵権行為）を含むさまざまな法令の条文が日本語、中国語、英語でリストアップされている[36]。このような仕組みを使うことで、不法行為（侵権行為）に関する条文の比較対照を始めるための入り口が提供できる[37]。

　漢字文化圏の法令用語は、日本法の「賃貸借」のように他の法域と共有されているもの（韓国：賃貸借、임대차、台湾：賃貸借）もあるが、そうでないものもある（日本：仲裁手続、韓国：仲裁節次、중재절차、台湾：仲裁程序、中国：仲裁程序）。そのため、漢字法令用語について法域横断的な形で漢字文化圏の多言語（英語と各法域言語）法令用語集を提供することができれば、法令情報を調査する上で、有効であろう。

第 4 章　東アジアにおける法教育と法情報学

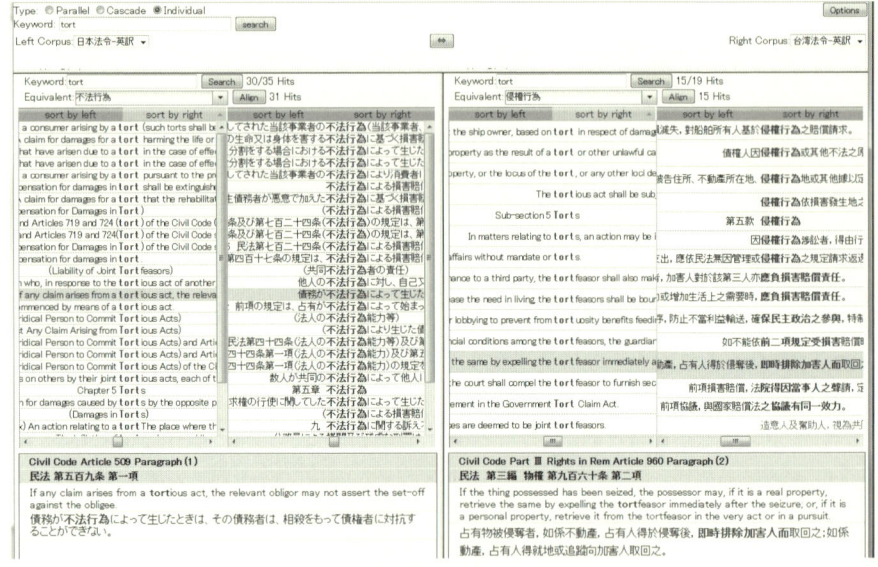

図1　「不法行為」に関する条文検索

図2　日本、韓国、台湾、中国の多言語法律用語集開発のためのファイル（部分）

　現在、筆者の属する国際研究チームは、日本、韓国、台湾、中国の四つの法域を横断する法律用語（法令用語に限定されない）およそ12,000見出しについて、開発作業を進めている（図2）。法律用語の英訳を含むこの種の多言語法律用語集は、法概念が法域の間でどのように対応するのかに関する情報を提供するだけでなく、法域間の条文の比較検討や関係情報の調査にあたって有効な道具になることが期待される。

　英語で日本法（あるいは、中国法、韓国法、台湾法）の教育を行う場合、英語を媒介言語として、法令情報を共有できるこの種の情報環境が不可欠であろう。漢字文化圏を超えたアジアにおける比較法学を行う場合には、アジア言

語を対象とする多言語の法令用語情報あるいは法律用語情報が法域横断的に提供されていれば、貴重な情報資源となるはずである[38]。

　法に関する一定のテーマ（例えば、親権）は、特定の法域に限定されるテーマではなく、多くの法域の関心事である。そのため、各法域は、当該テーマに関する語彙（法的に重要な用語群）を発展させている。もし、親権のような特定のテーマに関する語彙群の対応関係を法域横断的に明確にすることができれば、日本法と自分の法域の法とを比較し、関連づけて理解することができる。親権に関する法的語彙を法域間の対応関係（ほぼ同じ意味をもった用語のリスト）をつけた上で共有すれば、日本法をよりよく「わかってもらう」一つのアプローチであろう[39]。

　法令情報を比較対照可能で、しかも対訳の形で共有すること、さらに基本的な法的語彙を対訳の形で共有すること、重要な法的テーマに関する法的語彙について法域間で対応関係をつけた上で共有することは、英語による法学教育をするために必要な作業であろう。英語による法学教育の学生にこの作業に参加してもらうような教育プログラム自体も有益である。基本的な語彙の比較対照作業は、学生の母国の法に対する理解を深めるきっかけとなるからである。

　情報共有を並行的に深めるコミュニケーションについて、もう一度触れておきたい。比較対照を通じた相互理解は、一方的な情報提供ではなく、情報共有を並行的に深めるコミュニケーションを不可欠な要素とする。このコミュニケーションをある程度標準化した様式に基いて提供するという視点は重要である。なぜなら、すべての日本語の法情報をすべて英語に翻訳して提供することは不可能であるし、有益とも思われない。しかし、比較対照の作業を通して、相互の法を理解しようとする場合には、いろいろな場面で情報を英訳して共有する作業が求められる。そこで、英語への翻訳ということを考えた場合、元の言語の法情報を文章形式を含めて表現を標準化しておけば、翻訳はより容易になるからである。

　例えば、日本法の透明化への貢献を目指した九州大学の研究成果の一つは、一定の法領域の日本語判例の翻訳である[40]。収録された各判決を検索す

ると、検索結果として、事件番号、事件名、出典、当事者名、判決要旨が提供され、各判例を参照すると名称、事件名、判決裁判所、出典、当事者、事実の概要、判決概要、キーワードに分けて英文による情報の提供が行われている。この英訳の元になった日本語テキストと英訳とを対訳形式の言語資源として利用すれば、日本語判例の英訳のための有益な資源になる。

　英語による法教育を行う場合、日本語情報の正確な逐語的英訳情報がいつでも必要になるわけではない。とりわけ、日本法入門や、契約法入門のような概論的な教育のレベルでは、厳密な英訳よりもコンパクトな要約や図解、流れ図などの情報のほうが、法文の厳密な英訳を大量に提供するよりも効果的な場合が少なくない。

　例えば、最高裁判所の『裁判所データブック』は、地方裁判所に係属した民事事件と行政事件がどのような上訴手続で最高裁判所に到達するのかを説明した図（裁判所審級図）のほか、事件の種類ごとの審級図を提供している。この種の日本語情報を英語情報にして共有することは、有益である。さらに、図示の形式を関係法域の間で標準化すれば、活字情報以上に、比較対照という作業には大きく貢献するであろう。

　この種の英訳された図示情報と訴訟に流れに関する簡単な英語の解説をビデオ情報として用意し、講義前に学生に予習を求めておく、講義自体は、予習した内容に関する質疑応答（場合によっては、ビデオ会議経由）で行い、その様子をビデオ情報として収録する。その全体を講義資料として、順次整備していけば、教育のための基礎資料を充実させることができる。

　要約情報を法域間で対応させて共有するコミュニケーションの基礎は、法域を超えた専門家や学生の協力関係である。例えば、日本の裁判所が現在のルールを次の事件でそのまま有効なルールとして適用するかどうかは、必ずしも確かではない。ルールが変更される可能性に関する法情報は、判例の動向、法学者などの専門家による批判的検討、政治その他の領域における議論の状態、中央省庁の運営する各種審議会などの検討状況、マスメディア[41]などに代表される社会的な動きや批判などを総合的に判断して、推察することになる。この種の情報は、英訳して提供されることは稀である。しかし、こ

の種の情報は、当該法域の法律家ならば、それほどの手間を掛けなくても情報をまとめることができることが多い。そこで、判例情報の要約提供と同様に、概観情報を日本語（あるいはその法域の言語）で簡潔にまとめたものを用意し、それを英訳あるいは通訳情報として提供する形で共有することはそれほど困難ではない。協力相手の法域から対応する要約情報が提供されれば、より深い理解を達成することができる。

5 おわりに

　法が「わかる」とは、日本法とその背景的知識と他の法域とその背景的知識とを比較対照して、理解を深めることであるとすれば、比較対照を始めることができるように一定の基礎情報を英語で用意し、情報の対応関係を確認する共同作業を行い、理解を深めるために有益な情報を要約や正確な翻訳を活字、図解、映像などで並行的に相互提供する仕組みが重要である。その基礎は、法域を超えた人的ネットワークの構築と情報共有のための仕組みの開発にあることは確かであろう。

注

1) その概要については、次のURLを参照。http://www.cesl.edu.cn/eng/ecslintro.asp （2014年10月2日アクセス）
2) 名古屋大学法学研究科については、次のURLを参照。http://law.nagoya-u.ac.jp/en/curriculum/ （2014年10月2日アクセス）
3) 2013年5月27日に名古屋大学で行われた欧州委員会の翻訳局（Directorate-General for Translation）のヒエ・タム（Hiie Tamm）氏の講演資料によれば、2012年度に翻訳局が多言語に翻訳したEU文書の原典の80%程度が英語であった。欧州連合の政策執行を担う欧州委員会の作業言語（procedural language）は、英語、フランス語、ドイツ語であるが、フランス語とドイツ語の原典が占める割合は、それぞれ5%程度である。

4) 日本の法整備支援の動きの概要については、鮎京正則（2011）80-86 頁参照。また、森島昭夫（1997）18 頁以下、同（2000）120 頁以下参照。開発法学という観点からの考察として、松尾弘（2009）がある。日本の法整備支援については、同書 96-110 頁参照。
5) その画像資料の一つとして、名古屋大学法学研究科附属法情報研究センターの英文官報資料がある。http://jalii.law.nagoya-u.ac.jp/project/jagasette（2014 年 10 月 2 日アクセス）
6) 『大蔵省印刷局百年史　第 3 巻』（1974）（大蔵省印刷局）605 頁以下参照。
7) 留学生が修士論文を作成する場合、多かれ少なかれ比較法研究の要素を含むことが多い。留学生の用意する草稿を見ると、比較対照先（日本法を含む外国法）に関する記述は多いのに、自国法に関する記述が薄いことが少なくない。そのため、学生の母国にとって、なぜ、外国法との比較検討が重要であるかという検討の出発点自体があいまいになるという弱点がしばしば見受けられる。自国法のユニークな側面を特定する作業は、比較法の重要な部分であると思われる。
8) 比較対照を通した比較法のアプローチについては、松浦好治（2013）1 頁以下参照。
9) もっとも、その制度が当該社会で実際にどのように機能しているのかという情報は、本章第 2 節でも簡単に触れたように入手は容易ではない。
10) https://www.cia.gov/library/publications/the-world-factbook/geos/ja.html（2014 年 10 月 8 日アクセス）日本からの日本の概要情報も英語で提供されている。例えば、Web Japan を参照。http://web-japan.org/index.html（2014 年 10 月 13 日アクセス）
11) さらに詳細なデータが必要な場合には、経済開発協力機構（OECD）のサイト http://stats.oecd.org/（2014 年 11 月 6 日アクセス）が利用できる。ここでは加盟各国の幅広い分野についての統計情報が提供されている（中国は加盟国ではないが、主要パートナーであり、データも一部提供されている）。時系列にデータを表示する、表示する対象国を絞る、グラフにするなどの機能があり、各国の社会状況を比較するのに便利である。
12) 例えば、日本政府の組織や中央省庁に関する英語の情報は、電子政府の総合窓口の英語ページから提供されている。http://www.e-gov.go.jp/en/index.html（2014 年 10 月 13 日アクセス）裁判所の組織図などは、裁判所の英語ページから入手できる。http://www.courts.go.jp/english/（2014 年 10 月 13 日アクセス）中国については、国務院の英語ページが情報を提供している。http://english.gov.cn/（2014 年 10 月 13 日アクセス）裁判所情報は、最高人民法院の英語ページがある。http://en.chinacourt.org/（2014 年 10 月 13 日アクセス）また、木間正道他（2012）81 頁は、中国の国家機構図を提供している。
13) 裁判所の判例も事実上の基準として考えてよいが、その点は、本文（3）法的基準の機能に関する情報のところで論じる。
14) 木間正道他（2012）101 頁以下参照。

15) http://www.legislation.nsw.gov.au/about.html#certified（2014 年 10 月 16 日アクセス）"Legislation and Gazettes authorized" の項目を参照。
16) 法令データ提供システムである。http://law.e-gov.go.jp/
17) 木間正道他（2012）98-100 頁参照。
18) この抽出作業をどのように行うのかについては、ウィリアムズ（1985）98-105 頁参照。また、判決に由来するルールがアメリカ法では決定的に重要であることについては、樋口範雄（2013）45-47 頁参照。
19) その背後に、制定法の文言は、川に浮かぶ木の葉であり、それを動かしている川は、コモン・ロー的な思考方法であるという理解があることについては、松浦好治（1987）「コモン・ローと非ルール的な法思考の再生」『阪大法学』145・146 合併号、299 頁以下、特に 313 頁参照。
20) 法案作成に焦点をおいた立法過程の概要説明は、内閣法制局から英文で提供されている。http://www.clb.go.jp/english/process.html（2014 年 10 月 15 日アクセス）参照。比較対照のためには、この情報を図解する方が便利である。
21) http://law.e-gov.go.jp/cgi-bin/idxsearch.cgi（2014 年 10 月 15 日アクセス）の「法令用語検索」の機能を参照。
22) 韓国では、2004 年以降、議員立法が急増していることを背景に、法案起案を担当する専門家の現状と今後の展望については、Hong（2013）583 頁以下参照。どのように法を起草するのかに関するガイドラインは、多くの法域で公表され、起草者の便宜を図っている。このようなアプローチは、特定の機関だけが法案起草を専門にしない法規で顕著だが、法という情報を社会的に共有しようとする場合、国家の法だけでなく、共同体のルールを起草する場合にも有益であろう。例えば、アメリカ合衆国マサチューセッツ州のウェブサイトを参照。https://malegislature.gov/Legislation/DraftingManual（2014 年 10 月 18 日アクセス）
23) その概要については、以下のウェブサイトを参照。http://www.pco.nsw.gov.au/about.htm（2014 年 10 月 16 日アクセス）筆者が行った 2011 年 1 月の訪問調査では、法案起案を担当するのは、法曹資格をもったおよそ 10 人の専門家であり、勤務期間は 10 年を越える者も少なくないとのことであった。議会法制局の作業内容の変化については、次の資料を参照。Colagiuri & Rubacki（2009）（2014 年 10 月 15 日アクセス）
24) したがって、一定の法域では、裁判を開始する手続である送達が郵送で可能だという前提も成立しない。
25) 日本新聞協会がウェブで提供する情報によると、一般紙の発行部数は、2013 年の 10 月には、4300 万部であるという。http://www.pressnet.or.jp/data/circulation/circulation01.php（2014 年 9 月 30 日アクセス）また、日本の新聞社の毎日の新聞発行部数は、他国と比較して格段に多い。読売新聞社のウェブによると、2014 年 2 月 13 日の読売新聞発行部数は、982 万部余である。http://adv.yomiuri.co.jp/yomiuri/n-busu/index.html（2014 年 10 月 15 日アクセス）

これは、新聞の提供する情報が全国的に共有されているレベルの高さをうかがわせる。その意味で、新聞による法の批判は、大きな影響力を潜在させている。

26) インターネット経由の情報がどの程度入手できるのかも、意識しておかなければならない。中国から、日本の電子政府の情報や法令データ提供システムの情報を利用しようとしても、通常はアクセスできない。（2014年9月28日に北京からアクセス）比較対照する複数の法域について、対応する社会情報を入手することは容易ではない。

27) 例えば、日本の裁判官や検察官の報酬は、公開されているし、容易に手に入れることができる。報酬の額は、裁判官の独立を考える場合にしばしば重要な考慮要素になるが、その情報は、多くの法域で容易に入手できるとは言えない。

28) 最高裁判所は、2001年から毎年『裁判所データブック』という資料を刊行している。その情報は、比較対照のために有益である。

29) 社会情報を把握するために Wikipedia を利用するのも一つの方法である。情報の信頼性に問題はあることに留意しつつ、得られた情報を手がかりとしてさらに調査をすすめていけば、必要な情報を入手できることも少なからずある。また、複数の言語による同一項目の記事を比較することで、有用な情報を得られることも少なくない。

　一方、Wikipedia を相互理解のための情報発信ツールとして使用することも考えられる。専門家が英語で記事を書く、外国語による他国の情報を自国語に翻訳するなどして、情報を蓄積していけば、相互理解のための有用な情報基盤となりうる。

30) 日本語の資料としては、いしかわまりこ他（2012）などがある。

31) http://lib.law.washington.edu/eald/jlr/jres.html（2014年10月15日アクセス）を参照。

32) http://www.loc.gov/law/help/legal-research-guide/japan.php（2014年10月15日アクセス）を参照。このサイトは、日本法に関する法情報の概要に関する説明情報も提供している。

33) ワシントン大学は、http://lib.law.washington.edu/eald/clr/cres.html　議会図書館は、http://www.loc.gov/law/help/legal-research-guide/china.php（2014年10月15日アクセス）から中国法に関するリーガル・リサーチの情報を提供している。

34) 韓国は、ハングルを使用するが、法令情報の概念は、元来漢字で表現されていた。韓国の法案起案作業を担う法制処が刊行している法令用語辞典は、ハングル、漢字、英語で法概念を提供している。

35) http://www.japaneselawtranslation.go.jp（2014年10月15日アクセス）

36) ただし、この仕組は、日本法と台湾法のすべての法令データを収録しているわけではないので、検索結果は、網羅的ではない。

37) 筆者の属する研究チームでは、中国、韓国、台湾、日本という四つの法域の法令情報を原語テキストとその英訳という組合せで収集する実験作業を進めている。この作業については、次のサイトを参照。http://www.taiwanlii.ccu.edu.tw/

taiwanlii/index.php/sitemap-kwic/324-taiwanlii-kwic.html（2014 年 10 月 15 日アクセス）
38) 欧州連合は、この種の領域横断的なデータベースをすでに実用化して、提供している。IATE（InterActive Terminology for Europe）と呼ばれるこのシステムは、EU 加盟国の用語情報を 25 言語についてカバーしている。http://iate.europa.eu/SearchByQueryLoad.do;jsessionid=vvvyJQHJ8GcQ7TszWSvqG82Xp9ngj5dBVV120WkTSzd2cDLQBl3d!-410036854?method=load（2014 年 10 月 15 日アクセス）
39) このような発想から、筆者たちは、親権をサンプルにして、親権に関するキーワードを標準的な教科書その他から法域横断的にリストアップする作業実験を行っている。
40) http://www.tomeika.jur.kyushu-u.ac.jp/search.php（2014 年 10 月 15 日アクセス）を参照。
41) The Japan Times 他の日本の新聞の英語版は、過去の記事を蓄積しているので、ある法的なテーマに関する社会的な反応をおおざっぱに把握するために有効である。

参考文献

鮎京正則（2011）『法整備支援とは何か』名古屋大学出版会
いしかわまりこ他（2012）『リーガル・リサーチ』日本評論社
ウィリアムズ、グランヴィル：庭山英雄他訳（1985）『イギリス法入門』日本評論社
大蔵省印刷局（1974）『大蔵省印刷局百年史第 3 巻』大蔵省印刷局
木間正道他（2012）『現代中国法入門』第 6 版、有斐閣
樋口範雄（2013）『はじめてのアメリカ法』補訂版、有斐閣
松浦好治（2013）「比較法と法情報パッケージ」松浦好治・松川正毅・千葉恵美子編『市民法の新たな挑戦加賀山茂先生還暦記念』信山社、1 頁以下
松尾弘（2009）『良い統治と法の支配―開発法学の挑戦』日本評論社
森島昭夫（1997）「ベトナムに対するわが国の法整備支援」『書斎の窓』464 号、18-23 頁
─────（2000）「『法整備支援』と日本の法律学」（記念講演）『比較法研究』62 号、120-136 頁
Don Colagiuri SC & Rubacki, M.（2009）The Long March: Pen and Paper Drafting to E-publishing Law. http://www.legislation.nsw.gov.au/The-Long-March.pdf.
Hong, Seung-Jin.（2013）The Role of Legislation Experts in Korea and How to Train Them: A Practical Point of View.『法政論集』250 号、583-607 頁

　　　　　　　　　　　　　　　　　　　　　　　　［松浦 好治、養老 真一］

第5章

外国語教育との結合
―司法通訳教材の開発と応用―

1 はじめに

　法分野における中国やロシアとの交流を促進しようとするとき、中国語やロシア語が重要であり、これらの言語に習熟した日本人の数を増やさなければならないことについては多言を要しない。それにもかかわらず、中国語やロシア語の場合、その専門家を志す少数の人を別にすれば、それらを学ぶことに対する動機は十分に強いとは言えず、動機づけのための配慮を怠るならば、多くの学習者は容易に挫折してしまうであろう。これらの外国語に対する関心を強化し、学ぶ意味を自覚させて学習を持続させるための工夫が求められる。

　外国語を学ぶ意欲を持続させるのに効果的な方法の一つは、その外国語が用いられる、興味深い舞台の設定である。なかでも、きわめて切迫した状況下で外国人が法と関わる法廷は舞台として最適のものの一つである。法廷でのやり取りを材料とした教育は、外国語使用の具体的なイメージを与えることを通じて外国語学習に対する意欲を高めるであろう。

　同時にそれは法分野の相互理解の促進という目的に適合し、グローバル化時代における法の教育にふさわしい方法でもある[1]。法化時代の今日、社会のなかで法が果たす役割に関する基本的な知識を与えるとともに、市民とし

第 5 章　外国語教育との結合

て法を尊重することの意義について主体的に考えさせる教育は、今後の日本社会にとって、きわめて大きな意味をもっている。法曹を志す人はもとより、それ以外の人についても、公民教育の一環としての法教育の必要性が広く説かれている。その際、同時に目を向けなければならないのがグローバル化の進行である。日本の法も、日本人のみを対象とした、日本人だけに理解可能なものであることはできない。そうである以上、大学における法の教育についても、そのような時代の要請に即応した内容をもつことが求められるであろう。十分な日本語の能力をもたない外国人が関わる事件において公正な裁判を実現するために不可欠の存在である司法通訳の問題を素材とする教授法は、そのような法の教育を実践するための有望な方法である。日本の法が、日本国民だけでなく外国人をも対象としたものであることを学習者に意識させるからである。

　外国人が当事者となる裁判における通訳の形をとった実践的な外国語学習は、法の学習と外国語学習を教養教育のレベルで結びつけるのに有効であるだけでなく、職業教育への導入としての意味ももつ。法曹を目指して法律を学ぶ学生にとって、特定の外国語を素材として司法通訳の果たす役割について学ぶことは、これからますます増加する外国人事件の基本的特徴を理解し、その審理に関する具体的なイメージを作る上できわめて有効であると思われる。他方、外国語を専攻する学生にとって、司法通訳は自分のキャリアを考える上で一つの選択肢たりうるものである。もちろん、外国語を学び始めて間がなく、また特に司法通訳を目指しているわけでもない初学者に、いきなり本格的な学習をさせるわけにはいかない。まずは法分野に対する関心を育てるための教育が必要である。このような導入的な教育のためには、外国語に関心のある法学部生と共通の教材が十分役に立つであろう。

　大阪大学大学院法学研究科を中心とするグループが科学研究費補助金（基盤研究A）を受けて実施した研究プロジェクト「高度法情報発信のための多言語情報の最適組み合わせに関する研究」（平成22-25年度）では、法教育と外国語教育の結合のための研究を進めるとともに、外国語によって実際の現場でのやり取りを再現した教材の開発を進めてきた。eラーニングを活用

し、司法手続を体験しながら通訳トレーニングを受けることで、効率的に司法分野で役立つ語学力を身につけることを目指すものである。英語のほか、ロシア語、ポルトガル語、中国語の教材を作成し、実際の教育実践に用いることによってその効果を検証してきた。

本章は、この教材を開発し、実際に教育実践に使用した著者たちによる、司法通訳を素材として法教育と外国語教育を結びつける試みに関する理論的前提の検討と、その教育効果の分析である。

2 司法通訳に関する学習と伝達

法に関する知識と伝達力

21世紀の社会生活ではA）幅の広い知識が必要とされている。司法分野では2009年に裁判員裁判制度が開始された。事件には外国人が関わっている場合もあるため、外国人の取調べや裁判も含めて国民が司法に関する認識を新たにしておく必要性が増している。その一方で仕事などではB）高度な専門知識や技術を身につけた人材が必要とされている。このため、大学の学部の段階ではA）幅広い知識とB）高度な専門知識や技術の両方を身につけた人材の育成が求められている[2]。さらに、社会生活、仕事の両面でC）コミュニケーション力が必要とされている[3]。コミュニケーション力にはさまざまな意味が含まれるが、ここでは日本語や外国語を駆使して情報を「伝達」する力（竹蓋 1997：5）に注目する。国際的な産業・行政社会で「通用」（草原 2010：33-34, 107）する伝達力が必要とされるためである。

しかし、上に挙げたA）、B）の知識とC）の力を養うための具体的な方策はまだ充分に明らかにされているとは言い難い[4]。そのため、本節ではA）、B）の知識とC）の力を養成するための方法について考察する。

司法通訳を素材とした初年次からの役割体験

第一に考える必要があるのは、A）司法に関する知識をいつ提供すればよ

いか、という点だろう。日本では1990年代後半から初年次教育が実施されており、次のような例が注目されている。「同志社大学法学部法律学科では、初年次ゼミで徹底してリーガルマインドを叩き込むことが目指され、専門への入り口としての位置づけが明確化されています。」(友野 2010：170, 180-181)。この学部では法学の体系を理解し、少人数教育により密接な人間関係を創出することを目的として、1年次の春学期に「リーガル・リサーチ」(初年次少人数クラス)が開講されている。その一方で学生は1年次の春学期から外国語を受講していることが多い。そのため、法学部の学生であれば、外国語の学習内容に司法通訳についての知識を盛り込むことができれば、司法に関する知識と外国語の学習を組み合わせ、関連づけることが可能となる。法学部に限らず、いわゆる文系の学部や理系の学部でも初年次教育は行われている。そのため、専門への入り口の段階で法律分野の価値観を知り[5]、法を尊重する意義について主体的に考えることは、社会生活や仕事に向けての重要な学習の機会となりうる。そう考えるならば、外国語の授業で初年次から司法通訳についての知識を盛り込んだ教育を行うことは妥当であると言えるだろう。したがって、初年次からでも司法通訳を素材としたA)法知識を提供できるようにすることが重要（要件1）であると考えられる。

　では、どのような方法であれば、司法通訳を素材としたA)法知識を学習しやすいだろうか。ここでは教育方法の候補としてロール・プレイ（役割演技）に注目したい。例えば秋田大学では「ゲーミング・シミュレーション型授業の構築—社会的実践力を培う体験的学習プロジェクト—」(文部科学省特色ある大学教育支援プログラム、平成18年度-20年度)でロール・プレイ[6]が着目され、「基軸となる教育方法」とみなされた。このプログラムの委員長を務めた井門正美は「法教育実践で役割体験を通して如何に知識と行為の統一的学習を実現できるのかについて提案」している（井門 2011：5）。このように、ロール・プレイの技法は現在でも社会的実践力を養う際に利用されており、司法通訳を素材とした法教育においても有用な教育方法だと考えられる。また、ロール・プレイは企業での電話応対の練習などでも使われており、一般的に学習者が参加しやすい方法だと考えられる。そのため、ロール・プ

レイの方法で模擬尋問の状況設定をして、司法通訳の役割を疑似体験できるようにすると、実際的であり、初年次からでも A) 法知識を学習しやすい（要件1の方法）と考えられる。「状況設定」の際には「現実感を促進するための場面を適切に設定すること」、小道具、服、物理的環境も重要となる（Yardley-Matwiejczuk 1997=2011：37）。

窃盗事件を例とした「発話の典型的な形」

　第二に考える必要があるのは、B) 司法通訳を素材とした教育では専門用語を含めてどのような学習内容を提供すればよいか、という点だろう。大学で人材を育てる場合には「学問と実践」を近づけることが必要であり、「法律関係の内容」を中心とした「基本的な知識」を提供することが必要である、と司法通訳の立場から指摘されている[7]。本研究の場合には、司法通訳の実務家で大阪大学大学院での教育も担当しておられた松本正氏により、窃盗事件を例にすれば実践的な練習ができるのではないかとのご提案をいただいた。背景には次のような状況がある。2011年における来日外国人による一般刑法犯の検挙件数の罪名別構成比では、窃盗が73.2％を占めていた（法務省 2012：26）。また、2012年中に検挙した来日外国人に係る財産犯の被害総額は約33.7億円で、そのうち約32.6億円（構成比96.9％）が窃盗犯被害によるものである。特に、窃盗犯では侵入窃盗被害が約12.9億円（構成比39.6％）、乗り物盗被害が約14.3億円（同43.8％）と高い割合を占めている（警察庁 2013：37）。したがって、B) 司法通訳を素材とした教育では窃盗事件を例とした実践的な学習内容を練習のなかに組み込むことが重要（要件2）、と考えられる。

　では、どのような形で窃盗関連の実践的学習内容を提供すればよいだろうか。M. M. バフチンによれば「法律の条文」や「官庁その他の文書」を含む「人間の活動とコミュニケーションのさまざまな領域に関係する（書面や口頭による）具体的な発話」には「発話の様式」が見られる（Бахтин 1986=1988：250, 253-255）。この「領域」には実務面も含まれるため、司法通訳に関わる領域でも「発話の様式」が適用されていると考えられる。ここで言う「様式」

第 5 章　外国語教育との結合

（ジャンル）とは「発話のテーマ、構成、文体の明確で相対的に安定した型」であり、「発話の典型的な形」のことである[8]。そのため、窃盗事件を例とした「発話の典型的な形」を練習のなかに組み込むことが必要（要件 2 の方法）であると考えられる。

口頭で目的を達成するための練習

　第三に考える必要があるのは、C）コミュニケーション力を養成する場合、どのような練習場面を設定すればよいか、という点だろう。本節では「話すコミュニケーション」（近江 1996：39, 65）について考えているため、「ある状況」で「口頭」で「目的」を「達成」するような練習場面を提供することが重要（要件 3）であると考えられる。

　では、その練習場面をどのような方法で提供すればよいだろうか。「一般に日常の生活における人々のコミュニケーションのあり方は双方向」で、「2 人以上の人間が話し手と聞き手の役割を交換しながら、意味を伝達しあい、共通な意味を分け持つ」（船津 2006：9）と言われている。このような「伝達」のあり方が実際的であるだろう。したがって、C）コミュニケーション力を増すための学習では、「2 人以上の人間」が「話し手と聞き手の役割」を交換しながら、「意味を伝達しあい」、「共通の意味を分け持つ」という双方向性を練習のなかに組み入れることが必要（要件 3 の方法）であると考えられる。

　以上の三つの要件を満たすような Web 教材を開発し、模擬尋問の場面設定で役割体験学習をすることが有効なのではないだろうか[9]。

3　Web 教材の開発と模擬尋問による学習

司法通訳の役割を疑似体験できる Web 教材

　模擬尋問の場面を設定した Web 教材は、大阪大学大学院法学研究科教員、司法通訳の実務家、外国語教育担当者らの協力により開発することができ

た[10]。その Web 教材の名前は「司法通訳養成教材」(以下、「司法通訳教材」と呼ぶ)[11]で、インターネット上で公開されている (2011 年度より、ロシア語版、ポルトガル語版、英語版、中国語版を順に公開した)[12]。

この教材には先に述べた要件 1 (状況設定) を満たすために以下の特徴が備わっている。1) 検事勾留尋問と裁判官勾留尋問の状況が 10 段階で設定してある。2) 検察官、裁判官、被疑者、通訳人の言葉をロール・プレイの方法で練習できる。3) 図 1 のように最初のページでは法廷のイメージ[13]を目にする。ドアを開き、尋問の部屋を見ると、図 2 のように被疑者や通訳人の姿が目に入る。検事の目や被疑者の汗といった簡単なアニメーション[14]が注意や動揺を表している。

また、この司法通訳教材には先に述べた要件 2 (窃盗事件に関する「発話の典型的な形」) を満たすために、以下の特徴が備わっている。1) 窃盗事件を例とした模擬尋問の対話例を聞き、司法の手続で使われる基本的な表現を典型的な形として学ぶことができる[15]。2)「尋問」「勾留」「被疑事実」などの表現を「語句」資料 (PDF 形式) で重点的に学ぶことができる。3) 被疑者の職業や被疑事実の内容については言語ごとに異なった特徴を学べるようになっている。ここで「平成 24 年中の来日外国人の主要罪種等別検挙状況 (件数)」を国籍・地域別に見ておきたい。窃盗、侵入強盗、車上ねらい、詐欺の検挙状況では中国の占める割合が高い。自動車盗で占める割合はブラジル (27.8%)、カナダ (21.8%)、ロシア (17.1%) の順に高い。ロシアに注目した場合の刑法犯検挙件数は 252 件で、自動車盗 (70.6%) が過半数を占めている。また、2007 年から 2012 年の間には近畿・中国地方を中心に敢行された広域自動車盗事件で来日ロシア人 5 人が窃盗 (自動車盗) で逮捕された。これは自動車盗 143 件 (被害総額約 1 億 4,380 万円) の事件であった (警察庁 2013: 39-41, 66)。このような現実が背景にあるため、司法通訳教材のロシア語版では車用品の窃盗についての模擬尋問が進む。被疑者の職業は中古車の売買で、タイヤ 4 本 (時価 6 万円) を窃取した疑いをかけられる。そこで車用品、駐車場などに関する表現を学ぶのである。

そして、この司法通訳教材には以下の特徴も備わっている。要件 3 (話し

第 5 章　外国語教育との結合

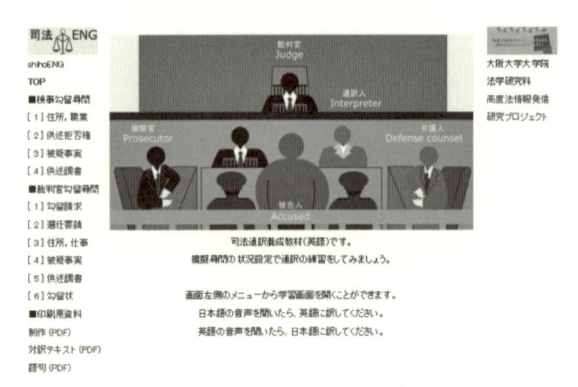

図1　司法通訳養成教材の TOP ページ（英語版の例）

図2　検事勾留尋問の第2段階「被疑事実」の練習画面（英語版の例）

手と聞き手の意味の伝達と双方向性）を満たすためである。1）検察官（または裁判官）と被疑者が「話し手と聞き手」となって交互に話す。学習者は通訳人の役割をして、両者の間で話された言葉を口頭で伝達する。2）検事の言葉などが長くて聞き取れないような場合には、「再度聞く」ボタンから音声を聞き直すことができる。ただし、「通訳例」の音声を一時停止したり巻き戻ししたりすることはできない仕様となっている。実際の通訳場面に状況を近づけるためである。3）検事や被疑者が話した内容を文字で確認したい場

134

合には、「内容確認」ボタンから文字を表示させることができる。また、「対訳テキスト」(PDF形式) を印刷して、繰り返し学ぶこともできる。3) ただし、なるべくこれらの助けを借りないで、音声を聞いたらすぐに「伝達」できるようになることを目標としている。タイマーに例えば2分間などの目標時間を設定して、時間内に伝達を終える練習をすることもできる。3) マイクをつないで声を出すと、音量の変化が画面に表示され、自分の声がほぼ同時に再生される (ヘッドセット使用を推奨)。必要に応じて「通訳例」の音声と聴き比べ、表現やイントネーションを参考としながら練習することができる。

模擬尋問による学習

　上で述べたWeb上の司法通訳教材を使って、2013年の第1学期に教育を実践し、2回の口頭テストと質問紙調査を実施した。

　学習の対象者は表1のように208人で、A) 法学を専門とする学生、B) 外国語を専門とする学生、C) 法学や外国語とは別の専門をもつ学生を含む。法学や外国語以外にも学習者はそれぞれ意義のある専門をもっているが、表の中ではスペースの都合上「C」のグループを「上記とは別」と表記する。

　このうちC) 法学や外国語とは別の専門をもつ学生が司法通訳教材を使って学習することを疑問に思う人もいるかもしれない。そのため、本研究では司法通訳教材 (ロシア語版) を使う目的を次のように考えた。A) 法学が専門の場合には、司法通訳の役割などの知識を得ながら、話す力 (伝達力) をつける。B) 外国語が専門の場合には、通訳に必要な用語などを学びながら、話す力 (伝達力) をつける。C) 外国語や法学とは別の専門をもつ場合には、仕事・社会に関する情報を得ながら、話す力 (伝達力) をつける。

　そして、Web上の司法通訳教材から第1段階の「検事勾留尋問1」を使って授業を実施した。どのクラスでも通常は教科書など別の教材で学習しているため、クラス全員での学習は授業時間が終わる前の10分間とし、これを6回実施した (合計60分間の全体学習)。各回の手順は以下のとおりである。1回目には導入の時間を取り、仕事・社会で使われる言葉の例として司法の分野からの例文を見ることを伝える。トップページの画像を提示し、裁判所で

第 5 章　外国語教育との結合

表 1　参加人数（2013 年度）

単位：人

		学習歴			
		1 年未満	1 年以上	2 年以上	計
学部	法学	61	8		69
	外国語	24		12	36
	上記とは別	32	69	2	103
	合計	117	77	14	208

※研究・教育へのデータ利用の同意を得られた分だけを数に含む。

外国人が判決を聴いているときのイメージであることを伝え、このような法廷で審理を受ける前の段階として尋問が行われることを説明する。この教材には 10 段階があり、第 2 段階からは（初学者が利用するには）レベルが高いが、第 1 段階の「検事勾留尋問 1」（住所、職業）は教科書等で学習する語彙・文法に加え、新たに語句を覚えれば学習できることを伝える。そして、1 回目は 1 頁目と 2 頁目の音声を試聴するだけとする。2 回目には 1 頁目と 2 頁目の音声を再生し、簡潔に語句の意味と発音を解説し、全体で復習する。この要領で各回に 2 頁ずつ学習を進め、6 回目に 10 頁目まで終了し、「対訳テキスト」[16] を印刷して配布した。

　このように「検事勾留尋問 1」の全員での学習を終えて、1 週間後に 1 回目の口頭テストを実施した[17]。1 回目は「発音チェック」で、授業時の個別の役割練習前（自主的な練習前）のテストである（以下テスト 1）。その 1 週間後に 2 回目の口頭テストを実施した。2 回目は「実践チェック」で、授業時の個別の役割練習後（自主的な練習後）の口頭テストである（以下テスト 2）。その後、学期の終盤に模擬尋問を使ったグループ練習とグループ発表を行い、質問紙調査を実施して、司法や語学力に関する認識の変化を確かめた。

　テストの結果から確認したのは主に以下の点である。1) 目標時間（60 秒間）に全語数のうち何語を自力で発話できたか。2) テスト 2 の前後では発音、アクセントがどの程度改善したか。3) テスト 2 の前後では正確な伝達点はどの程度上昇したか（表 2、表 3 参照）。このうち学習歴 2 年以上の外国

3 Web教材の開発と模擬尋問による学習

表2 テスト1の正確な伝達点（平均）

単位：点

		学習歴			
		1年未満	1年以上	2年以上	計
学部	法学	47 [8]	39 [16]		78 [10]
	外国語	49 [4]		0 [0]	80 [23]
	上記とは別	45 [13]	43 [15]	48 [1]	79 [14]
	総計	47 [9]	42 [15]	7 [17]	79 [16]

※［　］内の数値は標準偏差。

表3 テスト2の正確な伝達点（平均）

単位：点

		学習歴			
		1年未満	1年以上	2年以上	計
学部	法学	76 [28]	87 [19]		78 [27]
	外国語	74 [28]		92 [28]	80 [29]
	上記とは別	76 [26]	79 [26]	100 [0]	79 [26]
	総計	76 [28]	80 [25]	93 [26]	79 [27]

※［　］内の数値は標準偏差。

語学部生にはテスト1の発音チェックをせず、各自の自学自習に任せたが、テスト2では1人の欠席があった以外はほぼ全員が満点であった。

質問紙調査からは主に以下の点についての反応や認識を確認できた。

「自分ではどのような知識・情報を得られたと思いますか」（複数選択可）、との問いには「尋問の流れ」と回答した人が109人で、全参加者（208人）の約半数であった。続いて「仕事・社会での話し方」と回答した人が81人、「法に関する知識」と回答した人が9人、「特になし」を選択した人が29人であった。法に関する知識の補充の仕方を今後検討する必要があるだろう。

「自分ではどのような語学力が増したと思いますか」（複数選択可）との問いには「声に出して話す力」と回答した人が104人で、全参加者（208人）の半数であった。続いて「正確な発音」と回答した人が65人、「語彙」と回

答した人が 38 人、「正確なアクセント」と回答した人が 31 人、「文法」と回答した人が 15 人、「特になし」を選択した人が 12 人であった。司法に関する語彙の補充がさらに必要と考えられる。

「Web 上の役割練習画面、印刷用テキストについて改善案などがあれば、書いてください」と記した自由記述欄には 33 件の回答があった。そのうち改善案は 9 件、良かったと伝える回答が 7 件、「特になし」との回答が 17 件あった。以下が代表的な意見である。「司法だけでなく政治などを入れても良いかもしれない（自分は政治が専攻なので）。」「見やすくて、役に立ったので良いと思いました」（法学部、学習歴 1 年未満）。「画面でも訳をクリックすれば見られるのが練習になりました」[18]（外国語学部、学習歴 2 年以上）。

「その他、気づいたこと、要望、伝えておきたいことなどがあれば、書いてください」と記した自由記述欄には 22 件の回答があった。そのうち改善案は 3 件、良かったと伝える回答やお礼が 9 件、「特になし」との回答が 10 件あった。以下が代表的な意見である。「たくさんの音声が聞ける分、改めてロシア語は難しいな、と感じました」。「（1 回生の時より）本格的なロシア語の学習ができて良かったです」。「とても面白い教材でした。尋問の流れが分かって良かったです。ありがとうございました」。「模擬尋問を実施することが良かった」（法学部、学習歴 1 年未満）。

Web 教材での模擬尋問による学習の効果

以上のように本節では法教育と外国語教育を組み合わせる方法を考察し、司法通訳の役割を疑似体験できる Web 教材を開発し、模擬尋問による授業を実践した。その結果、先に見た三つの要件を満たす Web 教材によって模擬尋問の場面を設定し、役割体験学習をすることが有効であることが明らかになった（要件 1 は状況設定、要件 2 は窃盗事件に関する「発話の典型的な形」、要件 3 は話し手と聞き手の意味の伝達と双方向性であった）。まず 2 回の口頭テストの結果は正確に発話して伝える力の伸びを示していた。そして、質問紙調査からは学習者の認識としても尋問に関する知識、語学力、声に出して話す力が増したことが明らかとなった。たとえ初学者であっても、60 分程度の全

体練習をして学習を促せば、1、2週間の間に各自の判断で学習し、司法通訳に関する必要な語句を記憶し、限られた時間に用件を伝える力を伸ばすことができる。

今後の課題としては以下の4点がある。1)「検事」「供述拒否権」などの語句を学ぶ際に、日本と外国の法制度の違い、複数の翻案、類義語のニュアンスの違いなどについて情報を追加すること[19]。2)今回は窃盗事件の例に学習の焦点を絞ったが、「偽装結婚」、「詐欺」に関する事件など、他の例の情報も提供してゆくこと[20]。3)質問紙調査の記述回答にも見られるように、学習者が関心をもつ分野は多岐にわたるため、司法分野に焦点を当てる場合には、学習目的を周知して、その目的を学習者が聞き逃すことがないように注意を払うこと。そして、4)1学期に司法通訳を素材とした実践的な法教育を実施し、その方法をモデルとして2学期には医療や経済など他の分野との関連をもたせるなど、分野間の連携を図ってゆくこと。これらの点についてさらなる検討が待たれるところである。

4 司法通訳養成教材中国語版の作成

司法通訳養成教材中国語版[21]（以下「中国語版」という）について、第4節では、中国語版を作成した経緯と中国人犯罪を取り巻く状況に関する概況、そしてウェブ公開後に生じたクレーム対応や学生の反応、第5節では、司法通訳教材を用いた一般教養科目への応用の結果を報告する。

中国語版作成の経緯

司法通訳養成教材は、最初にロシア語版が作成され、翌年、英語版、ポルトガル語版とともに中国語版が作成された。中国語の司法通訳に関する文献や刊行物はあまた世に出ているが、無料でのネット公開は珍しいと言える。

訪日外国人のなかで中国人はもっとも多く、その数は増加の一途をたどっており、外国人犯罪者のなかに占める中国人犯罪者の数もこれに比例する。

したがって、中国語版が司法通訳教材に加わった理由は、「中国人の多さ」にほかならない。

中国語版のコンテンツ作成にあたっては、原則としてすでに完成していたロシア語版をひな型にすることができた。このため、定型的な表現、例えば裁判官の「勾留請求」、「供述拒否権」および「黙秘権」に関する説明などは、そのまま使用した。ただし、被疑者の氏名や罪状、そして罪状の具体的な設定状況には若干手を加えた。

ロシア語版では、罪状として中古車窃盗が設定されている。これは前項でも挙げられているように、日本において中古自動車や関連部品を本国に輸出する事業に携わるロシア人が少なくなく、自動車窃盗が相対的に多数を占める背景によるのだろう（p. 133 参照）。これに対して中国語版では、中国人による窃盗事件のなかでも件数が多いという理由で、複数犯での侵入窃盗を選んだ。

ところで、日本人犯罪と同様、日本で発生する中国人犯罪の状況も年々多様化していると言われる。ここで、警察庁が公開している『来日外国人犯罪の検挙状況』を通して、中国人犯罪の内訳を整理したい。

来日中国人犯罪の現状

報道などで見聞きする「外国人犯罪」の「外国人」とは、どういった人たちを指すのか。警察庁が統計で用いる「来日外国人」とは、定着居住者、在日米軍関係者および在留資格不明以外の者を指す。張荊は来日外国人の延長線上に「来日中国人」があると述べるが、来日中国人もまた来日外国人に含まれる（張 2003：15）。

警察庁の統計では、2002 年から約 10 年間、来日外国人全体の刑法犯検挙件数のうち来日中国人の検挙件数は最多の 4 割を占め、他国人より突出しているとされる。なかでも侵入強盗は、2012 年度の犯罪件数のうち約 6 割を占める（表 7 参照）。

統計によると、外国人犯罪に占める中国人の犯罪件数の割合は、半分近く減っているという。だが、その件数は依然としてもっとも多い。しかも、そ

のバリエーションは数多く、侵入強盗に限らずさまざまな事例が報告されている。

　たとえば、カードなどを使って現金自動支払機から現金を窃取する払出盗という犯罪がある。外国人犯罪に関する統計によれば、この犯罪のなかで中国人犯罪者が占める割合は96.9％である（警察庁 2013：27）。また、偽造事件、とりわけカード偽造は、全体の約半数が中国人が関与しているとされる。さらに報告書によると、カードをはじめ電磁記録に関する犯罪は増えている（警察庁 2013：28）。2003年以降中国人の犯罪検挙数において、凶悪事件などは減少している一方で、詐欺、文書偽造といった知能犯や暴行や傷害といった粗暴犯の検挙数は、それぞれ1.3倍、1.7倍と増加傾向にある。

　今回の司法通訳教材中国版では、複数犯による侵入窃盗事件を設定した。これは、外国人犯罪者の場合、共犯率が半数を超えるという統計結果に基づく（法務総合研究所 2014：71）。前述のように、その約4割が犯罪組織と何らかの形で結びついていることがわかっている。

　なお、警察庁の『来日外国人による一般刑法犯検挙人員の在留資格等別構成比の推移』によると、来日外国人による一般刑法犯検挙人員のうち、2008年以降はその9割が正規滞在者であり、不法滞在者が占める割合は減少傾向にあるとされる。そして、正規滞在者のなかでもっとも多いのが、企業や学校といった所属先のない「その他」に分類される層であり、特に配偶者が日本人である割合が上昇していることがわかっている。久米では、2012年度の中国人の偽装結婚数が123人と、全体のなかで最多を占める実態が紹介されている（久米 2013：4）。さらに、法務総合研究所の調査によると、窃盗・強盗事犯者のうち、居住資格があっても日本語ができない、または難がある人の割合は日本語ができる人数を上回っている（法務総合研究所 2014：70）。

　このように、在日中国人の犯罪検挙数は減少傾向にあるが、個人の窃盗レベルから犯罪集団による事件まで多様化していることは一目瞭然である。また、いわゆる警察沙汰までは行かないが、日常生活上のトラブルも増加していると推測される。そのため、今後、司法通訳教材を改訂する際、知能犯による犯罪や粗暴犯に対する裁判事例も視野に入れながら適宜ふさわしい裁判

表4　来日中国人の刑法犯検挙状況の推移

	2002	2003	2004	2005	2006	2007	2008	2009	2010	2011	2012	増減数	増減率
件数	9,174	11,535	11,340	11,366	10,095	9,664	10,063	10,109	5,243	6,185	4,847	-1,338	-21.60%
人員	3,503	4,444	4,285	3,739	3,452	2,899	2,764	2,747	2,740	2,445	2,160	-285	-11.70%

表5　来日中国人の刑法犯検挙件数

表6　来日中国人の刑法犯検挙人数

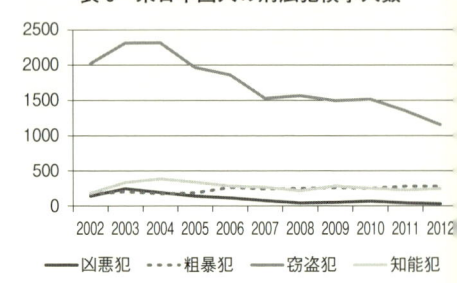

表7　窃盗犯の内訳（件数）

表8　窃盗犯の内訳（人数）

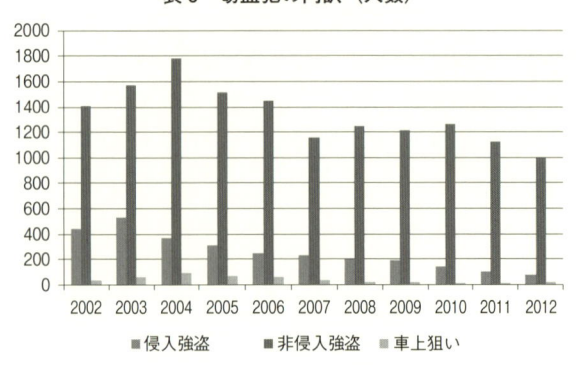

表4～8　警察庁（2013）『来日外国人犯罪の検挙状況』p. 27をもとに作成

場面を設定して、事例のバリエーションを増やす必要があると考えられる。

中国語母語話者からの批判

　中国語版をウェブ公開した後、第三者を介して中国語母語話者と名乗る匿名の人物から、メールで数点の指摘と批判を受けた。転送されたメールの文章から、高い日本語運用力があることがうかがわれ、司法通訳に対して一定の知識を持ち合わせているようであった。担当者の過失というべき点も一部あったが、話者の「語感の違い」による問題もあった。この指摘を通して、改めて問題点が浮上したのである。

　まず、当該母語話者からの指摘を示す。

　「通訳人の方はまず宣誓をしてください」の中国語訳は大変怪しいです。「當翻譯的人請先做好發誓」この中国語訳を中国語母語話者に見せてまたは聞かせて見てください。（原文ママ）

　教材の全文は指摘を受けた部分も含め、翻訳作業の段階で信頼できる中国語母語話者にチェックを依頼していた。それにもかかわらず、上記のような指摘が出されたのは想定外であった。ただちに知り合いの中国人に連絡をとり、再度インフォーマントの準備に取りかかった。初回は、1人にネイティブチェックを依頼したが、今回は万全の策として、複数のチェッカーに確認をとることにした。そこで新たに日本国内外に居住する中国語母語話者4人に対して、書面で確認作業を依頼した。4人の母語話者の背景は、以下のとおりである。

　A氏：50代・北京出身
　B氏：50代・湖南省出身
　C氏：40代・成都出身
　D氏：30代・成都出身

　上記4人の来歴であるが、彼らはいずれも母国で外国語を専攻し、有償での通訳経験がある。なお、B氏以外は全員女性で、A、B、C氏は母国で日

第5章　外国語教育との結合

本語を専攻したのち日本に留学してそのまま残り、各地の大学で二十年以上中国語を教えている。D氏は英語とイタリア語に精通しているが、日本語の学習歴がある。現在は、イタリアのボローニャ在住である。

さて、これら中国語母語話者4人に対して、「通訳人の方はまず宣誓をしてください」に対する元の文である"当翻译的人请先做好发誓"の正否を尋ねたところ、全員が許容範囲と回答した。さらに、上記以外に考えられる訳例も尋ねたところ、それぞれから以下の翻訳文が寄せられた。

A：当翻译的人先要宣誓。
B：请翻译人员先宣誓
C：先请翻译宣誓／请翻译先宣誓。
D：当翻译的人请先发誓。

4人全員が異なる訳例を示している。またクレームでは、「宣誓をする」という日本語を"做好宣誓"と翻訳した点を指摘されたが、上記四つの翻訳文は"宣誓"や"发誓"を使っている。しかし彼らによると、"做好宣誓"も"宣誓"も"发誓"も、意味の違いはなく、個人の好みのレベルだという。

外国語を学ぶ者にとって常識であるが、訳例が複数ある文などいくらでも存在するし、むしろ一対一対応しかない方が稀である。ただ「母語話者の語感」を盾に主張するケースは、今回に限ったことではない。とりわけ、二言語が対照訳で同時に掲載されている場合、このようなクレームを防ぐためには訳語の選定に慎重を期す以外に、「訳例」や「参考例」などを記載したり、あくまで翻訳の一例と断り書きをしたりするなどの事前の策が必要である。

訳例の一対多対応については、「日本語から中国語（中訳）」だけではなく「中国語から日本語（和訳）」という双方向での多対応が必要となり、その組み合わせは膨大となる。名前や住所を尋ねるような定型表現は別として、翻訳例が複数出現することは避けられず、話者はもちろん、通訳者および被告などによって表現が異なることは決して珍しくなく、むしろ避けられない。

結局、事務局を通じて再インフォーマントの結果を返答してもらい、その後はとくに反論は出ていないと聞く。いずれにせよ、今回の事態は、ウェブ公開という不特定多数の「目」と「語感の差」に対する配慮不足が招いたこ

とは間違いない。初稿のネイティブチェックは 1 人だったが、複数の母語話者からチェックを行ってもらい、慎重に訳文を検討して万全を期す必要があった。予防策としては、複数のネイティブチェッカーを起用する方法が最善と言える。

改善すべき点

　司法通訳教材中国語版の作成および公開後、閲覧者から寄せられた反応や感想などから、今後改訂版などを作成する場合、以下の項目について検討が望まれる。
(1)　**凡例または注意事項の列記**
　今回の教材は、各ページに「通訳例」を掲載して対訳形式をとっている。また、用語選択の基準や翻訳方法などを明示していない。だが、先にも述べたように、公開してから語感や独自の判断基準などを理由に違和感を訴える声が寄せられた。そこで、凡例などを設けて「通訳例」についての作成者の見解や注意事項を書き添えれば、利用者の混乱を回避できると思われる。
(2)　**文中の単語をまとめた目次や索引の作成**
　本教材で使用する用語は専門性が高く、理解するために相当量の学習を強いられる。したがって、通訳練習に先駆けて用語の説明、用例を示す項目を作るといった配慮を加えれば、学習者の利便性も高まるのではないか。具体的には、「被疑者」や「勾留」といった法律用語を集めた目次や用例などを別途編集したページを用意すれば、通訳練習を希望する学習者にとどまらず、法律用語を理解したい学習者にも裾野が広がると期待できる。

5　学部用教材としての応用

　司法通訳教材のフォーマットを作り、さらにロシア語版を作成した加藤純子氏から、学部生授業のなかで司法通訳教材を導入して一定の効果を上げているとうかがい、筆者（相場）も早速これに倣うことにした。以下に第三者

の反応を紹介する。

①法学部日本人学生のコメント

　中国語を履修した理由を学生に尋ねると、「将来仕事で使うかもしれない」、「就職に有利だから」といった卒業後を意識した動機が少なくない。実際、筆者も同じような理由で中国語を選択した背景をもつ。しかし、授業で学ぶ内容は、歴史や文化、学生生活を題材にした教材が大半を占める。学部生の段階で実用的な内容を学ぼうと思ったら、ビジネス中国語、時事中国語といった中上級レベルでないと学ぶ機会がないといって過言ではない。

　初級の段階でも自分の関心がある分野や実生活に根差した内容をあつかった教材であれば、学生のモチベーションも上がるはずである。もしそうならば法学部の学生にとって司法通訳教材は魅力的な学習コンテンツになるに違いない。

　司法通訳教材は学部生向けに作成した教材ではないが、実際に法学部に在籍する学生は司法通訳教材に対して、どのような関心や意見を抱くのだろうか。未学習の文法や単語にとまどいを感じるかもしれない。しかし、内容が自分の専門に重なるのだからきっと興味を抱くに違いない。うまくいけば、教材を取っかかりとして、中国語にも興味をもってくれるかもしれない──。

　だが、実際はそうではなかった。授業に導入する前に、法学部二回生の日本人学生に教材を見せた。なんと、彼は困った表情を浮かべながら「外国語としてというより、むしろ内容自体が難しい」と述べたのだった。司法教材で取り上げられている裁判内容が、学部生の学習水準を超えているというのである。しかも、彼は法律相談部の部員として、毎週のように市民の法律相談に応じている学生である。たしかに、司法通訳教材は専門性の高い教材である。しかし、法曹界への人材を輩出する大学の現役法学部生にとって、この教材が親しみにくいのはなぜなのか。平均以上に法律や裁判に関心があってしかるべき人たちなのに、である。

②法学部留学生からのコメント

次に、法学部に在籍する中国人留学生3人に司法教材を見せたあと、書面で感想や意見を述べてもらうことにした。

彼女たちが「おかしい」と指摘した一つに、中国語版の検事勾留尋問[2]の検察官が発するセリフに対する中国語訳があった。

日本語	あなたは供述拒否権があります。
通訳例	您有供述否定权。
訂正案	您有保持沉默的权利。

「供述拒否権」については、原稿録音時に中国語のナレーションを依頼した法学研究科大学院生からも、「中国語に対応する単語はあるが、日本語とは異なるのでそれを当てはめることはできない。しかし、"供述否定权"では中国人には意味がわからない」と意見された。すでにネイティブチェックを経て原稿修正ができない段階だったことを理由に、修正せずにそのまま朗読してもらった経緯がある。

確かに彼女たちが指摘するように、「供述拒否権」は日本の法律特有の用語であって、中国の法制度になじんだ人たちには理解しにくいかもしれない。だが、専門用語である「供述拒否権」をわかりやすくするために、"供述否定权"ではなく"保持沉默的权利（沈黙を続ける権利）"を訳語に選定することは、果たして適切なのだろうか。

インタビューに応じてくれた学部留学生たちは、「(司法通訳教材は)日本語があまりできない人にはとても助かるかもしれない」と評している。だが、実際の通訳現場では、専門用語をすべからくわかりやすい言葉に置き換えているわけではない[22]。むしろ、通訳者の主観が加わることで本来の意味が損なわれる可能性を憂慮すべきである。

前項でもふれたが、原文と訳文に違和感が生じることは避けられない問題である。ある母語話者から「言い方がおかしい」といった批判が出たとしても、別の母語話者からは「問題ない」と言われることは決して珍しくない。

しかしながら、利用者の混乱を避けるためには、前節で述べたように、インデックスや解説の項を別途設けて、他の訳語や用語の概念などを日本語と外国語でそれぞれ記載する必要を感じた。

③海外の中国語教育従事者の反応

　法学部の学生たちから意見を聞いた数カ月後、筆者は山東大学で「日本における中国語教育」を紹介する機会があった。その際、欧米各国、ロシア、韓国などから集まった中国語教育従事者を前に、司法通訳教材中国語版のデモンストレーションを行った。すると、聴衆から「このような教材はわが国では見たことがない」とか「司法通訳を授業で取り入れるなど、考えてもみなかった」といった感想が聞かれた。彼らが担当する授業もまた筆者と同じく初級・中級クラスで、発音や文法といった基本事項の習得が目的である。

　筆者は司法通訳教材というのは、法学部生にとって大変魅力的な教材だと思い込んでいた。しかし、実際はそうではなかった。
　未知の外国語を学び出して一年ほどの段階で、かなり専門的な内容の教材に意欲的に取り組みたいと思う学習者は、果たしてどれほどいるのか。おそらくよほどその外国語に関心がない限り、とまどい、さらには煩わしい、厄介だと思う方が自然な反応ではないだろうか。
　先に述べた法学部の学生そして海外の中国語教育従事者たちの反応は、筆者の浅薄な思い込みを軌道修正し、ひいては学部生向けの実用的な教材を考え直すきっかけとなった。

緩衝剤としての『大阪市生活指南』

　上記の意見を通して学部1、2年生を対象とした共通教育科目での中国語版の導入は先送りし、「代替策」を探すことにした。
　折しも、司法通訳教材ポルトガル語版を作成した林田雅至教授から、外国語学部のポルトガル語の専門科目において、授業で『大阪市生活指南』を教材にしているとうかがった。漢字を使った言語である中国語ならではの特性

を活かして、初級レベルにも導入できるのではないかと考えた。

そこで『大阪市生活指南（中国語版）』を下敷きにして、新たに担当授業のレベルに即した問題を作成した。次に、共通教育科目で中国語を選択する法学部と経済学部の学生計80人の協力を得て、各3回、計6回にわたり作成した問題を回答してもらった。

今回『大阪市生活指南』から選択したのは、「社会保険の加入方法」や「ATMの使い方」などで、いずれも論説体と言われる文である。

中国語における論説体文の位置づけと教材選定について

日本語と中国語では、「社会」や「貿易」のように、同じ漢字にして同じ意味を持つ単語は少なくない。また、"卷入（巻き込む）"や"睡觉（睡眠）"のように、漢字から意味を類推できる単語も多数存在する。特に書き言葉では、その傾向が顕著である。

このため、非漢字文化圏の言語に比べて、日本語母語話者にとって中国語による文章の読解は、相対的に取りかかりやすいとされている。

三潴は、中国語の発音や会話力と新聞記事やビジネス文書など論説体読解力の向上には顕著な関連性や学習上の優先順位はないと主張し、「大学に入学して初めて中国語を学んだ学生でも、1年間中国語の基礎を勉強した後、2年生になってまじめに取り組めば1年間でほぼ新聞をよめるようになってしまう」と指摘する（三潴 2010：4）。そして、こうした「特性」を活かすために、「論説体」学習メソッドを推奨している。

たしかに、中国語は漢字を使っているから読むことはできるが、発音や聞き取りが不得手な学習者は少なくない。しかし、必修科目という限られた期間を考えると、まずは得意な分野に特化して重点的に学習するやり方も一つの選択肢となりうる。

論説体の文章の代表格としては新聞記事や契約書などがあり、その多くがビジネスに関係する内容である。今回使用した『大阪生活指南（中国語版）』もまた論説体に分類される。一方で、このハンドブックにはごみの捨て方や保険の加入の仕方など、日常生活を送る上で欠かせない情報が満載されてい

第 5 章　外国語教育との結合

る。しかも、およそ日本で社会生活を送る人すべてが直面する内容ばかりである。ことに社会経験がまだあまりない学生にとっては、外国語だけではなく、社会の仕組みを知ることも可能であり、三潴が奨める読解の学習ツールの条件にもあてはまる。

論説体文を導入したテストの実施と分析

　今回は法学部と経済学部 2 回生の受講生を対象に、合計 6 回のテストを実施した。受講生数はそれぞれ 33 人と 47 人である。いずれのクラスも若干名の他学部生が受講しているが、ここでは便宜上「法学部クラス」と「経済学部クラス」と呼ぶ。

　テストで用いた教材は、いずれも『大阪生活指南（中国語版）』から、各学部にふさわしいと思われる外国人長期滞在者向けの生活資料を抜き出したものである。次に、受講生の習得水準に基づいて和訳読解、作文、穴埋め問題などを作成した。

　また、通常の会話中心の語学テキストと使用した生活指南で登場する単語は大きく異なることから、未習得の単語に対しては必要に応じて日本語の意味を提示した。さらに毎回、問題を解いた後で難易度も回答してもらった。

(1)　1 回目「医療保険制度」と「ATM を使った預金の下ろし方」

　法学部クラスを対象に行った問題は、医療保険に関する内容である。折しも授業で、中国の保険制度に関する教材を扱った直後だった（三潴 2013：25-30）。直後に実施したアンケートにおいて「むずかしい」と回答した学生のなかに、医療保険制度を知らないと答える者がいる一方、受験科目で現代社会を選択していたので、中国語の文章はわからなかったが内容は類推できたという回答があった。

　和訳については、未習得と思われる単語には事前に訳語を示したことに加えて、中国語と日本語で常用する単語が重複することや漢字から意味の類推が比較的容易なせいか、回答者はおおむね基本的な意味を理解していた。しかしながら、完全に理解していた学生は 2 人だけであった。

　一方、経済学部の履修生には、ATM を使って預金を下ろす手順を和訳し

1回目：法学部2回生
- 未回答 26%
- むずかしい 50%
- やさしい 11%
- ふつう 13%

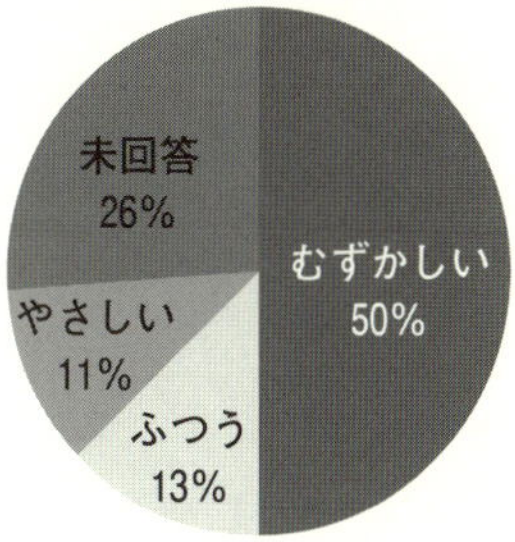

1回目：経済学部2回生
- 未回答 6%
- やさしい 0%
- ふつう 38%
- むずかしい 56%

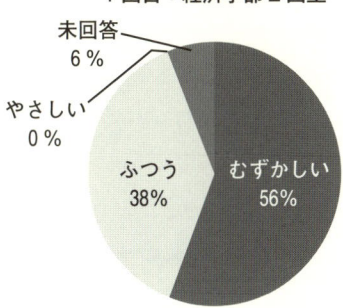

てもらった。「現金」、「ATM」、「預金」、「引き出す」といった単語はいずれも未習であるため、それぞれ日本語の意味を提示した。何より、一度もATMを使ったことがない人がいなかったので、ほぼ全員が正しく訳せていた。

(2) 2回目「火災時の対応」

2回目以降は、両学部とも同じ問題を出題した。2回目の問題は火災を発見した時の対応を扱った文章を取り上げて、和訳と作文を出題した。

経済学部クラスでは半数以上が難易度を「ふつう」と答えていたのに対し、法学部クラス生の半数以上は「むずかしい」と感じたようだった。さらに、経済学部クラスで「むずかしい」と答えた学生のうち、1人が「和訳はふつうだったが、作文はむずかしい」と述べている。さらに、別の1人がそれと

2回目：法学部2回生
- 未回答 6%
- やさしい 0%
- ふつう 38%
- むずかしい 56%

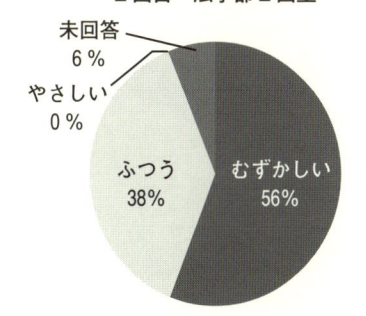

2回目：経済学部2回生
- 未回答 0%
- やさしい 20%
- むずかしい 28%
- ふつう 52%

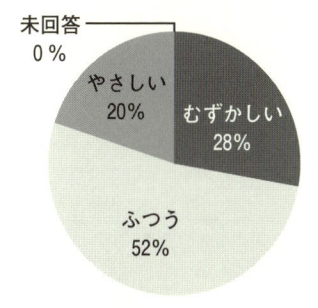

は逆に「和訳がむずかしかった」と述べている。これに対し、法学部クラスで「むずかしい」と答えたうち、6人が「和訳はふつうだが、作文はむずかしかった」と添え書きをしていた。これは前出の三潴の主張を裏づける結果といえる。実際、回収した答案用紙を見ると、1年時に学習した文法事項の運用方法が理解できていないと思われる答案が少なくなかった。

(3) 3回目「犯罪に巻き込まれた時の対応」

　2回目の実施で、作文能力より和訳能力が圧倒的に高いことが確認できる。この結果を踏まえて、3回目では和訳問題の他に作文より難易度の低い穴埋め問題を設定した。その結果、法学部クラスと経済学部クラスでは受講者数は異なるが、「むずかしい」と答えた人数がほぼ一致した。一方で穴埋め問題は、1年時に学習した基本的な前置詞や助動詞を問う内容にした。ヒントとして穴埋めの文字数や品詞を示しても、ほとんどの受講生が全問不正解であった。しかし、和訳は未習得の単語があるにもかかわらず、意味を正確に理解できている答案が半数を超えた。

　この回からも、作文や穴埋めといった日本語から外国語を類推する能力が相対的に低いことがわかった。

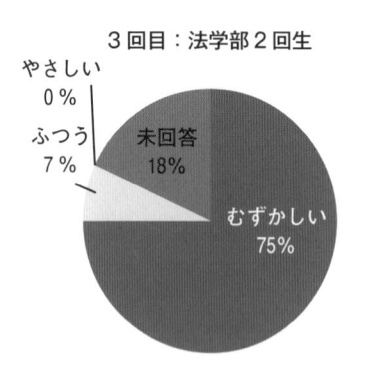

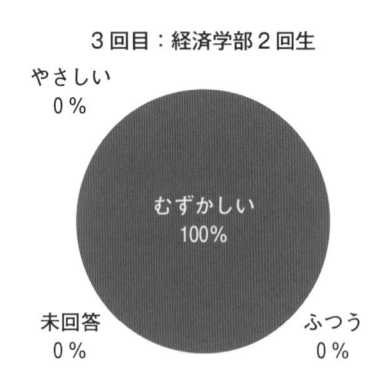

3回目：法学部2回生
- やさしい 0%
- ふつう 7%
- 未回答 18%
- むずかしい 75%

3回目：経済学部2回生
- やさしい 0%
- むずかしい 100%
- 未回答 0%
- ふつう 0%

小括

　司法通訳と共通教育の第二外国語という、難易度に相当大きな開きがあるものを一足飛びに結びつけることは、決して容易ではない。だが、段階的な

道順を踏めば、やがて司法通訳のような専門性をもった内容も射程に入る可能性は十分にある。そうした可能性や潜在能力があることを、第二外国語履修者に積極的にアナウンスして、実用的で社会に役立つようなプログラムを授業担当者として提供して行くべきではないだろうか。

今回はその手始めとして、『生活指南』を用いた。この試みでは、和訳読解に対してのみ高い得点と効果が見られた。一方で、作文といった逆方向の学習能力向上という課題が残っている。さらに、日本人母語話者が不得手とするヒアリングや会話においては、すでにニュース音声やナチュラルスピードの会話を扱った教材が市販されているが、第二外国語という枠組みではまだ扱うケースは多くないと言える。しかし、今回の試みを参考にしながら、日本語で耳になじみがある音声、たとえば、宅配便の音声ガイダンス、交通機関やデパートの案内放送といった実用化されている外国語版（中国語）の導入も十分可能であると考える。

最後に、前半でふれたように外国人犯罪者の多くは日本語が流暢ではない。2013年版犯罪白書では、外国人犯罪者に対する自立支援や教育活動の実情が紹介されている（法務総合研究所 2014：70）。彼らが再び社会に出て日本に残ることを選択した場合、外国語による更正サポートは欠かせない。それ以前に、私たちの日常生活のさまざまなシーンで外国人と関わる機会はこれから増えつづけるだろう。

今回の経験をもとに、司法通訳のような専門性と実用性に富んだ内容まで視野に入れた第二外国語教育の段階的なプログラムの構築を、今後も模索し続けたい。

6 おわりに

法の教育と外国語教育の結合というのは、英語を別にすれば、これまであまり取り組まれたことのない試みであり、そのための方法論に関する研究の蓄積もなお不十分である。二つの教育を結びつけるにあたっては、レベル

第 5 章　外国語教育との結合

よって留意すべき点も異ならざるを得ない。学部レベルの初学者に法と外国語双方への興味を喚起し、学習意欲を高めていくためには、そこで用いられる教材は実践的、実用的であることがどうしても必要になる。司法通訳を疑似体験させるのはそのための有効な方法である。

　もちろん、法廷は法が適用される唯一の場所ではない。日本において、外国人が法に関わる場としては、法務省の所管するものだけでも、矯正施設、保護観察所、人権擁護部、入国管理局等があり[23]、他にも市区町村の役所をはじめとしてさまざまなものがありうる。こうした舞台で展開されるやり取りを材料とした教材が開発されるならば、学習者に外国語使用の具体的なイメージをさらに多様な形で喚起するとともに、グローバルな法の世界へとさらに深く導いていくことができるであろう。本章の考察は、その準備のためにも活用することが可能であると思われる。

　法についての教育のなかに英語以外の外国語の教育を位置づけていくことは、現在の日本社会における、英語を話さないニューカマーの存在を認識させるだけでなく、ともすれば教育のグローバル化が英語による教育へと単純化されかねない現状を反省する上で、重要な意味をもつと考えられる。法の助けを必要としている人たちのなかには、英語を話さない人が決して少なくない。英語の比重が今後ますます大きくなることは避けられないにしても、英語だけが外国語であるかのような錯覚をもたないよう、常に自戒する必要がある。この国のグローバル化を豊かな内容をもったものにしていくために、法の教育と多様な外国語教育との結合を、初学者から専門家まで、各レベルで進めていくことが求められるであろう。

注

1)　大阪大学では多様な専門をもつ大学院レベルの学生を対象として「司法通訳翻訳」プログラムを設けている。
2)　一つの機関で A) 幅の広い知識と B) 高度な専門知識や技術の両面に重点を置く必要はないとの見解もあるが（草原 2010：33-34）、実際の教育現場では一つの

学部やクラスでも受講者の社会生活や仕事の目標が多様となっているため、本節ではA)、B)の両面を考慮に入れている。
3) 経済団体連合会のアンケート調査で知られるとおり、企業は新卒採用時に「コミュニケーション能力」を最も重視している（平田 2012：13-14）。
4) 大学改革の「処方箋」は各大学が「自らの手で作成」するように委ねられている（草原 2010：3）。
5) 自分とは違う専門をもつ人たちの価値観や発想の仕方を知り、知の全体像の中で自分の専門の位置を相対化することにより異分野の人とのコミュニケーションが可能となる（友野 2010：5, 25-26）。
6) ロール・プレイは「〈現実の生活〉のエピソードまたは経験の諸側面の近似的状況を意図的に構成する方法」で、教育や演劇、社会心理学研究、臨床心理学で利用されてきた（Yardley-Matwiejczuk 1997=2011：1, 15, 32）。
7) 国による「体系的なカリキュラム」作りも必要である（松村 2003：56-57, 59）。
8) バフチンは次のように述べている。「私たちが語を選び出すのは通常は他の発話からで、何よりもまず、様式、つまりテーマ、構成、文体の点で私たちの発話に類似している発話からである。」（Бахтин 1986=1988：281-282）。
9) 「紙＋黒板＋先生＋情報端末＋デジタル教科書」のような教育の情報化（デジタル化）にメリットがあると考えられる（中村、石戸 2010：23, 65, 67-69）。
10) ロシア語版テキスト作成、松本正。ポルトガル語版テキスト作成、林田雅至。英語版テキスト作成、水野真木子。中国語版テキスト作成、相場美紀子。
11) http://www.law.osaka-u.ac.jp/bestmixture/educationalmaterials.html
12) 教室や自宅のパソコンからFlashPlayerを使って利用することができる。板状のタブレット端末でも学習できるような仕組み作りは今後の課題である。
13) 大阪地方裁判所で外国人の被告人が判決を受けた時の様子を表している。
14) 学習者が音声を聞き取りやすいように、被疑者は丁寧な話し方をしている。丁寧で従順な受け答えが続くと、無実の善人が言われるままに罪を認めると誤解されかねないため、汗によって動揺を表している。
15) このWeb教材以前には『実践　司法通訳：シナリオで学ぶ法廷通訳［裁判員裁判編］』などの例があった（渡辺・水野・中村：2010）。
16) 通常の授業で使用している教科書と照らし合わせた場合の語彙、文法の参照ページ等を手書きで記入し、学習者が自学自習をしやすいようにした。
17) 2回の口頭テストの評価（点数）が高いほど、平常点の一部（実践点）に追加されるが、「点数が低かったからといって学期全体の成績から差し引かれることはない」と周知した。こうすることにより、2回の口頭テストまでにどれほどの時間と注意を傾けて準備してくるかは各学習者の任意とした。
18) 検事の音声を聞く「画面」で「通訳例」ボタンをクリックすれば、母語話者の音声を聞き、文字を「見て」練習できることを意味していると思われる。
19) 例えば「検察官」のロシア語訳を1語に限定させることは難しい。このような

第 5 章　外国語教育との結合

問題については司法通訳の松本正先生と母語話者の間で検討を重ねられ、現在までのところ複数の翻案から一つの翻案が通訳例として記載されている。今後は「語句」資料の備考欄に解説を追加するなどの検討が必要だろう。
20)　2012 年の「ロシア人による偽装結婚等事件」（6 月、新潟）の例がある。偽装結婚していた人を含む来日ロシア人 3 人が逮捕され、「自動車盗（被害総額約 1,000 万円）」が明らかになった。このように偽装結婚は外国人に係る「犯罪インフラ」（犯罪を助長したり容易にしたりする基盤）の一つとなっている（警察庁 2013：13-14）。
21)　科学研究費補助金・基盤研究 A 平成 22〜25 年度　正式名称：高度法情報発信のための多言語情報の最適組み合わせに関する研究大阪大学法学研究科　模擬尋問に関する外国語教材（http://www.law.osaka-u.ac.jp/bestmixture/educationalmaterials/shihochi20140323/shihochi.htm）。
22)　本書第 1 章「通訳人は『わかりやすく』伝えるべきか」の項（p. 31-）に詳しい。
23)　それぞれにおいて通訳業務が発生する。渡辺由紀子（2003）「法務通訳翻訳の世界—その多様性と将来性」『通訳研究』第 3 号、125-131 頁参照。津田編『法務通訳翻訳という仕事』に収められた諸報告も参照。外部通訳の委託や人材育成において、当局と大学の協力の可能性は小さくないように思われる。

参考文献

井門正美著、三浦広久法律事項監修（2011）『役割体験学習論に基づく法教育：裁判員裁判を体感する授業』現代人文社
近江誠（1996）『英語コミュニケーションの理論と実践：スピーチ学からの提言』研究社
草原克豪（2010）『大学の危機：日本は 21 世紀の人材を養成しているか』弘文堂
久米輝幸（2014）『グローバル化と刑事政策』「平成 25 年版犯罪白書特集」日本刑事政策研究会
刑事実務研究会編（2006）『外国人犯罪事実記載例集』立花書房
財団法人大阪府国際交流財団編（2012）『外国人的生活指南—大阪生活指南（中文）』財団法人大阪府国際交流財団
清水康敬、中山実、向後千春編著、日本教育工学会監修（2012）『教育工学研究の方法』ミネルヴァ書房
竹蓋幸生（1997）『英語教育の科学：コミュニケーション能力の養成を目指して』アルク
張荊（2003）『日本における中国人犯罪』明石書店
友野伸一郎（2010）『対決！大学の教育力』朝日新聞出版
中村伊知哉、石戸奈々子（2010）『デジタル教科書革命』ソフトバンククリエイティブ

バフチン、M. M. 著、新谷敬三郎、伊東一郎、佐々木寛訳（1988）『ことば　対話　テキスト』新時代社
平田オリザ（2012）『わかりあえないことから：コミュニケーション能力とは何か』講談社
船津衛（2006）『コミュニケーションと社会心理』北樹出版
松村弘（2003）『法廷通訳―司法に関する通訳の展望』国際通訳合資会社
三潴正道（2010）『論説体中国語読解力養成講座』東方書店
―――（2013）『時事問題の中国語 2013 年度版』朝日出版社
ヤルドレイ＝マトヴェイチュク、クリシヤ M. 著、和泉浩監訳（2011）『ロール・プレイ　理論と実践』現代人文社
渡辺修・水野真木子・中村幸子（2010）『実践　司法通訳：シナリオで学ぶ法廷通訳［裁判員裁判編］』現代人文社
Бахтин, М. М.（1986）«Проблема речевых жанров». // Эстетика словесного творчества. Москва: Искусство.
Yardley-Matwiejczuk, Krysia M.（1997）*Role Play: Theory and Practice.* London, Thousand Oaks, New Delhi: Sage Publications.

［ウェブサイト］
法務省法務総合研究所研究部統計資料
・『平成 24 年版犯罪白書のあらまし』　http://www.moj.go.jp/housouken/housouken03_00061.html
・『平成 24 年版犯罪白書のあらまし』「第 4 編　各種犯罪者の動向と処遇」　http://www.moj.go.jp/content/000103412.pdf
警察庁刑事局組織犯罪対策部統計資料
・『来日外国人犯罪の検挙状況（平成 24 年）』　http://www.npa.go.jp/sosikihanzai/kokusaisousa/kokusai/H24_rainichi.pdf
大阪大学大学院法学研究科「司法通訳養成教材」　http://www.law.osaka-u.ac.jp/bestmixture/educationalmaterials.html

［竹中　浩（1 節、6 節）、加藤　純子（2 節、3 節）、相場　美紀子（4 節、5 節）］

第 3 部

東アジアにおける比較法研究の可能性

第 6 章

中日企業関係法の比較研究

1 はじめに

　中国の民商法の体系は、日本のそれとは若干異なる。日本では民法典や商法典といった総合的な法典が存在するのに対し、中国では、各分野ごとに個別立法が制定されている。企業関係法では、日本法と同じように、会社法、証券法、保険法、手形法などの法律がある。それに対して、商法総則は存在しないため、それに定められるべきものは一般法や行政規定などにより対処されているが[1]、将来の立法の課題となっている。また、日本の商行為法にあたる規定は民法の契約法などの関係各所に置かれている[2]。さらに、海商法は単独の法律として存在する。消費者法の分野では、消費者権益保護法という法律があり、日本の消費者契約法のように、消費者保護に関するさまざまな特別法の一般法と位置づけられるが、内容的には、取引法的規定のほかに行政管理に関する規定も定められている。

　もっとも、こうした法体系の若干の相違は、決して中日法の比較研究の意義を減じるものではない。たとえ法体系に違いがあったとしても、生じる具体的な問題には一定の共通性が見られるからである。また、むしろ異なる法体系の下で、——社会経済情勢の相違をも踏まえながら——両国がどのように問題に対処しているかを分析することで、とりわけ立法論にとって有益な

第 6 章　中日企業関係法の比較研究

示唆が得られることも期待される。

　そこで本章では、今後の中国法のあり方の一端を探るため、上記のような企業関係法に関するいくつかのトピックを取り上げ、日本法との比較研究を行うことにした。より具体的に、まず第 2 節で、中日両国における企業関係法の基本構造につき、その異同を概観した上で、第 3 節では、商法総則における商業使用人制度と代理商制度、第 4 節では、消費者法における事業者の情報開示義務と消費者の特別取消権、第 5 節では、会社法上の独立取締役制度、第 6 節では、証券法上の虚偽記載に基づく民事責任を取り上げる。続く第 7 節は結びにあてられる[3]。

2 ｜ 中日における企業関係法の基本構造

　中華人民共和国の成立（1949 年）後約 30 年間、中国は、計画経済体制の下にあり、民法や商法といった法領域は認められなかった。その後、改革開放政策の実施と市場経済の導入などを背景に、大陸法、英米法ならびに先進諸国の法制度を参考にして立法作業が着々と進められ、現在のような法体系が形成されるに至った。企業関係法の分野におけるもっとも代表的な立法は 1993 年の会社法の制定である。この会社法においては、計画経済時代の所有権による企業分類（全民所有、集体所有、個人所有など）が放棄され、出資者の責任に着目した有限会社と株式会社という会社の類型が導入された。2005 年には大幅に改正され、現在に至っている。現行会社法の構造は、大まかに次のようになっている：第 1 章総則（株主の権利義務、会社登記などの基本制度、投資・担保・関連取引の制限、会社決議の無効と取消し、労働関係、党組織など）、第 2 章、第 3 章有限会社の規定（設立、機関、一人会社、国有独資会社、持分譲渡）、第 4 章、第 5 章株式会社の規定（設立、機関、上場会社の機関、株式の発行と譲渡）、第 6 章取締役などの会社役員の資格と義務、第 7 章社債、第 8 章会社の計算、第 9 章会社の合併・分割・資本の増減、第 10 章会社の解散・清算などである。中国会社法を比較法的な視点からその内容を見ると、次の

三種類の規定群が特徴的であると言える。

　1. 中国固有の事情により定められる規定：①従業員保護の規定（会社法17条）。②労働組合に関する規定（会社法18条）。③会社内の党組織に関する規定（会社法19条）。④国有独資会社に関する特別規定（会社法65条-71条）など。

　2. 大陸法系の法制度（特に日本法とドイツ法）を参考にした規定：①有限会社制度。②株主総会、取締役会、監査役会の機関設置：基本的な事項は、日本会社法に近似する。なお、監査役会における従業員代表の導入はドイツ法と同じである。③会社決議の無効と取消しに関する規定（会社法22条）など。

　3. 英米法系の法制度を参考にした規定：①法人格の否認に関する規定（会社法20条）。②独立取締役制度（上場会社に設置を義務付ける。会社法123条）。③会社役員の忠実義務、注意義務（勤勉義務）：まず一般規定が置かれ（会社法148条）、個別規定として、利益相反取引と競業取引のほか、会社機会取得規制などが定められている（会社法149条）。④株主代表訴訟（会社法152条）など。

　中国会社法は、近年の社会経済状況の変化によりさらなる改正の必要性が高まっている。そこで実際には、会社法のスムーズな適用のため、これまでに最高人民法院はすでに三つの司法解釈を交付した[4]。また、独立取締役制度のあり方、支配株主の責任などコーポレート・ガバナンスの問題も活発に議論されている。さらに、企業買収や国有企業の会社化などを背景にして、企業結合に関わる法律問題（市場投資株主の保護など）も注目を集めている[5]。他方では、中国資本市場が整備されるにつれて投資者保護法としての証券法も制定後、改正を経てきたが、証券取引の規制や情報開示など、なお検討すべき問題が数多く残っている。日本では2007年に会社法典が成立し、法制度全体が現代化されている。また、2014年6月には会社法改正法が国会で成立したところである。一方、証券取引法も金融商品取引法となり、法制度の現代化がはかられている。

　中国では、商法典を制定する必要があるかどうかについて以前から議論が

ある。焦点は、日本のような商法総則と商行為の規定を定めるべきかどうか、またどのような形で立法すべきかにある。主に学者を中心に検討が進められており、現在のところ、商法典を制定することを主張する見解が少なく、学説の多くは、商事通則（または商法通則）を立法すれば足りるという立場をとっている[6]。その内容についてもさまざまな提案があるが、近代諸国の伝統的な商法典に定められている商法総則と商行為法を中心に規定を設けるべきであるとする意見が主流であると見られる[7]。また、地方法規のレベルでは、すでに商事通則を定めた例もある[8]。しかし、現状では、民法典の制定をめぐる議論との関係などもあって、近い将来に、商事通則の立法が実現できるかどうか、あるいはどのような形で実現するかはまだ不透明である。とは言え、現行法としてすでにある契約法などにある規定も視野にいれて具体的な商法典立法の検討はもちろん必要である。このような視点からは、日本法における商法総則および商行為法（商取引法）を研究することが有益であると思われる。

なお、消費者取引の分野では、近年の中国では消費者が利益を侵害されることが多発し社会の大きな関心事となっている。これまでは、消費者権益保護法、消費者保護の各特別法および契約法・不法行為法の関連規定などによって消費者に保護を与えてきた。そして、現実の新しい消費者保護問題に着目して、消費者権益保護法は改正が行われた（2013年10月25日に改正案が成立し、2014年3月15日から施行される）。今回の改正法は、主に次のような内容を含む：消費者の権利に関する規定、経営者（事業者）の義務に関する規定、国家（行政機関、裁判所など）の責務に関する規定、消費者組織に関する規定、紛争解決に関する規定、法的責任に関する規定などである。そのうち、クーリングオフ制度（消費者法25条）、消費者の個人情報の保護（消費者法29条）並びに消費者組織の役割などが議論の焦点となっている。

日本における、消費者取引に関する法規制には長い歴史がある。また、近年、一般法である消費者契約法も成立し、法制度の現代化・体系化が進んでいる。両国は同じく消費者社会であって多くの問題を共有しているだけに日本法を研究することは中国法に多くの示唆を与えるものと思われる。なお、

日本では、消費者売買を除き、商法として消費者法全般を論じることはない。

しかし、以下では、企業関係法という観点から、商法総則、消費者法、会社法、証券法のうちの四つのテーマを取り上げて中日比較法的な研究を試みることとする。

3 商業使用人、代理商と商事代理権

経理

中国法では日本商法上の支配人にあたるものは通常、経理と呼ばれている。しかし、経理が有する代理権すなわち経理権（支配権）に関する一般規定はない。中国会社法13条は法定代表人が会社の経営活動において会社を代表する権限を有すると規定するが、経理が法定代表人ではないときには、代表権をもたない。したがって、その場合、実務では、経理に対して個別的な代理権授与によって代表権を与えることになる。そこで、現実と立法のずれをなくしより経理に機能を果たさせるために、経理権の設定が必要ではないかと指摘されている[9]。

大陸法系の商法は効率性と取引安全への考慮から経理権に関する規定を設けている。そしてまず、経理権の範囲が非常に広く設定される。日本商法21条は支配人は商人に代わってその営業上の一切の裁判上または裁判外の行為を行う権限を有すると規定する。ドイツ商法も基本的に同じである（ただドイツ商法49条2項は土地の譲渡と負担設定については特別の授権が必要であるとする）。次に、日本およびドイツ商法のもとでは、第三者の取引安全に配慮して、経理権を登記することが必要である。また、商人から授権されていないが営業所主任の肩書きを有する者は経理権を有するとみなされる表見経理人制度がある。

中国法では、商人資格を有するものとしては、自然人、農村承包経営戸、個体工商戸、個人独資企業、組合企業および会社などがある。現実的に考えると、そのうち個人独資企業、組合企業、会社の場合は、企業経営の規模が

ある程度あるため、経理権に関する規定を整える立法をすることが必要であろう。

経理以外の商業使用人

これらの商業使用人は、経理と異なり、ある種類の取引の代理または個別的な事項の代理を行う者である。その代理権は商人によって設置され、裁量の範囲がさまざまであるので、取引安全への配慮が違ってくる。そこで、中国法では、制度設計上、特別な規定を設けるか、それとも民法の代理制度により対処するかは検討を要する。

これに関しては次のような理論的な問題がある。すなわち、ある種類または特定の事項の処理を委任された商業使用人の代理権がどのような要件があれば成立するかである。日本法上、商法25条の適用範囲をめぐり争われた問題である。二つの代表的な考え方があるとされる[10]。まず、代理行為委任説は関連事項について法律上必要な代理権を授与されたかどうかを基準として判断すると主張する立場である。これに対して、委任事実説は、関連事項について商人から委任を受けた事実があれば足りると考える立場である。委任事実説は、実際上権利の外観によりその特定の事項の処理に限って経理に類似する権限をこれらの商業使用人に認め、取引安全の保護に資すると解する。最近の日本裁判例にもそれを支持するものがある。中国法上の制度としては、民法の代理制度との関係でどのように位置づけるかなども視野にいれながら、以上の二つの理論を参考にしつつ具体的場合に応じて考えるべきである。

代理商

大陸法系の商法では、代理商は継続的に商人のためにその営業の部類に属する取引の代理または媒介をしその商人に属しない者であると規定する（日本商法27条、ドイツ商法84条1項）。中国法では、代理商と類似する制度として、契約法上、行紀契約（問屋に類似する）と仲介契約がある。また、委任契約に関する規定も代理商の場合に適用されうるが、代理商に関する直接の規

定はない。実際上このような取引が多く行われる状況を考えると、適切な法的ルールを設けるべきである。

　代理商の代理権に関しては次のような問題がある。取引の媒介の権限しか与えられていない代理商が商人を代理して取引し、かつ、相手方が代理権の欠如を知らない場合にどのように処理すべきかである。ドイツ商法は、権利外観理論に基づき、表見批准制度を定めている（ドイツ商法91a条）のに対して、日本法では、民法の表見代理の規定により処理されると考えられる。中国の現行法では日本法と同じく民法通則ないし契約法の適用を受けることになるが、表見代理が成立するかどうかは必ずしも明らかではなく、また契約法48条によれば本人による追認の期間が1カ月となるため、商取引には適していない規定であると言えよう。比較法的に検討すべき課題であると思われる。

4　消費者の情報取得と特別取消権

消費者に対する情報開示の範囲

　中国では、契約法と消費者権益保護法が消費者への情報開示に関する基本的な規定を定めている。すなわち、契約法12条と14条は契約条項の内容を明確にすることを要求し、39条は、約款に関する規定として、責任の免除または制限に関する条項について相手当事者に対して注意を促し、内容を説明することを約款提供者に義務づけている。消費者権益保護法8条は、消費者の情報権の対象について、商品の価格、産地、生産者、用途、性能、規格、等級、主要成分、生産期日、有効期限、検査合格証明、使用方法説明書、アフターサービス、または役務の内容、規格、費用などの関連情報を挙げている。また、同法19条（改正後20条）は事業者の情報開示義務を定めている。

　日本の消費者契約法4条は、事業者の告知義務に関して重要事項という基準を採用している。重要事項とは、消費者が契約を締結するかどうかを判断することに対して通常影響を与えるものであるとされる。次の二種類があ

る：(1)物品、権利、役務など契約の目的となるものの性質、用途並びにその他の内容、(2)物品、権利、役務など契約の目的となるものの対価およびその他の取引条件[11]。解説によれば、(1)は契約の目的の例示であり、他の内容とは、性質と用途に含まれない実質と属性である（原産地、製造方法、特許権、検査の有無など）。また(2)は取引条件の例示であり、その他の取引条件とは取引に含まれる対価以外の諸条件である[12]。以上の基準は、消費者の契約締結の判断に通常影響を与えることを重要かどうかの判断基準とするとともに、(1)(2)の列挙により事項の内容を具体化するものであり、これらにより、抽象的規定と具体的規定が結合される。これと比較して、中国消費者権益保護法で定められる開示情報の範囲は狭すぎるように思われる。消費者契約の特徴を反映するためにも改善すべきところであろう。

事業者の義務違反の類型

　事業者の情報開示義務は、事業者が関連情報の提供を拒絶してはならないこと、真実の情報を提供すること、充分な情報を提供すること、情報を全面的に提供すること、ならびに適切な方法で情報を提供することなどを含むと解されている[13]。ところで、中国消費者権益保護法は義務違反の具体的な形態を定めていない。理論的には、情報を開示しない場合と情報開示が不完全である場合に分けて考えることができる。

　情報を開示しない場合は、さらに二つの類型がありうる。すなわち、事業者が自ら情報を提供すべきであったが提供しなかったことと、消費者が情報を求めたが事業者がそれを拒絶したことである。この場合には消費者がもっとも重要な情報源を失うことになり、もともと取引上弱者の地位がさらに悪化するため、消費者法において対処する措置が講じられるべきである。

　不完全な情報開示には、開示が不完全である場合と開示が真実でない場合を含む。日本の消費者契約法4条2項は、事業者が重要事項または当該重要事項に関連する事項について消費者の利益となる旨を告げ、かつ、不利益となる事実を故意に告げなかったことにより、当該事実が存在しないとの誤認をし、契約の申込みまたは承諾をしたときは、これを取り消すことができる

と定めている[14]。これは、開示が不完全である場合にあたり消費者取引の典型的な問題に即して設けられた規定であると評価できる。

開示が真実ではないとはすなわち不実告知である。日本の消費者契約法4条1項は、不実告知について、「重要事項について事実と異なることを告げること」と「物品、権利、役務など契約の目的となるものに関して将来の価格、消費者が受け取る金額など変動の不確実な事項について断定的な判断を提供すること」と定めている[15]。日本の消費者契約法が不実告知の規制を具体化したことは、中国消費者法にとって参考になると考える。

特別取消権

中国消費者権益保護法40条（改正後48条）は、事業者が消費者に損害を与えた場合に関連の法律、法規に従って民事責任を負うと規定する。事業者による情報不開示などの場合には、損害が生じたかどうかに関係なく、消費者としてはその無益な契約から離脱できるという救済を与えられる必要がある。現行法の下では、民法通則と契約法により契約無効、解除および取消しが可能である。

中国契約法52条は五つの場合に契約が無効となると規定する。そのうち第四類型に定められる「社会公共の利益に損害を与える」という要件は公共性を要求するものであると解され[16]、個別の消費者取引に対して有効に機能するかどうか疑問である。また、第五類型である「法律、行政法規の強行規定に違反する」という要件については、強行規定をどのようにとらえるかにもよるが[17]、消費者契約に関わる情報開示義務違反がそれにあたるかどうかは明確ではない。また、契約解除に関する契約法の規定が情報不開示に適用されるとは直接には定めていない。

契約の取消しについては、中国契約法54条はまず「重大誤解によって契約が締結」された場合に認めている。民通意見（民法通則に関する司法解釈）71条によれば、行為者が行為の性質、相手当事者、目的の種類、性質、規格および数量などについての間違った認識により、行為の結果が自己の意思に反しかつ相当の損害を生じた場合を重大誤解と認定されうると規定する。

具体的な要件として、①行為者が関連事実を誤解したため意思表示をしたこと、②行為者の誤解が重大であり権利義務と契約目的の実現を著しく妨げたこと、③誤解が行為者の重大過失により生じたものではないことなどが挙げられる[18]。この規定が消費者契約における情報開示の問題に適用される場合、重大誤解ないし相当の損害という要件を消費者取引の場面でどのように把握するかが問題となる。

中国契約法54条は、また、「詐欺、脅迫の手段でまたは他人の困難に付け込み、相手に対し真実の意思に反する状況のもとで契約を締結させる」という場合にも契約取消しを認めている。情報開示問題に関わるのは「詐欺」という要件である。民通意見68条は、当事者一方が故意に虚偽の状況を告知しまたは故意に真実の状況を隠し、相手当事者に錯誤の意思表示をさせたような場合が詐欺と認定されうると規定する。具体的な要件には、詐欺行為、故意、錯誤および意思表示と詐欺との因果関係が含まれる。以上に検討した事業者の情報開示義務についてみれば、沈黙といった消極的な不開示が詐欺にあたるかどうか[19]、また事業者の過失による不開示には適用されないかなどの問題がある。前述のように、日本の消費者契約4条は事業者が同条の情報開示義務に違反しそれにより消費者が誤認した場合に特別の契約取消権を認めている。取消権の要件緩和はこれからの中国消費者権益保護法の改正において参考になろう。

5 独立取締役制度

独立取締役導入の背景

中国の会社が独立取締役を導入したのは1993年ごろに遡る。当時の導入の動機は香港証券取引所に上場するためには独立取締役の設置が要求されたからである。その後、政府の一連の行政規定により独立取締役制度が確立していった。例えば、1997年《上市公司章程指引》は、会社が必要に応じて独立取締役を設置できると規定した。1997年《关于进一步促进境外上市公

司規范化运作和深化改革的意見》は、香港証券取引所に上場会社に対し2人の独立取締役の設置を要求する。また、国有企業改革の推進に伴い、内部者支配の問題が生じ、上場会社の少数株主が大株主と経営者支配の下で関連取引などにより利益を害される弊害が深刻になった。そこで、2001年《关于在上市公司建立独立董事制度的指導意見》は、中国で事業を行う上場会社一般に対しても独立取締役の設置を要請した。これにより中国上場会社では、独立取締役制度が正式かつ全面的に導入されたと言えよう。その後も、《上市公司治理准则》などの規定によりさらなる制度整備が行われた。2005年会社法の改正では、法律のレベルで独立取締役制度が確認されるに至り、すなわち会社法123条は「上場会社が独立取締役を設置しなければならず、具体的な方法は国務院の規定による」と規定する。

　日本でも、独立取締役の導入についてはずっと議論がなされてきた。1990年代にバブル経済が崩壊し、企業業績の低迷が長く続き、株主をはじめとする利害関係者が大きな損害を被った。そこで、社会各界から、取締役会制度を見直し、コーポレート・ガバナンスを改善することが強く要請された。これと同時に、企業国際化と株式持合の解消により、外国投資家ないし外部投資者が参入して、企業の資本構造が分散化する傾向が強まった。これらの投資者からもコーポレート・ガバナンスの健全化が求められた。2002年日本商法の改正で、委員会設置会社制度が導入され、各委員会では過半数の取締役が社外取締役でなければならないとされた[20]。ただし、そこでいう社外取締役の資格要件は緩やかなものであり、例えば経営者の親族、親会社、主要な取引先の経営者も社外取締役に就任することができるとされている。また、委員会設置会社以外の会社では、社外取締役の設置が強制されていないという問題もある。そこで、東京証券取引所が、上場会社に対して資格要件を厳格化した独立役員（独立取締役または独立監査役）を少なくとも1名選任するよう努めることを求めてきたが、証券取引所の自主規制であることから、エンフォース面に問題があるという指摘もなされていた。

　このような状況の下、法制審議会会社法制部会では、会社法上の社外取締役の資格要件を厳格化すべきか（独立取締役制度を導入すべきか）、委員会設置

会社以外の会社にも社外取締役の選任を強制すべきかどうかが議論され、それが以下のような内容の 2014 年会社法改正法に結実することになった。すなわち、第一に、会社法上の社外取締役の資格要件として、親会社等又は兄弟会社の取締役等でないこと、および、当該会社の業務執行取締役等の配偶者又は二親等内の親族でないことが追加される一方、当該会社の業務執行取締役等であった者も 10 年間その地位を離れていれば、社外取締役の資格要件を満たす旨が規定された（2014 年改正会社法 2 条 15 号）。第二に、委員会設置会社以外の会社には社外取締役の選任が強制されない点は改正前と同様であるが、ただ、公開会社かつ大会社である会社が社外取締役を選任しない場合は、定時株主総会において、社外取締役を置くことが相当でない理由を説明しなければならない旨が規定された（同 372 条の 2）。

また、法制審議会会社法制部会では、「金融商品取引所の規則において、上場会社は取締役である独立役員を一人以上確保するよう努める旨の規律を設ける必要がある」とする付帯決議が行われた。これを受け、東京証券取引所は、独立取締役または独立監査役のいずれか 1 名を選任すればよいとしていた従来の規則に代えて、すべての上場会社は独立取締役を 1 名以上選任するよう努めるべきとする規則を制定するに至っている。

以上にみたように中国と日本は独立取締役制度を導入する背景がやや異なっているが、会社内部の監視体制の強化を目的とする点では一致すると言えよう。

独立取締役の資格要件

独立取締役の独立性は、当然のことながらその機能を果たさせるためのもっとも重要な要素である。独立性は、まずその資格要件の設定によって保障されうる。前述の《关于在上市公司建立独立董事制度的指导意见》は次のような者は独立取締役の資格を有しないと規定する：①上場会社またはその従属企業に勤める者およびその直系親族（配偶者、親、子供など）、その他の親族関係（兄弟姉妹、義理の親、子供の配偶者、兄弟姉妹の配偶者、配偶者の兄弟姉妹など）、②直接または間接に上場会社の発行済み株式の 1％以上保有する

かまたは持株数10位以内の自然人株主およびその直系親族、③直接または間接に上場会社の発行済み株式の5％以上を保有する機関株主または持株数5位以内の機関株主に勤める者およびその直系親族、④最近1年以内に以上三つの場合に該当する者、⑤上場会社またはその従属企業に財務、法律、コンサルタントなど役務を提供する者、⑥会社定款に定められるその他の者、⑦中国証券監督管理委員会が認定した者。

　日本でも独立取締役の資格要件をどのように考えるかが重要な問題とされる。例えば、日本取締役協会が公開した「独立取締役コード」では実質的な独立性を欠く者について次のような基準が提示されている[21]：①当該会社の大株主またはその利益を代表する者、②当該会社の経営者または従業員である（あった）者、③当該会社のグループ会社の経営者または従業員である（あった）者、④当該会社と重要な取引関係がある（近い過去にあった）別の会社の経営者または従業員である者、⑤当該会社のアドバイザーとして、取締役としての報酬以外に高額の報酬を受け取っている（近い過去に受け取っていた）者、⑥①〜⑤までのいずれかに該当する近親の親族を有する者、⑦会社間における取締役の相互兼任（インターダイレクターシップ）がある場合の取締役である者、⑧当該会社の取締役に就任してから、すでに長期間を経過している者。

　以上の両基準の比較から次のような示唆が得られる。第一に、誰に対しの独立性かという問題である。国情や資本構造により、日本では独立取締役が経営者から独立することを強調するのに対して、中国では大株主からの独立を重視する。第二に、独立性の基準を資本関係、雇用関係、取引関係、親族関係などに則して具体的に設定されるかどうかである。中国の基準と比べて、日本の基準内容はより厳格であり、参考となる点が多い。例えば、時間的な制限については、中国の「最近1年以内」に対して日本は「現在または過去」となっている。第三に、判断基準の柔軟性である。日本基準に関する解説によれば、それらの形式的基準に該当した場合、当然に独立性を失うのではなく、取締役会に独立性の説明義務を負わせるということである。つまり、形式的基準と実質的基準を総合して独立性が判断されることになる。現

実的な状況の複雑さを考えると、その処理方法は合理性があり、中国法の基準設定において参考にすべきであると思われる。

独立取締役の職権上の独立性：監査役会との関係をどのように整理するか

　中国会社法では、会社内部の監視機関として監査役会と独立取締役が同時に導入されているため、両制度が同一会社で並存することが生じる。そこで、両者の関係を合理的に位置づけそれぞれをうまく機能させるために多くの議論が行われた。主に次のような問題が指摘されている。第一に、独立取締役と監査役会の職権の範囲が重複し、奪い合いや譲り合いなどの問題発生に関する調整制度が欠けている。第二に、独立取締役と監査役会の職権の法的効力が異なるのではないかということがある。監査役会の職権については会社法に直接の規定があるのに対して、独立取締役の職権は証券監督管理委員会の行政規定により定められている。単に法的規定のレベルから見れば監査役会の職権の法的効力がより高いとも考えられるが、独立取締役も取締役会のメンバーであり、取締役会と監査役会が同じレベルであると考える会社法の機関設置の理念からは、両者の行為が同等の効力であるとも理解できる。したがって、実際上、両者の意見が分かれた場合にはどちらのほうを優先させるかが問題となる。第三に、独立取締役と監査役会が補完しあう場合にどのような形で行うかは明らかではない。例えば、監査役会が事後的な監視をする一方で、独立取締役が実際に取締役会の意思決定などに参加することで事前予防的・過程的な監視をするというように機能するとすれば、検討に値すると言えよう[22]。第四に、両者間の監視が問題となる。現行法の下では、監査役会が取締役会に対して監視権限を有するため独立取締役に対しても監視できると解されるが、独立取締役は監査役会に対しては監視権限を有しない。そこで、例えば、監査役会が取締役会に対する監視を怠った場合、独立取締役が非常に厳しい環境に置かれることになり、独立性を保つことが困難となる。

　日本では、伝統的に監査役（会）が取締役会に対する監視を行っており、そのため会社の監視問題を検討する場合、どのように監査役（会）制度を改

善するかに重点が置かれてきた。前述のように、企業の国際化などの背景の下で、2002年の商法改正により独立取締役制度が導入され、それが2005年成立した会社法においても受け継がれた。すなわち、委員会設置会社というタイプの会社が設立可能となり、そこでは、取締役会の下で指名委員会、監査委員会、報酬委員会が設置されるとともに監査役会制度が廃止される。このような改革を通して、日本会社法では、ガバナンス構造を設計するに際し、二つの折衷的な選択肢が採用されたと言える：①監査役会を維持すると同時に、監査役の任期延長、独立監査役の設置などが行われる。②監査役会を廃止した会社では、独立取締役を設置し、取締役会内の各専門委員会により監視機能を果たす。①と②は二者択一である[23]。これにより、日本法は独立取締役と監査役会の職権の衝突を調和し前者の独立性を強めている。委員会設置会社のガバナンス構造は、次のようになる：①取締役会は経営方針の決定および経営の監視をするが、業務執行権は有しない。②業務執行は取締役会が選任した執行役が担当する。③取締役会では三つの委員会を設置し、それぞれ3人以上の取締役から構成され、その過半数が独立取締役である。指名委員会は株主総会に提出される取締役選任案を決定する。監査委員会は取締役と執行役に対して監視を行う。報酬委員会は取締役と執行役の個別報酬を決定する。ここでは、監査委員会の職権範囲はかなり拡大されている。すなわち、取締役や執行役の業務執行の状況、違法性、財務状況などを監視するほかに、会社経営上の疑問点（経営戦略）についても取締役会に報告する義務を負い、取締役会にそれを阻止することを求める権限を有する[24]。

　中国では、独立取締役と監査役会が並存することにより問題が生じる。その解決方法としては、監査役会制度を廃止し全面的に独立取締役制度を採用するとか、両者の職権範囲を明らかにしその関係を調和することなどが議論されている[25]。中国の歴史と実情を考慮すれば、長く運営されてきた監査役会を廃止しまたは独立取締役を完全に排斥するよりも、現在の会社法の枠組内での改善を図ったほうがよいのではなかろうか。具体的には、独立取締役は経営者の行為の合理性、正当性について監視、審査および評価をし、事前監視、内部監視、意思決定過程の監視に力点を置く。一方、監査役会は、事

後的な、外部からの監視であり、主に経営者の行為の合法性の監視を行う。それに関連して、独立取締役の具体的な職権について明文規定を設けることが望ましい[26]。また、委員会制度については、行政規定である2002年《上市公司治理准則》52条は、「上場会社の取締役会は株主総会の決議に基づき戦略、会計、指名、報酬・審査などの専門委員会を設置できる。各委員会は取締役から構成され、会計委員会、指名委員会および報酬・審査委員会においては独立取締役が多数を占め委員会招集者を務め、会計委員会で少なくとも1名を会計専門家とする」と規定するが、これを強行規定とするかどうかを検討すべきである。なお、会社自治の観点からは、日本法を参考にして、一定の条件の下で独立取締役か監査役会かの選択をさせる権限を会社に与える制度設計が考えられてよい。

6 証券書類の虚偽陳述（虚偽記載）に関する民事責任

虚偽陳述

　中国の証券市場は近年大きな発展を遂げてきたが、それとともに投資者保護の問題も顕著となった。そのなかの一つは証券書類の虚偽陳述の問題である。2003年の《关于审理证券市场因虚假陈述引发的民事赔偿案件的若干规定》（最高人民法院の司法解釈。以下《虚假陈述規定》という）17条は、虚偽陳述について次のように定義する：「虚偽陳述とは、情報開示義務者が証券法の規定に違反し、証券発行または取引において、重大な事柄に関して事実の真相に反する虚偽記載、誤解を招く陳述、または情報開示の重大な脱漏、不適切な情報開示の行為をすることである」。情報開示義務者は、中国証券法の関連規定（69条、78条、173条、191条、192条など）によれば、証券発行者、証券引受人、証券上場推薦人、証券取引所・証券業協会など自律機構、弁護士事務所・会計士事務所・資産評価機構など証券専門仲介機構およびそれらの役員を含む。また、虚偽記載とは、不存在の事実を情報開示書類に記載することであり、誤解を招く陳述とは、情報開示書類またはメディアを通じて

投資者に間違った判断をさせかつ重大な影響を生じる陳述をすることであり、重大な脱漏とは、情報開示書類において記載すべき事項の全部または一部を記載しないことであり、不適切な情報開示とは、妥当な期限内にまたは法定の方式により開示すべき情報を開示しないことである。重大な事柄については、証券法 67 条は上場会社株式の取引価格に相当の影響を与え、投資者がまだ知らない事柄であると定義した上で、経営方針・経営範囲の変動や重大な投資行為など 12 の場合を具体的に挙げている。

　日本では、虚偽陳述問題については、主に金融商品取引法によって規制を行っている。基本的な枠組みは中国と近似する。証券発行者など関係者は、有価証券届出書、目論見書、有価証券報告書などの書類において情報開示をする義務を負うとされる。そこでは虚偽記載（重要な事項について虚偽の記載があり、または記載すべき重要な事項もしくは誤解を生じさせないために必要な重要な事実の記載が欠けるなどの場合）がある場合には、金融商品取引法の各規制に服することになる。以下は虚偽陳述の民事責任について若干の比較法的な検討を加える。

責任の主観的要件

　ここでは、証券発行者（または上場会社）、証券引受人（または金融商品取引業者）および証券専門仲介機構の民事責任を取り上げる。証券発行者などについて、中国証券法 69 条は、虚偽陳述により投資者が証券取引で被った損害について賠償責任を負うと規定する。すなわち、無過失責任である。《虚假陳述規定》21 条も同じ立場をとっている。これに対して学説上反対の意見がある。その理由は、厳格責任により長期的投資者の利益を犠牲にして短期的または投機的な投資者の利益を保護すべきではないとする[27]。証券引受人などについて、証券法 69 条および《虚假陳述規定》23 条は、損害賠償責任を負うが、証券引受人などが虚偽陳述について過失がないことを証明したときは除くと規定する。これは過失推定責任と理解される。証券専門仲介機構については、証券法には直接規定がないが、《虚假陳述規定》24 条は、責任のある部分の虚偽陳述により投資者に損害を与えた場合に賠償責任を負う

とし、自己に過失がないことを証明したときは除くと規定する。すなわち、同じく過失推定責任である。さらに、《虚假陳述規定》27条は、証券引受人などと証券専門仲介機構が証券発行者の虚偽陳述を知りまたは知るべきである場合に、訂正または保留意見をしないときには、共同不法行為となり、投資者の損害について連帯責任を負うと規定する。つまりこの場合には通常の過失責任となる。

　日本の金融商品取引法18条は、有価証券届出書と目論見書の虚偽記載などについて、届出者が証券取得者に対して損害賠償責任を負うと規定する。証券取得者が虚偽記載について悪意である場合を除き、無過失責任である。有価証券報告書などに虚偽記載などがある場合には、同法21条の2は提出者に同様な責任を負わせている。これらの規定は前述の発行者などの責任に関わる。また、金融商品取引法17条、21条、22条は、有価証券届出書と目論見書の虚偽記載などについて、書類使用者・書類提出者の役員・証券引受人・証券専門仲介機関などの責任を定める。同規定によれば、これらの者が自己の無過失を証明すると責任を免れる過失推定責任を負う。また、同法24条の4は有価証券報告書の虚偽記載などについて、提出者の役員などが同じく過失推定責任を負うと規定する。

　以上の規定を比較するときに特に問題にされるのは、発行者などの責任である。無過失責任の当否については、中国と日本ともに議論があるところである。無過失責任をとれば、投資者保護にとって非常に有利となるが、因果関係の推定が働くことなどから、発行者から見れば過酷な責任を負うことになる。また、無過失責任は損害の合理的な分担を主な目的とする一方、事前予防的な効果が薄いため、発行者にこのような責任を負わせることは、事前の行動に消極的な影響を与える可能性がある。したがって、無過失責任は一律に適用するのではなく、場合によって異なる責任基準を設けるべきであると考える。

因果関係の認定

　虚偽陳述と損害との因果関係を証明することは、実際上、困難な場合があ

る。これにより投資者の保護が阻害されることになりかねない。この問題に対処するため、《虚假陳述規定》18 条は、投資者の証明事項として、①投資者が購入した証券が虚偽陳述と直接関係すること、②投資者が虚偽陳述の実施日から摘発日または訂正日までの間にその証券を購入したこと、③投資者が虚偽陳述の摘発日または訂正日以後にその証券の売却または保有により損害を受けたことを定めている。また、同規定 19 条は、被告が反証できる事項として、①摘発日または訂正日以前に証券を売却したこと、②摘発日または訂正日以後に証券を購入したこと、③虚偽陳述について悪意であること、④損害が証券市場の組織的なリスクなどの原因によること、⑤悪意的投資、証券価格操縦によることを定めている。日本法では、以上に見た各責任類型については、特に過失責任の場合に、因果関係の証明責任は原告側にあるとされる。また、無過失責任に関しては、因果関係の推定がなされる傾向がある。原告と違い、被告は通常法人である場合が多く、証券市場の業務を熟知し、情報的な優位を有する。そこで、原告に因果関係の証明責任を完全に課すことは必ずしも妥当ではなく、その証明責任をどのように合理的に振り分けるかはこれからさらなる研究を要する問題であろう。これに関しては日本法のこれまでの経験が重要な参考となるかもしれない。

損害賠償額の確定

《虚假陳述規定》30 条は、責任者が投資者に対して虚偽陳述により実際に生じた損害を限度に賠償すると規定する。実際損害の内容は、投資差額損失および取引手数料などを含む。基準日までに証券を売却した場合には、投資差額損失は購入平均価格と実際売却平均価格の差額かける保有証券の数で計算する（同規定 31 条）。基準日以後に証券を売却または保有する場合には、購入平均価格と虚偽陳述の摘発日または訂正日から基準日までの取引日終値の平均価格の差額かける保有証券の数で計算する（同規定 32 条）。基準日については、《虚假陳述規定》33 条は、摘発日または訂正日から起算して虚偽陳述に影響を受けた証券の累計取引量がその流通可能な部分の 100％となった日、訴訟が開始してもそれが確定できないときは摘発日または訂正日から

30日目となった日などの確定方法を定めている。この問題について、日本の金融商品取引法19条は、虚偽記載のある有価証券届出書などの損害賠償額については、請求権者の証券取得価格から次の額を控除した額とすると規定する：①損害賠償を請求する時における市場価額（市場価額がないときは、その時における処分推定価額）、②請求前に証券を処分した場合においては、その処分価額。また、責任者は、損害額の全部又は一部が、虚偽記載によって生じた当該有価証券の値下り以外の事情により生じたことを証明した場合においては、その全部又は一部について免責される。以上の両国の規定を比較すると、特に損害計算の基準時について立場が分かれている。個別の虚偽陳述から生じた投資者の損失をより的確にとらえる視点からは前者（中国）の方法がより有効となる。これに対して後者（日本）のほうは実際の計算上の煩雑さなどの問題を避けて投資者の利益保護を優先させるという配慮がその背後にあるではないかと推測される。

7 おわりに

本章では、企業関係の法分野において、特に商法典、会社法、証券法および消費者法に関する代表的なトピックを取り上げ、中日法の比較研究を行った。すなわち、まず第2節で、いわば総論として、中国会社法の基本構造を分析してその特徴を明らかにした上で、近年の発展状況および日本会社法の状況をも踏まえて、どのような研究課題があるかを指摘した。同時に、証券法についても、これから検討すべき問題点に触れた。さらに、商法典制定の当否という問題に関しては、中国における学説議論や地方法規などを概観し、これからの立法課題を検討した。最後に、消費者法の分野につき、中国法の基本構造と近時改正された消費者権益保護法を概観した上で、日本消費者法との比較研究の可能性を指摘した。

続く第3節以下では、各論的なテーマを取り上げた。より具体的には、まず、商法総則に属すべき商事代理権の問題を扱い、経理（支配人）、経理以外

の商業使用人および代理商について、日本法・ドイツ法を参考にして商事代理権ないし取引安全の保護に関する規定や理論などを中国法に取り入れるべき旨を提言した。次いで行ったのは、消費者の情報権利に関する法制度の考察である。そこでは、消費者に開示すべき情報の範囲について、中国契約法および消費者権益保護法における関連規定と日本消費者契約法が採用している判断基準との比較検討を行うとともに、事業者の情報開示義務の違反形態についても、情報不開示と不完全開示に分けて日本消費者契約法を参考にした中国法の立法課題を検討した上で、それらの場合における消費者の契約取消権につき、中国契約法上の規定の問題点を明らかにし、日本消費者契約法上の特別取消権を参考にする可能性を検討した。これに続いて、取り上げたのは独立取締役に関する法的問題である。ここでは中国と日本における独立取締役（社外取締役）の導入状況を考察した上で、独立取締役の選任基準の中日比較をし、さらに、中国法上独立取締役と監査役会が同一会社に並存することから生じる問題と日本法が採用している二者択一の方法が中国法に与えうる示唆などを具体的に分析した。そして、最後に、証券法上の虚偽陳述（虚偽記載）に関する民事責任を検討した。そこでは、主に中国証券法と司法解釈を中心にして、虚偽陳述の定義、責任の主観的要件、虚偽陳述と損害との因果関係の認定および損害額の確定方法について考察し、加えて日本金融商品取引法上の規定およびその解釈論を参考にしながら、改善すべき点などを明らかにした。

　本章は、いくつかのトピックを取り上げて検討するというスタイルにも表れているように、筆者たちによる企業関係法の中日比較研究の第一歩として位置づけられる。企業関係法は多くの法律分野から構成され、そのなかにさまざまな法的論点が含まれている。それらの問題の包括的な検討には、今後の継続的な研究が欠かせない。筆者たちとしては、本章執筆を契機として、さらに研究範囲を広げていきたいと考えている。なお、総じて法律規定ないし学説などの検討にとどまっているが、将来の重要な課題として、判例研究が挙げられるであろう。企業関係法の分野で中国と日本が共有する問題についての司法実務を比較検討することは、特に中国法上の関連問題の合理的な

解決の上で多くの示唆を与えるものと期待される。また、中国の企業関係法の分野では、いまだ法解釈学の方法論が確立しているとは言い難い状況にあることに鑑みると、法解釈学の方法論その他の理論問題も、重要な比較研究の対象であると言える。これらは挙げて今後の課題にしたいと思う。

注

1) 商業登記制度については、主な内容が会社登記管理条例などの行政法規に定められている。また、商号などに関する法制度は、現状において民法または解釈に委ねられているところが多い。
2) 例えば、契約法においては、第12章は金銭消費貸借契約について、商事契約と民事契約（自然人間の契約）に区別して規定を設けている。また、第17章は運送契約を、第20章は倉庫寄託契約を定めている。そのほかにも、商取引に関する規定が多く定められている。
3) 本章は、2013年浙江大学光華法学院で開講された「日本商法特論」の成果の一部である。同授業は、前半は担当教員が日本商法の基本制度などを解説し、後半では参加学生がそれぞれ具体的なテーマを決めて中日比較法研究をし、それをゼミ形式で報告するという形で進められた。本章は、それらの内容をベースにしてまとめられた共同研究である。
4) 中国会社法の司法解釈（二）を検討したものとしては、徐進「中国新会社法の下での解散・清算制度とその問題点」吉原和志＝山本哲生『（関俊彦先生古稀記念）変革期の企業法』（商事法務）229頁参照。
5) 筆者の一人も中国の企業結合の沿革、および関連取引に関する会社法の在り方について論稿を書いている。徐進（2012）「企業結合と中国会社法の課題」国際商事法務40巻6号、895頁。
6) 近年のものとしては、石少侠《我国応実行実質商法主義的民商分立―兼論我国的商法立法模式》、《法制与社会発展》2003年第5期；任尔昕《我国商事立法模式之選択―兼論《商事通則》的制定》、《現代法学》2004年第26巻第1期；王保樹《商事通則：超越民商合一与民商分立》、《法学研究》2005年第1期；楊継、《商法通則統一立法的必要性和可行性》、《法学》2006年第2期；趙旭東《制定"商法通則"的五大理由》、《中国商法年刊》2007年；范健《"商法通則"関于商法基本原則的界定及其立法安排》、《中国商法年刊》2007年；苗延波《論中国商法的立法模式―兼論《商法通則》的立法問題（上）（下）》、《法学評論》2008年第1期第2期など。
7) 学者などによる提案としては、《商事通則》調研組《中華人民共和国商事通則》建議稿》、《商事法論集》2012年4月第20巻。

8) 例えば、《深圳经济特区商事条例》（1999 年制定、2004 年改正）がある。当該条例は、商人・商行為の概念、商業登記、商号・営業譲渡、商業帳簿、商業使用人、代理商などを定めており、実際上伝統的な商法典における商法総則にあたる。
9) 李建伟《公司法学》、中国人民大学出版社 2008 年版、398 页。
10) 刘成杰译注《日本最新商法典译注》、中国政法大学出版社 2012 年版、61-62 页。
11) 于敏《日本消费者合同法》、载《中国民商法律网》。http://www.civillaw.com.cn/article/default.asp?id=8757（2013 年 6 月 29 日アクセス）
12) 消費者庁企画課編『逐条解説　消費者契約法〔第 2 版〕』、商事法務 2010 年版、142 頁。その内容については、赵莹《日本消费者契约法及其对中国消费者合同的借鉴意义》、2012 年华东政法大学硕士论文、16 页から参照した。
13) 李昌麟、许明月《消费者保护法》、法律出版社 2012 年版、87-88 页。
14) 于敏《日本消费者合同法》、载《中国民商法律网》。http://www.civillaw.com.cn/article/default.asp?id=8757（2013 年 6 月 29 日アクセス）
15) 于敏《日本消费者合同法》、载《中国民商法律网》。http://www.civillaw.com.cn/article/default.asp?id=8757（2013 年 6 月 29 日アクセス）
16) 胡鸿高《论公共利益的法律界定—从要素解释的路径》、载《中国法学》2008 年第 4 期、67 页。
17) 耿林《强制规范与合同效力—以合同法第 52 条第 5 项为中心》、中国民主法制出版社 2009 年版、63 页；孙鹏《论违反强制性规定行为之效力—兼析〈中华人民共和国合同法〉第 52 条第 5 项的理解与适用》、载《法商研究》2006 年第 5 期、124 页；黄忠《违法合同的效力判断路径之辨识》、载《法学家》2010 年第 5 期、59 页。
18) 何继祥、王利东《重大误解的构成和撤销权的行使方式》、载《人民司法》2012 年第 20 期、100 页。
19) 説明義務があるかどうかで判断する見解がある。牟宪魁《说明义务违反与沉默的民事诈欺构成—以"信息上的弱者"之保护为中心》、载《法律科学》2007 年第 4 期。
20) 王世权《中日独立董事制度的移植及效果比较》、载《审计与经济研究》、2005 年 3 月。
21) なお、独立取締役の資格要件としては、東京証券取引所「上場管理等に関するガイドライン」が提示する基準も重要であるところ、同ガイドラインでは、以下の者は独立役員の資格要件を満たさないとされている。すなわち、(1)当該会社の親会社又は兄弟会社の業務執行者、(2)当該会社を主要な取引先とする者若しくはその業務執行者又は当該会社の主要な取引先若しくはその業務執行者、(3)当該会社から役員報酬以外に多額の金銭その他の財産を得ているコンサルタント、会計専門家又は法律専門家（当該財産を得ている者が法人、組合等の団体である場合は、当該団体に所属する者をいう。)、(4)最近において上記(1)から(3)までに該当していた者、(5)次の(a)から(c)までのいずれかに掲げる者（重要でない者を除く。）の近親者、(a)上記(1)から(4)までに掲げる者、(b)当該会社又はその子会社

第 6 章　中日企業関係法の比較研究

の業務執行者、(c)最近において(b)に該当していた者、である（東証「上場管理等に関するガイドライン」Ⅲ 5.(3)の 2)。
22)　余云波《论独立董事的独立性》、苏州大学 2010 年硕士学位论文。
23)　王世权、细沼蔼芳《日本企业内部监督制度变革的动因、现状及启示》、载《日本学刊》、2008 年第 4 期。なお、現在国会上程中の会社法改正案では、従来型の会社（委員会設置会社以外の会社）に監査役（会）の代わりに監査委員会のみを置く監査委員会設置会社という第三の類型の会社形態を認めている。
24)　侯惠英、张长胜《日本公司治理结构内部控制中存在的问题分析》、载《现代日本经济》、2007 年第 2 期。
25)　王世权、细沼蔼芳《日本企业内部监督制度变革的动因、现状及启示》、载《日本学刊》、2008 年第 4 期。
26)　以上、日本の議論を参考にしている。なお、近年、政府は会社法の規定に基づき《上市公司独立董事条例》の制定に着手している。それにより独立取締役の職権行使、責任などについて実行可能な規定が設けられることが期待される。
27)　齐斌《证券市场信息披露法律监管》、法律出版社 2000 年版、281 页。

［末永　敏和（監修）、徐進、施鴻鵬、朱晶晶、陳晰予、王賀静］

第7章

児童の権利に関する条約と「子どもの最善の利益」の原則

1 はじめに

　1989年11月20日の国連総会において、「児童の権利に関する条約」(以下「子どもの権利条約」[1]という)が全会一致で採択された。その背景には、子どもが権利を奪われている状態が世界中に広がっているという認識に基づき、条約をつくって各国の政府にそれを是正する責任を負わせようという考えがあったとされる (堀尾 1992：7)。人権思想の広がりを前提にしながら、子どもという、大人とは違うものの、単に未熟なものとみなすだけではすまない、特別な存在に着目し、その権利をあらためて問い直そうという動きが、広い意味での教育思想のなかに芽生えてきた。古い家父長権から親権が独立するとともに、子どもの権利が再認識され、親権と不可分である親の義務の問題もさまざまな場面から提起されている。そのような大きな歴史の流れを通して、そして特に児童権利宣言を経て、子どもの最善の利益を考えることが子どもの権利を実現する上での根本原則だということが確認されてきた (Demleitner 2014：491)。まさにその集大成となったのがこの子どもの権利条約である。

　子どもの権利条約が採択されてから5年後の1994年には、この条約の国内での批准手続を終えて、日本も批准書を国連事務総長に寄託し、158番目

第 7 章　児童の権利に関する条約と「子どもの最善の利益」の原則

の締約国となった。台湾は国際法的には特別な存在であるため、いまだこの条約の締約国になっていないが、中華民国憲法を解釈する権限をもつ司法院大法官の説示によって、この条約の規定が台湾において子どもに関する問題を解決するための一つの重要な法的根拠とされた。その際、子どもの権利条約にいう子どもの最善の利益とは何かという問題も提起され、子どもの人権を巡る学問的議論をより一層深化させようとする動きの火付け役ともなったのである。

　本章では、日本と台湾という二つの法域において、「子どもの最善の利益」という、国際条約に謳われた原則が実現されていく道程を探ることによって、グローバル化時代の法の発展の一側面を明らかにしたい。それとともに、法と言語の相互的理解を進めながら、社会相互の間に連帯感を生み出し、東アジア地域全体の発展を図っていくために、多国間の法情報データベースを構築することの重要性を示し、それによってもたらされる法学的な研究方法の変化についても併せて考察する。

2 　学校教育と子どもの人権：日本の状況

　子どもの権利条約は、第一次世界大戦後、子どもの発達保障が人類的課題として自覚化されて以来（喜多 1990：56）、国際社会に生じたさまざまな動きを継承し、人々の英知を結集して到達した一つの頂点である。この条約は日本の国内では大きな波紋を呼んだが[2]、対応については、民間と政府側とで温度差があった。民間では「この条約の批准にあたっては、政府の児童政策が直接的に反映されることになる。しかも、ひとたび締結された条約は、発効後においては法律の上位法（憲法より下位）としての法的地位を有することになり、条約と矛盾し、かつ子どもの権利実現にとって妨げとなる法規は直ちに改正をよぎなくされるわけである」（永井 1993：4）として、積極的対応が期待されていたのに対し、1992 年 3 月に政府から国会に提出された同権利条約の承認案の説明書には、「この条約の実施のためには、新たな国

内立法措置を必要としない」「なお、予算措置も不要である」と書かれており、政府の対応は相対的に消極的であったと言わざるをえない。

たしかに、子どもの権利条約 41 条によれば、国内法の規定が本条約よりも「子どもの権利の実現にいっそう貢献する」場合には、国内法が優先することになる。だが、これは国内において子どもの人権を尊重し保護する度合いが国際標準を上回っていると評価し得る場合に限られており、国内法の規定を条約と調和させるための法改正の必要性を否定するものではないと見るべきである。

愛国教育と教育基本法の改正

子どもの権利条約の理念に照らして、子どもの主体性や、憲法による人権の保障が果たして実現したかどうかを検証する過程で、特に学校教育の分野においては、多くの課題が提起されている。以下では二つのテーマに絞って検討したい。一つは日の丸掲揚・君が代斉唱の義務づけによる愛国教育の実施と 2006 年教育基本法の改正であり、もう一つは、学校におけるいじめ問題の深刻化である。

国を愛することと、国旗や国歌のような、その国の象徴となるものを尊重し、愛することとは結びつけて考えられることが多い。戦前の経験もあり、国のシンボルである国旗や国歌をめぐる問題は、長い間教育法学において論争の的となっていた（枦山 2009：196-197）。学校における日の丸掲揚や君が代斉唱の義務化は子ども・親・教員の「思想・良心・信教の自由」や「親の教育の自由」、さらには子どもの人格権といった基本的人権と直截に関わるからである（結城 2007：149-150）。

1999 年に国旗国歌法が制定され、さらに 2006 年に教育基本法が改正されて、「我が国と郷土を愛する」態度を養うことが新たに教育の目標とされた。前者の国旗国歌法の制定時、政府は国会の答弁において、同法は国旗掲揚・国歌斉唱を強制するものではないと再三強調していたが、同法が施行されて以来、全国の学校で教育委員会、学校長が教職員に対し、国旗に向かって起立することや国歌斉唱、ピアノ伴奏を義務づけるケースが相次ぐようになっ

た。かような国旗掲揚・国歌斉唱の義務づけに対しては、それが教職員の内心の自由を侵害するのみならず、子ども達にも間接的な圧力をかけるものだという批判がある。

また、日本国憲法19条の規定に基づき、国や郷土にいかなる気持ちを抱くか、国のシンボルを何に求めるかは個人の価値観の問題であって、各人の自由に委ねられなければならず、とりわけその義務化が成長過程にある子どもたちの人格形成に与える影響には極力配慮されなければならないという主張がある。賛否の分かれる日の丸・君が代に対する特定の態度を、改正教育基本法や国旗国歌法などの法的規範を通じ、政治の力によって強要することは、子ども達の健全な発育をゆがめるおそれがあるとの見解も唱えられている（梠山 2009：196）。

子どもの権利条約だけではなく、日本国憲法も正面から思想および良心の自由の保障を謳っていることを考えるとき、このような指摘は傾聴に値すると思われる。また、思想および良心の自由は、自己の思想および良心について「沈黙を守る自由」を含むと解されるべきであり、子どもの自主的判断の下でとった行動だと証明され、確認されるのであれば、子どもだけではなく、関係者に対しても不利益処分を与えるべきではないと考えられる（結城 2007：152-153）。

いじめ問題の深刻化

いじめ問題の解決は、現代の子どもが生きる上での重大な社会的課題であり、これをめぐる研究や議論は厖大な数に上っている。なかでも次のような指摘は、子どもの権利条約に設けられる規定の実現との関連で興味深い。「日本では、画一的であること、均質であることが重視され、異質なものを排除する傾向がある。このため、小さい頃から多数と横並びであることを求められ、他者と異なることを恐れるという傾向がある。この日本社会の特殊性は、子どもたちが身を置く『教室』においてはいっそう強く、人間は、姿、形、考えなどが一人ひとり違うが、皆等しく同等の人間として人権をもっており、お互いに相手の人権を尊重し、人間として尊重し合うべきだ、という

人権論が根づきにくい遠因となっている」(日本弁護士連合会　2006：38)。

　このような指摘があたっているとすれば、子どもの人権が着実に実現されない限り、いじめの問題はいっそう深刻になっていくほかないと思われる。日本にとって、正面から向き合うべき、喫緊の課題である。多くの識者によって実際にいじめが起こる主な場所として認識されているのは学校や教室である。それゆえ、2013年に制定・公布されたいじめ防止対策推進法は、私立学校も含めて多くの学校に制限や義務を課したのである。これは現状に見合った対策であるが、依然として検討を要するところが少なからず残っている。

　なかでも、課題となりうるのが、2000年に制定された「児童虐待の防止等に関する法律」(以下「児童虐待防止法」という)との間の調整である。1991年9月の東京地裁判決は、いじめを「学校及びその周辺において、生徒の間で、一定の者からと特定の者に対し、集中的、継続的に繰り返される心理的、物理的、暴力的な苦痛を与える行為を総称するものであり、具体的には、心理的なものとして、『仲間はずれ』、『無視』、『悪口』等が、物理的なものとして、『物を隠す』、『物を壊す』等が、暴力的なものとして、『殴る』、『蹴る』等が考えられる」(日本弁護士連合会　2006：32)と定義した。いじめ防止法で与えられている定義では、より広汎な行為がいじめとされているが、東京地裁の判決から示されたように、いじめのなかには虐待にあたるものも決して少なくない。通常、子どもに対する虐待行為は物理的、心理的に子どもより優位に立つ人間によってなされると考えられているが(児童虐待防止法2条)、子ども同士による虐待の行為も当然想定されていると考えられる。いじめ防止法4条には「児童等は、いじめを行ってはならない」と明白に禁止している。児童虐待防止法(特に3条)もかような趣旨に基づいて解釈されるべきであろう。すでに10年以上実施されてきた経験ももつ児童虐待防止法と連動させて、児童虐待・いじめ防止の周知、通報および治療の体制を構築していくのは子どもの権利条約が求める子どもの最善の利益の原則の実現に相応しいやり方であると考えられる。

　日本には、日本政府が子どもの権利条約を批准した1994年からの16年間

を「ざっと振り返って見ると、子どもの権利の置かれている状況は悪化の一途を辿ってきた」という厳しい見方がある。それが当たっているとすれば、2008年6月4日に下された最高裁大法廷の国籍法違憲判決[3]は一つの慰めと言えよう。子どもが、自分の意思や努力では変えられないことによって不利益を受けないという大原則が再確認されたと考えられるからである。子どもの権利条約などによって保障された国籍取得の権利を出発点として、国籍制度を再構成すべきだという提言（中川 2013：111-112）があるが、それ以外にも、子どもの権利条約に関わる各々の領域において、同様な努力がなされるべきであろう。

3 子どもの権利条約と憲法：台湾の状況

ここではまず、国際社会の合意に基づき締結される条約が、中華民国憲法によってどのように取り扱われるかを概観したい。

中華民国憲法38条は、条約の締結権を総統に賦与している。もちろん総統はあくまでも国家権力の一部であり、ほかの権力機関との間で相互に調整を図ることが必要であるため、憲法には、条約の締結に関する行政府の役割を定める58条2項と、立法府の役割を規定する63条が置かれている。これらの条文によれば、条約を締結する際、条約案はまず中華民国の最高行政機関である行政院で開かれる行政院本会議に付議され、続いて国の最高立法機関である立法院による承認を得なければならない。立法院において条約に対する修正意見が付されたり、その実施に特別な条件が求められたりした場合、条約案は行政院に回送される。その後、総統の許可を経た上で、行政院は、10日以内にもう一度立法院に上程することができる。条約案が承認され、総統令に基づいて公布された場合には、国内法と同じく法的効力をもつことになる。

このように、立法院には条約の内容を修正する権限が賦与されており、また、行政院および立法院において承認された条約は国内法としての法的効力

をもつことになっている。ただし、学説のなかには、立法院は条約を修正する権限を無闇に行使すべきではない（薩・黄 2007：305）とか、後に承認された条約について国内法としての法的効力を認めても、国内法的規範における後法優先適用原則の適用を受けないとか、逆に自国の法律をもって条約の内容を安易に変更すべきではない（薩・黄 2007：307）といった主張も見られる。

　1993年に、司法院の大法官会議は、台湾の中華民国政府と中国政府との間に結ばれる協定が、立法院による、条約を承認する権限の行使対象となるかどうか[4]をめぐって、釈字第329号解釈を公布した。大法官会議はその主文において、条約を次のように定義する。「条約とは中華民国とその他の国家又は国際的組織との間に締結する国際的な書面の協定を指す。その中には、条約又は公約と名付けられたもののほか、協定などの名称を用いてはいるが、国家の重要な事項或いは人民の権利義務と直接に係わり、法的効力を持つものが含まれる」。さらに、理由書の最後で「台湾地区と大陸地区（中国）の間に結ぶ協議は、本解釈にいう国際的書面の協定に属しない故、立法院に送付し審議を受けるかどうかの問題は本解釈により解決が図られることではないと付言する」と説示した。なお、この解釈で示されたのはあくまでも条約を締結する際、各国家権力機関の役割分担であり、承認された条約案が、法律と同等か、あるいは法律に優越する法的効力をもつか否かについては触れられていない。

　この解釈に対し、学界には、条約の範囲が狭められるのではないかとの批判的な見解がある。この論者によれば、中華民国憲法38条、58条2項および63条にいう「条約」とは、各条に定められる手順を踏むべき条約案を指しているのであって、141条にいう「条約」と同一視すべきではない。後者にいう「条約」とは中華民国が対外的に締結したすべての国際条約を指しており、1971年に国連から離脱する以前に中華民国が締結した条約、およびその後台湾を所在地とした中華民国政府が他国政府との間に結んだ二国間あるいは多国間の条約は、すべて中華民国政府の外交において尊重されなければならないというのがこの論者の主張である（黄 2004：6-9）。

第 7 章　児童の権利に関する条約と「子どもの最善の利益」の原則

「施行法」による国内法体制への組み入れ

　前述した中華民国憲法の規定および台湾における中華民国政府の国際的地位の変動、戒厳令が敷かれていた時期の国内事情などにより、1970 年代以降、立法院が条約案の承認権を行使する頻度は高くない[5]。国連で採決、公布された重要な国際条約に加入する機会も見送られてきた。それは台湾における人権保障の促進にとって決して好ましいことではなかったと言えよう。幸い、1980 年代以降、台湾では民主化運動が活発になり、1987 年には戒厳令も解除されて、人権保障を研究したり、具体的な人権の保障を唱えて社会運動を行ったりする機運が一気に高まってきた。

　その間、1994 年 5 月には、李登輝総統が率いる中華民国政府は外交部による声明の形で、子どもの権利条約を遵守する決意を国際社会に向けて表明した（施 2004：171-172；呉 2011：74-75）。もちろん、これによって直ちに台湾が子どもの権利条約の締約国になるわけではないが、後述するように、台湾の各公的機関はこの条約を無視してはならないという政治的約束をすることになったのであり、この宣言がもたらす影響は小さくないと言うことができる。

　とは言え、子どもの権利条約は、台湾の行政府および立法府による承認という、中華民国憲法に定められた手続きを経ていないため、それ自体は法的効力をもっていない。このような状態について再考するきっかけとなったのは、2009 年に制定、公布された「市民的及び政治的権利に関する国際規約並びに経済的、社会的及び文化的権利に関する国際規約施行法」（以下「両公約施行法」という）の登場である。同法 1 条は「1966 年に国連の採決した市民的及び政治的権利に関する国際規約（International Covenant on Civil and Political Rights）並びに経済的、社会的及び文化的権利に関する国際規約（International Covenant on Economic Social and Cultural Rights）（以下併せて「両公約」という）を実施し、我が国の人権保障体制の健全を図るため、この法律を制定する」と定めている。これによって、台湾は両条約を実施し、その規定を国内において具現化させる決意を国際社会に向かって表明したとされる。

　さらに、同法 2 条には、両条約に置かれた人権保障規定が国内法に相当す

る効力をもつことも明言している。これは中華民国憲法の定めるやり方とは別に、当面台湾の政府側が国際条約を国内法体系に組み入れる一つの方法であると言えよう。現職の大法官である李震山も、両公約施行法の制定は、台湾の国際法的地位の下で、国の立法府および行政府が重要な国際条約を国内法に組み入れ、実現したいという決意を表すものだとし、同法に従って、条約の内容を国内法に着実に取り入れて具体化しなければならないと主張している（李 2011：478-479）。

このような背景があることから、子どもの権利条約に関しても、同じような形で台湾の国内法体系に組み入れようにする動きが見られる[6]。

大法官解釈における引用

司法院の大法官会議は、2004 年と 2007 年、個別の事案を解決するために、二つの解釈を作成し、それぞれの解釈理由書で子どもの権利条約の規定を引用している。

2004 年に大法官釈字 587 号解釈で取り扱われたのは、子どもの自分の出自を知る権利に関する法的解釈である。改正前の民法 1063 条には、「①妻の受胎が婚姻関係継続中である場合には、その生まれた子女を嫡出子と推定する。②前項の推定については、夫婦の一方がその受胎は夫によるものではないことを証明することができるとき、否認の訴えを提起することができる。ただし、その訴えは、子の出生を知ってから一年以内にしなければならない」と定められていた。この規定について、大法官は、家族における身分の安定および子どもの利益を考慮し設けられた条文であると解されるにもかかわらず、嫡出推定を否認する訴えを提起する権利が子どもに与えられていないのは、子どもの人格権および裁判を受ける権利を保障した憲法の規定に違反すると判断した。そして、同解釈理由書の冒頭で「子女が自分の出自を知る権利を有することは、1990 年 9 月 2 日に発効した子どもの権利条約第 7 条第 1 項に規定されている。真の父子関係の確定は子女の人格権に深く関わっているので、（自分の出自を知る権利は）憲法 22 条によって保障されると解されなければならない」と述べた。

第 7 章　児童の権利に関する条約と「子どもの最善の利益」の原則

　このような前提に基づき、争点となった台湾民法の規定について、大法官は「夫婦の一方しか否認の訴えを提起することが出来ないとされていることは、子どもも独自に（法律により推定される）産みの父を否認する訴えを提起する可能性に配慮していないと見るべきであり、子どもも享有している訴訟を受ける権利に対して不当な制限を課していると考えなければならず、また子どもに保障されている人格権の侵害にも当たる。このようなことは親子関係に関わる法的規範を定める民法が、従来子どもの最善の利益に配慮してきたというその趣旨（民法第1055条から第1055条の2、第1089条第2項、第1094条第2項の規定を参照）に反するだけでなく、憲法が、子どもの人格権を保障するという憲法的価値を実現する上でも妨げとなる」と説示した。

　他方、児童及び少年売春の禁止条例の合憲性問題を取り扱う釈字第623号解釈において、大法官は、同解釈の理由書中で、子どもの権利条約19条と34条の条文を参照しながら、「児童と少年をあらゆる売春の活動から保護することは、世界共通的に認識された（子どもが享有する）基本的人権であり、十分に保障しなければならない公益でもある故、国家は適切な禁止的措置を取る義務を負い、児童及び少年の心身的健康及び健全な成長を促進しなければならない。よって、児童及び少年の売春禁止条例第1条（に定められる）…目的は正当である」と述べている。

　このように、憲法を解釈する権限をもつ司法院大法官のなかに、子どもの権利条約の規定を直接的に引用し、子どもの人権の保障をより明確にして、司法による実質的な救済を与えようとする考えが登場したのは意義深いことである。しかしながら、学界には、これが、大法官が本当にこの条約の真の意義を十分に検討した上の結果であるかどうかは疑わしいという意見もある（呉 2011：180-181）。「『子どもの権利条約』の実質的な意義や中身を検討しないまま（中略）ただ単純に条約から切り取ってきた条文を詔勅のように取り扱う姿勢を見直せないのであれば、台湾で（この条約の理念を真に実現させようと考え）、この条約の規定を人権の信条をご神体とする神殿に祭り上げ、人々に崇拝させるだけに終わらせないようにと望んでみたところで、（中略）現状を打破することはできないだろう」（呉 2011：186）との警告は傾聴に値

194

する。

　子どもの権利条約の生成や制定過程への理解を、実務的にも、学問的研究の分野においても、よりいっそう深めていく必要があろう。特に、憲法の観点からこの条約との調整に如何に着手するべきかという問題についての研究をまず行わなければならない。

国内法の整備

　1987年7月、台湾で戒厳令がようやく解除されることになった（後藤 2009：101）。長い間戒厳令によって凍結され、棚上げされてきた中華民国憲法の法的効力も、その後の「動員勘乱時期臨時条款」の廃止によって回復されることになった。しかしながら、40年間近い凍結状態の後で、元の中華民国憲法の条文をそのまま戒厳令解除後の台湾社会に適用するのは難しいことであった。憲法を改正する権限をもつ国民大会の存続問題も争点化した。民主主義に合致する憲政体制を再構築するために、民主進歩党など新興政党勢力の声も汲みながら、国民党政権の主導で中華民国憲法修正条項を制定する動きが1991年から始まった。それと連動して、国内法体制も徐々に変化していく。

　子どもの権利条約に注目し、台湾の国内法に対するその影響について検討する初期の学術論文には、中華民国憲法の条文と権利条約の関連性や相互的調整の可能性を正面から取り扱うものは多くない。取り扱う場合でも、ただ「我が国で実行される法律を見ると、まず憲法においては人民の基本的権利を保障する規定が設けられている」（陳 1996：4）とか、「我が国の憲法第15条に人民の生存権、勤労する権利及び財産権を保障することを定めており、第155条には老弱や障害が持ち、生活に支障がある者及び重大な災難に遭った者に対し、国は適切な援助及び救済を与えなければならないと規定し、第156条にはより一歩進んで、国は民族の生存及びその発展の基礎を固めるため、母性を保護し、婦女及び児童の福祉政策を推進しなければならないと定めている」（廖 1996：39）といった文言にとどまるものが多く（王 2013）、権利条約の内容を憲法の構造から真剣に検討することはそれほど行われてい

ない[7]。

　とは言え、少なくとも中華民国憲法の規定は権利条約の規定を国内法に取り入れる上で妨げになってはいないという認識は、多くの専門家によって共有されていると言えよう。7回の改正を経てきた中華民国憲法の修正条項には、このような認識をより確実にするものがある。1992年の憲法修正案では、その18条に「国は人民の人格的尊厳を守らなければならない」という規定が初めて登場した。「人民」のなかには当然に子どもも含まれる。子どもの権利条約に示される「子どもの最善の利益」原則が実現されるためには、子どもは子どもとしての尊厳をまず守られなければならない。人民の人格の尊厳を尊重し守るという中華民国憲法の立場は、子どもの権利条約が求める子どもの人権の実現という目的に反せず、むしろそれを支える基礎になる。それゆえ、中華民国憲法は子どもの権利条約との明確な接点をもっており、前述した憲法の規定は国内における子どもの人権の実現に資する憲法的根拠として援用することができるのではないかと思われる。なお、2013年10月に公布された大法官釈字第712号解釈の解釈理由書は、その一段目で、あらためて「個人の主体性及び人格の自由な発展は、人間の尊厳に対する尊重という理念に基づき、憲法によって保障されている」[8]と確認した。このような立場は、子どもの権利条約の前提に十分に合致し、この条約が追求する子どもの主体性の確立という理念、および子どもの最善の利益という原則を確実なものにすると考えることができよう。

　本章の執筆者の一人である施慧玲は、2013年に、行政院衛生福祉部社会および家庭署からの依頼を受けて、子どもの権利条約の内容を国内法に取り込む際、各条文の規定に適合するよう、関連する法律をどのように調整するべきかについての研究報告（未公刊）をまとめた。以下、この条約の基本を定めた1条から3条に係る報告書の提言を抜粋し整理する。

　子どもの権利条約1条は「児童（子ども）」について定義し、「この条約の適用上、児童とは、18歳未満のすべての者をいう」と定めている。また、「児童の売買、児童買春及び児童ポルノに関する児童の権利に関する条約の選択議定書」の前文は、同議定書を結ぶ目的が子どもの権利条約の規定（特に、1

条、11 条など) の実施をさらに達成することにあると宣言し、もう一つの選択議定書である「武力紛争における児童の関与に関する児童の権利に関する条約の選択議定書」1 条および 2 条も、18 歳未満の者は自国の軍隊に強制的に徴集されず、その構成員として敵対行為に直接に参加しないと規定する。

報告書は、台湾の現行法のうち、「児童及び少年の福祉と権益保障法」、「児童及び少年の売春禁止条例」並びに「少年事件処置法」などがこれらの条文に関わる主要な法規であるとし、関連する規定を検討の対象とした。まず助言 1 において、権利条約に使われる「児童」という言葉を国内の現行法に当てはめる場合、「児童及び少年」に置き換えるほうがよいと指摘する。その根拠は「児童及び少年の福祉と権益保障法」2 条と「少年事件処置法」2 条に求められる。前者によると、児童及び少年は 18 歳未満の者を指し、そのうち、12 歳未満の者を児童、12 歳から 18 歳未満の者を少年と称している。後者も同様に 12 歳から 18 歳未満の者を少年と定義するため、権利条約のいう「児童」は台湾の法的規定に置き換えれば「児童及び少年」のグループを指すとされる。続く助言 2 においては、「児童及び少年の売春禁止条例」18 条から 21 条までの定めにより、18 歳未満の児童及び少年の売春行為自体、並びに周囲の者 (親、養親または監護人など) の、児童及び少年に対して性交渉を強要する行為を禁止するだけではなく、本人を教化するための保護処置も 20 歳まで延長している故、権利条約の規定に反してはいないと評価する。最後の助言 3 には、少年事件処置法 85 条の 1 に「7 歳以上 12 歳未満の者は、刑事的法規範に反する行いのある者について、少年裁判所に移送し少年保護事件として扱い処分をする」と定められている故、同法の適用対象を 12 歳から 18 歳未満の少年に限定していないことが明示されていて、同じく条約の規定にも反しないと評価される。

子どもの権利条約 2 条は子ども又はその父母若しくは法定保護者に対する差別を禁止している。この規定について、報告書は、中華民国憲法、憲法の修正条項、前述した児童及び少年の福祉と権益保障法、原住民族教育法並びに教育基本法などの国内法的規範に同様な規定が設けられているとした。ここで憲法修正条項 10 条が取り上げられているのは重要な意義があると考え

られる。報告書にはまた、児童及び少年に関する社会的援助を行う団体は多くは都市部に集中しており、郊外地域への実質的なサービス提供を行うことが少なく、権利の保障を怠らないようにとの呼びかけなど、一方的な宣伝活動しかできないという地方自治体からの意見が紹介されている。郊外地域における差別の現状に対する調査や社会的資源の分配を再検討する作業は緊急の課題だと思われる。

　子どもの権利条約3条は「子どもの最善の利益」という原則について定める。この条文に関係のある主要な法規として、報告書は、台湾民法並びに「児童及び少年の福祉と権益保障法」を取り上げている。まず台湾民法7条には、胎児は死産者の場合を除き、将来、同人の利益を保護する必要が生じた場合は、出生した者としてみなすことができると定められている。また、77条には、単純に法的利益を獲得すること、またはその年齢及び身分に見合う日常生活で必要とされることについて、未成年者は意思表示をし、またはそれを受けることに関し、法定代理人の同意を必要としないと規定している。

　1055条、1055条の1、1055条の2は、いずれも親の離婚の際に未成年者に対する権利義務の分担を定める条項である。親だけではなく、裁判所、公的機関、社会福祉団体及びその他の関係者に対し、子どもの最善の利益を考慮する上の行動をとることを要求している。2010年に改正された1059条の1では、婚外子の姓の変更を求める法的要件を緩めた。例えば、要件として挙げられているもののうち、「父母の一方が明らかに扶養の義務を尽くしていない場合」を削除した。裁判所が、親の一方あるいは子ども本人の請求により、子どもの利益を図る原則に基づいて、子どもの姓の変更を、より容易に宣告できるようにしたのである。最後の1079条の1は、養子縁組を結ぶ際、裁判所は養子の最善の利益に従い、許認可を与えるべきであると定めている。

　報告書には、「子どもの最善の利益」に関わる法規として、憲法や修正条項の条文は挙げられていない。たしかに、憲法条文を援用しなくとも、幾度かの改正を経た台湾民法の条文によって、子どもの権利条約が求める「子ど

もの最善の利益」という原則の実現に近づくことが可能であると考えられなくもない。しかし、国家機関に提出する報告書であることを考えるならば、やはり一国の法的な礎である憲法や修正条項の条文を付加すべきであろう。

軍事教育と校則

　2007年2月に、ユニセフの主催によりフランスで開かれたパリ原則会議において、フランスの外務大臣は、世界には25万から30万人程度の子ども兵士が存在していると述べた[9]。この数字が現状を正確に反映しているかどうかは別として、子ども兵士の存在すること、そしてそれが子どもの権利条約の理念に反していることは明らかである。たしかに、この条約38条の文言によって、子ども兵士が全面的に禁止されていると解釈するのは難しいが、武力紛争からできる限り子どもを保護することが子どもの権利条約の求める主な目的の一つだとすれば、現に武力紛争が起こっていない国や地域においては、18歳以下の子どもに軍事教育や軍事的活動に類する訓練を受けさせることを全面的に禁止するのは当然であると考えられる。現に、国際社会には国際刑事裁判所のローマ規程（8条）やシエラレオネ特別裁判所の規定のような例がある（稲角 2005：79-86）。前者は15歳未満の、後者は18歳以下の子どもの軍事目的での徴集を禁止している。

　これらを踏まえつつ、台湾の現状を見ると、中華民国憲法の定める徴兵制が、兵役法3条によって18歳未満の者を適用の対象から除外していることは、権利条約の規定に合致していると評価することができよう。しかしながら、軍事教育を行う学校が高等学校部を設け、14歳以上18歳までの者に対し、入学の勧誘を行っていること[10]は検討を要する。軍事的活動に類する内容の教育を受けた子どもは、他の子どもよりも危険な軍事的行為に参加させられる可能性が高いからである。台湾における軍事的教育を施す学校制度については、子どもの権利条約に照らしてその教育内容を検証し、検討すべきだと考えられる。

　他方、「いじめ」をはじめとして、子どもの人権の侵害をめぐる問題は学校で起こる割合が高い。これはおそらく日本と台湾に共通する認識だと言え

199

よう。そして日本では、学校の校則が子どもの人権を侵害しているのではないかという議論がある割には、校則の違憲性をめぐる裁判例が少ない。台湾でも近年ようやく校則の問題性に対する真剣な取り組みが見られるようになったが、いまだ一つの社会運動にとどまっている。運動の参加者の一人は、2001年から2013年までの変遷を振り返って、「（学生の立場から見れば合理的ではない校則について）今でも政府は『学校に再検討を要請する』との決まり文句に終始している。（政府は）学生（や生徒）の人権を保障することが最重要だとは考えていない」（林 2013：21）と述べている。時間の流れとともに、子どもの権利条約の遵守を約束した政府の責任がいっそう重くなっていくとすれば、このような言葉を真摯に受け止めなければならない。

4 「子どもの最善の利益」と日本法

　前述したように、日本は1994年4月22日に子どもの権利条約を批准した。条約では、締約国は適当な立法および行政措置をとり、子どもの福祉を保障しなければならないと定めている（3条2項、4条）。ところが、日本は批准に際し、将来、条約に基づく国内法規の改正、予算措置は必要ないという強硬な立場を示した（広沢 2008：70）。本章の執筆者の一人である施慧玲は、かつて次のように述べた。民法などの関連規定を見る限り、日本では子の最善の利益はあまり重視されていないようであり、公表された事案を見る限り、裁判実務でも「子の最善の利益」が引用されるのは、不法滞在者退去強制事件に際して、裁判所が、不法滞在者の子が日本に住み続けるべきであるという判断を下す場合に集中している（施 2011：97-98）。

　これに関して、三つの問いを立てることができる。①日本民法は、なぜ「子の最善の利益」でなく、「子の利益」という用語を採用しているのか。②日本民法と裁判実務は、いかに子の（最善の）利益を実現しているのか。子の最善の利益が考慮される場面は、果たして不法滞在者退去強制事件に集中しているのか。③台湾民法と裁判実務は、いかに子の最善の利益を実現して

いるのか。台湾法から日本法に対しては、いかなる示唆を与えられるのか。本節と次節は、これらの問いに解答を与えることを目的とする。まず子の最善の利益の原則に関する条約の中身を紹介し、両国における同原則の国内法化の過程および実務の運用状況をまとめた上で、それぞれの特徴を指摘し、その異なる原因を明らかにする。

子どもの最善の利益の原則に関する条約の中身と日本の対応

　条約の基本理念は、子どもは大人と同様に、人権および人格の尊厳を享有するものである。ただ、子どもは知能が完全に発達しておらず、自分の利益を充分かつ有効に保護することができないことにかんがみ、その健全なる成長を図るために、その権利行使を監督または制限すべきだと考えられている。具体的に言えば、子どもに家庭成長権、教育権、刑事免責権、優先権、特別保護権などの権利を認めることで、その権利行使の不足を補うわけである（施 2011：99）。

　子どもの人権を守るために、国および社会は協働し、子どもの人権を中核とする責任の同心円を作るべきである。すなわち、家庭が第1層をなし、父母は子どもを保護・教育する責任を果たすべきであるが、学校は第2層をなし、その教育権を守るべきである。第3層は社会であり、コミュニティ、児童福祉団体、マスコミないし一般人は、できるだけ子どもの健全なる成長をサポートする環境を作り出すよう尽力すべきである。そして、国は最上層の保護者の役目を担当し、監督、サポート、指導、強化ないし代替などの方法により、子どもの最善の利益が隅々にまで保護されるよう確保すべきである（施 2011：100）。子どもに関するすべての措置をとるにあたっては、社会福祉施設、裁判所、行政当局または立法機関のいずれによって行われるものであっても、子どもの最善の利益が主として考慮されるものとする（3条1項）。

　では、子どもの最善の利益とは何であろうか。家族法の観点からは、以下のようにまとめることができる。

(1) 子の氏名権：子は、出生の時から氏名を有する権利を有する（7条1項）。

(2) 出自を知る権利：子は、その父母を知る権利を有する（7条1項）。
(3) 子の家庭成長権：子は、その父母によって養育される権利を有し（7条1項）、虐待、放置または父母の別居という特定の場合を除き、その父母から分離されないように確保される（9条1項）。分離されるとしても、子は父母と面会交流の権利を有する（9条3項）。また、養子縁組の場合であれば、それが子の最善の利益に合致していなければならず、かつ権限のある当局から許可を得なければならない（21条）。
(4) 父母による子の最善の利益に基づく共同親権の行使：子の養育について、父母は共同の責任を有する。父母（または後見人）は子を養育する際に、子の最善の利益に依拠すべきであり（18条）、子を虐待、放置、搾取してはならない（19条）。
(5) 子の意見表明権：子は自身に関する事項について、自由に意見を表明する権利を有する（12条）。
(6) 子の扶養を受ける権利：父母はその資力の範囲内で、子の生活条件を保つべきである（27条2項）。

これらの権利に関し、日本政府は外務省児童に関する権利条約政府報告書（以下「政府報告」という）第1回政府報告（1996年5月）において、以下のことを指摘している。日本国憲法はすでに、「すべて国民は、個人として尊重される」（13条）と強調している。また、児童福祉法が「すべて国民は、児童が心身ともに健やかに生まれ、且つ、育成されるよう努めなければならない」（1条1項）と規定しているほか、少年法も「少年の健全な育成を期」し、児童の最善の利益を考慮することを前提に制定している（1条）（第1回政府報告54項）。要するに、条約に加入した当初、日本は積極的に同原則を国内法に持ち込むこととはせずに、ただ既存の条文をいくつか挙げて対応するにとどめたのである。

第2回報告（2001年11月）では、家事審判法は「個人の尊厳」を基本として、児童の最善の利益を考慮していることに言及するほか（第2回政府報告106項）、1997年の児童福祉法の改正および2000年の児童虐待防止法の制定は、児童の利益を保護するに非常に有益であるとしている。もとより児童福

祉法は、①都道府県は家庭裁判所の承認を得て、児童を児童養護施設などへ入所させることができること、②児童相談所長は家庭裁判所に対し、親権者の親権を喪失させるよう請求できることを規定している。改正後、③保護者は希望する保育所を選択できるようになり、④児童相談所は、施設入所などの措置を行う際にも、児童の意向を聴き、その意向（若しくは保護者の意向）が児童相談所の方針と一致しないとき、または必要と認めるときには、専門家の意見を聴くことが明確に規定された（第2回政府報告102項）。一方、児童虐待防止法は、児童虐待問題が深刻化していることにかんがみ、早期発見・早期対応および被虐待児の保護を促進するために制定されたものである（第2回政府報告113項）。いずれの条文にも「最善の利益」という用語は用いられていないものの、同報告によると、政府は裁判官、検察官や児童福祉関係職員に対し研修を行い、同原則および児童の意見表明権の重要性を認識させているという（第2回政府報告50-52項）。したがって、実務に携わる人たちは、条約の理念について一定の理解をもっているものと推測される。

2007年の少年法改正により、家庭裁判所が特に必要と認める場合には、本来刑事処罰を受けない14歳未満の犯罪少年を少年院に送致し、早期に矯正教育を授けて本人の改善更生を図ることができることとされた。この改正は児童の最善の利益に合致すると考えられ、条約実現に向けた成果として第3回報告（2008年4月）に挙げられている（第3回政府報告173項）。もっとも、同報告において言及されていないにもかかわらず、「子どもの最善の利益」とより密接に関連しているのは、2007年の児童虐待防止法の改正である。改正後、同法第4条に第6項が追加され、「児童の親権を行う者は、児童を心身ともに健やかに育成することについて第一義的責任を有するものであって、親権を行うに当たっては、できる限り児童の利益を尊重するよう努めなければならない」とされている。「最善の利益」という用語こそ用いられていないものの、児童の利益に対する最大限の尊重義務を親権者に課すものなので、「子どもの最善の利益」がはじめて法律条文の中で具現化されたといっても過言ではない。なお、民法において類似の文言が現れるのは、2011年の親権に関する改正を待たなければならなかった[11]。

第 7 章　児童の権利に関する条約と「子どもの最善の利益」の原則

日本民法における「子の最善の利益」の立法化
　戦後、家庭生活における個人の尊厳および両性の平等という日本国憲法の精神を実現するために、1947 年に家族法の全面改正が行われた。芸娼妓養子など養子縁組の名目で未成年者を搾取する行為が横行していることにかんがみ、未成年者を養子とするには家庭裁判所の許可が必要であると改められた（798 条）。また、親に恵まれない子どものために、家庭裁判所による厳格な審査の下で成立する完全養子型の特別養子制度も、1987 年に導入された。日本政府がその第 2 回報告のなかで示しているように、未成年普通養子縁組や特別養子縁組の成立には、いずれも家庭裁判所の関与があるため、制度設計上は子の利益に合致しているといえる。同報告はさらに、実務上でも、「（普通）養子縁組が未成年者の福祉に合致するかどうかという基準により判断」し、「養子となるべき未成年者の利益に最大限の考慮が払われている」という（第 2 回政府報告 109 項）。
　養子縁組のほかに、締約の前にすでに「子の利益」という用語が用いられている日本民法の規定を挙げると、離婚または認知後の家庭裁判所による親権者（819 条 6 項）・監護者の変更（旧 766 条 2 項）、並びに利益相反行為に関する特別代理人の選任（826 条）がある。以上の条文は 1947 年に制定されたものである。当時、国際社会ではまだ「子の最善の利益」の概念が提示されておらず、この意味では、日本民法に同概念が規定されていないのは不思議でない。むしろ、日本に早くから「子の利益」を保護しようという考え方があったことは、評価すべきところである。さらにいうと、条文上はすでに「子の利益」があったため、締約後であっても、理論上は解釈論を駆使し、「子の最善の利益」の理念を各ケースのなかで実現することができるはずである。このことは、なぜ日本が「子の最善の利益」を民法に反映することを急がなかったかという疑問の答えにもなるかもしれない。
　ところが、児童虐待事件が絶えないため、日本民法も現実に向き合って親権に係る制度を抜本的に見直さなければならなくなった。2011 年の改正内容は、主に以下の 5 点である。① 820 条の親権に関する定義的規定に対し、「子の利益のため」という文言を追加し、それを親権者が子の監護教育をす

る際の行為規範とした。②834条の親権喪失に関する規定において、「父又は母による親権の行使が著しく困難又は不適当であることにより子の利益を著しく害する」というように、喪失原因を明確にした。それと同時に、③834条の2に親権停止制度を新たに導入し、その停止原因を「父又は母による親権の行使が困難又は不適当であることにより子の利益を害する」と規定することによって、親権喪失との間に区別を設けた。また、④家庭裁判所が親権停止の審判をするときの考慮要素（834条の2の第2項）、未成年後見人を選任するときの考慮要素（840条3項）をも例示した。なかでも最も重要な変革は、言うまでもなく⑤離婚後の子に関する監護権、面会交流、養育費などの協議は、「子の利益を最も優先して考慮しなければならない」と定めたことである（766条1項）。それによって、条約の子どもの最善の利益の原則がはじめて民法に明示されるようになり、「子のため」の親子法がようやく形成された[12]。

日本の裁判実務における子の最善の利益の実現

では、「子の最善の利益」が明文化される前に、裁判所は未成年の子に係る事件に対し、いかなる理念または原則に基づき裁判に臨んでいたのか。紙幅の関係で、以下では、離婚後の親権者などの指定に限り、検討を行うことにする。

日本民法は離婚後の親権について単独親権しか認めないが、監護についての協議を認めており、協議が調わないとき、または子の利益を害するときは、家庭裁判所はそれに介入することができるとされている。裁判所は親権者などの指定を行う際に、子の利益を最も優先的に考慮しなければならないと解される（若林 2008：388）[13]。法的安定性および具体的妥当性を保障するために、実務では、以下の事情を比較衡量し、父母のいずれがより親権者としての適格性を有するかを判断する。すなわち、父母それぞれの監護能力や意欲、資産、収入、職業、住居、生活態度、子に対する愛情、従来の監護状況、親族などの援助の可能性などである。また、子の年齢、性別、意向、兄弟姉妹関係、心身の発育状況、環境の変化への適応性なども重要な考慮事情とさ

れている。優劣をつけ難い場合は、近時の裁判実務では次のような傾向が見られる（若林 2008：388-391）。

(1) 乳幼児に関しては、従来の「母親優先の原則」を「母性優先の原則」に修正した。すなわち、主たる養育者が誰なのか、子が誰との間に心理的関係をより緊密に形成しているかを考慮するようになり、性別によって機械的に判断することはしない（清水 2000：108）。

(2) 実力行使あるいは違法な手段で子を奪取した場合は、原則的に「監護の継続性の原則」を採用しない[14]。なぜなら、現状を追認することとなると、子の奪い合いを誘発しかねず（若林 2001：139）、かえって子にとって不利益だからである。

(3) 親権紛争を解決するために「フレンドリー・ペアレント・ルール」を用いる[15]。将来子が非親権者と交流を持ち続け、その健康な人格的成長を遂げる上で、離婚した父母の間に信頼関係が存在することがきわめて重要であるという理由によるものだとされる（若林 2008：390）。したがって、相手に対する寛容性があればあるほど、親権をとりやすくなるであろう。

(4) 「兄弟姉妹不分離の原則」は、母性優先の原則、継続性の原則、子の意思尊重原則ほど重視されておらず、これら原則に基づく判断を補強する程度のものとされてきた（清水 2000：116 など）。しかし、幼児期において兄弟が生活を共にすることによって互いに得る体験は、人格形成上で何ものにも変え難い価値であり、まして、両親の離婚後にさらに兄弟を分離することは、子に二重の離別を強いることになる[16]。したがって、この原則を再評価する必要がある。

以上のように、日本民法には「子の最善の利益」という文言がなかったとは言え、「子の利益」という基礎があるため、裁判実務では解釈論を用いて、条約の「子どもの最善の利益」の原則を具体的なケースのなかで実現しているのである。

5 「子どもの最善の利益」と台湾法

　中華民国憲法により、国は児童福祉政策を実施し (156条)、労働に従事する児童を特別に保護しなければならない (153条2項) とされている。1993年に児童福利法が改正される際に、「各級政府及び公的若しくは私的な児童福祉団体は、児童に関する措置をとるに当たっては、児童の最善の利益を優先に考慮しなければならない」(4条) と、いち早く条約の理念を条文の中に反映させた。なお、1997年の少年事件処理法の改正では、「少年の健全なる自己成長を保障し、その成長の環境を調整し、且つその性格を矯正する」ことを立法目的とした (1条)。以下では、特に民法における「子の最善の利益」の立法化および実務の運用に焦点を合わせて検討する。

台湾民法における「子の最善の利益」の立法化
　台湾民法の親族編は1930年に制定された。制定当時、「子 (または未成年被後見人) の利益」が登場したのは次の4カ条である。①父母は子の利益のためでなければ、その財産を処分することができない (1088条)、②後見人は被後見人の利益のためでなければ、その財産を使用または処分することができない (1101条)、③被後見人は被後見人の利益を保護・促進する範囲内で、父母の未成年の子に対する権利義務を行使負担する (1097条)、④判決離婚の場合に、裁判所は子の利益のために親権者を定めることができる (1055条)。すなわち、保護の範囲は親権および後見の一部に限られ、保護の実効性も疑わしい。
　しかしながら、親族編は制定から今日まで、すでに16回の改正を経てきた。その改正方向は、男女平等の原則の貫徹、子の利益の保護、弱者保護および裁判所機能の強化である。特に条約の成立および各国の法改正から影響を受け、子の最善の利益をいかに実現するかは、近時の関心事である。そのなかでも、子どもの人権を見守る役目は、裁判所に与えられている。以下では、条約における子どもの最善の利益の趣旨に従い、台湾民法の改正過程を

第 7 章　児童の権利に関する条約と「子どもの最善の利益」の原則

検討する。

父母による子の最善の利益に基づく共同親権の行使および子の意見表明権

　1994 年、大法官会議釈字第 365 号解釈は、父母は未成年の子の親権行使について意見が一致しないときには父が行使するとした民法 1089 条の規定を違憲（7 条の男女平等、同増修条文 9 条 5 項の性差別の撤廃）と判断した。それをきっかけに、1985 年の親族編全面改正に続き、第 2 回の全面改正が行われた。

　1996 年改正後の 1089 条は、改めて共同親権の原則を言明し、父母の意見が一致しないときはもはや父を優遇することとはせず、裁判所が子の最善の利益に基づき、本人、主管機関または社会福祉団体の意見を聴取した上で判断するように改めた。一方、離婚後の親権についても、父原則から私的自治の原則に戻り、父母の協議を尊重し、かつ共同親権の可能性を明文で認めた。協議がなされない場合、協議が調わない場合、または協議の結果が子の利益を害する場合には、裁判所は子の最善の利益のために親権者を指定・変更することができる（1055 条 1-3 項）。また、父母のいずれにも適格性がないとき裁判所は子の最善の利益のために後見人を選任しなければならないとされた（1055 条の 2）。

　立法者は同時に、裁判所の考慮事項として子の年齢、性別、人数、健康状況、意向、人格発達のニーズ、父母の年齢、職業、品行、経済能力、健康および生活状況、監護の意欲および態度、並びに子と父母またはその他共同生活をしている者との間柄を挙げ、子の最善の利益に合致するかどうかの判断要素とした（1055 条の 1）。2013 年にはさらに、他方の親権行使を妨害した行為の有無、各民族の伝統習俗や文化等の判断要素を追加し、また、ソーシャルワーカーの訪問報告のほかに、家事調査官の調査報告、警察機関や税務機関など専門家による特定事項調査報告を裁判時の参考資料とした。

　以上のように、台湾は 1996 年に正式に条約の理念を民法に導入し、父母の婚姻関係が存続するかどうかを問わず、子の養育は父母の共同責任であることを承認した。父母が子の養育をめぐって意見が対立するとき、意見が対

立しないものの子の利益に合致しないとき、または離婚するときは、裁判所に子の最善の利益の名を借りて介入する機会を与えている。言うまでもなく、子の意見は裁判において重要な地位を有する。

子の家庭成長権

　この項目については、離婚後の親権および面会交流、親権停止、養子縁組から論じることができる。
(1) 離婚後の共同親権を認めるほかに、1996年改正では、裁判所は申立てまたは職権により、非親権者のために面会交流の方法と期間を定めることができると規定した。面会交流により子の利益が害されたときは、裁判所はそれを変更することができる（1055条5項）。本規定の権利主体は、条約に規定された「子の面会交流権」の主体と異なるが、面会交流の結果、子の人格の健全なる発達に資するので、条約の最終目的が達成されると言える。
(2) 改正前の1090条によると、親権濫用の場合は、まず親族会議などによる是正が必要となり、是正が効果を生じないときに、はじめて裁判所に対し親権停止の宣告を求めることができるとされている。本規定は親権濫用の場合のみ親子の分離を認めているが、現代社会では親族会議が開かれにくいため、是正制度は急場の役に立たない。そこで、2007年の改正では、裁判所は申立てまたは職権により、直ちに子の利益のために親権停止の宣告をすることができるとした。すなわち、裁判所は親族会議に代わって子を守る使命を有することになった。
(3) 改正前の1079条では、養子縁組の成立には書面だけで足りるとされていたために、娼婦や奴隷として使役する目的で養女をとることがしばしば行われ、社会問題となっていた。そこで、1985年には裁判所認可制度を導入し、2007年には未成年養子縁組の認可基準を「縁組が養子の利益を害すると認めるに足りる事実がある」から「養子の最善の利益」に引き上げた（1079条の1）。また、父母が保護教育の義務を果たしておらず、またはその他明らかに子の利益を害し同意を拒絶

した場合は、その同意を不要とした (1076条の1)。なお、2007年改正のもう一つのポイントは、養子が未成年者の場合は、協議離縁に裁判所の認可が必要となり、また、協議離縁も裁判離縁も、裁判所は養子の最善の利益に基づき判断しなければならないとされた (1080条、1081条)。したがって、現行法では、(養) 父母による虐待や遺棄などの場合を除き、(養) 子は (養) 父母と分離されないように保障されている。未成年養子縁組は発生から消滅まで裁判所が関与している。

子の扶養を受ける権利

父母の未成年の子に対する扶養義務は、親子関係の本質から由来するものであるため (史 1974：458；黄 1980：319)、婚姻の消滅によって影響されるべきではない。そこで、1996年にその趣旨を追加することによって、子の扶養を受ける権利を保障することを図った (1116条の2)。扶養の程度は、子のニーズおよび父母双方の経済力により決める (1119条)。扶養義務の負担によって自分の生活を維持できなくなる場合は、その義務を免除することができる (1118条)。なお、注意に値するのは、2010年には1118条の1を追加し、扶養権利者が義務者を虐待し、または正当な理由なく扶養していなかった場合は、公平を図るために、裁判所はその扶養義務を軽減または免除することができるとしたことである。ただし、未成年の子の生活を確保するために、それが扶養権利者となる場合は除外される。

出自を知る権利

子がその血統を知り、その真実の父子関係を確定することは、その人格権に深く関わり、憲法の保障を受けるべきものである。しかし、民法1063条は夫と妻にしか嫡出否認権を与えていないため、子の訴訟権を不当に制限し、その人格利益を保護していない。本規定を違憲と判断した2004年の大法官会議釈字第587号解釈を受けて行われた2007年改正では、子に嫡出否認権を与え、かつ未成年の時に知った場合は、否認の訴えを提起できる期間を成人後2年まで延ばし、もって子の利益を充分に保障するようにした。

子の氏名権

　従来、民法の規定によれば、嫁入婚の子は父の姓を称するしかなかった。これによって、子が出生の時から当然に姓名を取得することとなるものの、自己のアイデンティティに基づき姓を選択する権利は認められなかった。これに対し、2007年の改正では、①私的自治および男女平等の原則を貫くために、父母が子の出生登録をする前に、父または母の姓を子の姓にするよう約定しなければならないと改め、②子の自己決定権を尊重するために、成人した後に父母の同意を得て改姓することができると定めた。また、③特殊な事情がある場合に、裁判所は申立てにより子の姓を変更することができると認めた。2010年にはさらに、①父母が子の姓について約定不能・不調の場合は、戸籍機関においてくじ引きでそれを決めると定め、条文の不備を補い、②子が成年年齢に達した後には、父母の同意なく改姓できると改め、子の意思を徹底的に尊重することにした。また③裁判所による改姓の判断基準を「子の姓がそれに不利な影響を与えると認める事実がある」から「子の利益のため」に下げ、改姓しやすくした。したがって、現行法は子の氏名権を充分に保障し、その人格に関する自己表現を最大限に尊重している（1059条、1059条の1）。

未成年後見に関する改正

　1999年に921大地震が起こり、多くの子どもが父母を失った。そのため応急措置として民法が改正され、法定後見人の順位のほかに、裁判所は申立てにより、子の最善の利益のために社会福祉主管機関、社会福祉団体など適当な者から後見人を選任できるように改められた（1094条）。2008年からはさらに、親族会議による後見人の排除を必要とせず、被後見人の最善の利益から見て後見人が不適任である場合は、裁判所は申立てによりそれを変更することができるようになった（1106条の1）。こうして未成年後見制度は、より柔軟かつ効率的になっている。なお、同改正では後見を親権の延長と考え（1097条1項）、1055条の1に倣って1094条の1を追加し、裁判所は後見人を選任・変更する際に被後見人の最善の利益によるべきと定め、かつその考

慮事項を挙げた。また、1089条に倣い1097条を修正し、後見人らの意見が対立する場合は、裁判所に対して被後見人の最善の利益により、そのなかから1人を指定し決定権を行使させるよう求めることができると規定した。1086条の父母による利益相反行為に関する規定（2007年追加）に倣い1098条に第2項を追加し、後見人と被後見人との利益が相反する行為については、裁判所は申立てまたは職権により、被後見人のために特別代理人を選任することができると定めた。

興味深いことに、2008年に成年後見制度を改正するときは1111条の1を追加し、「裁判所は後見人を選任するときは、後見宣告を受けた者の最善の利益により、その意見を優先的に考慮し、一切の情状を斟酌し、且つ次の事項を注意しなければならない」と定めた。すなわち、高齢者および精神障害者を子どもと同様に扱い、その最善の利益の保護を強調するほか、さらに子どもの場合よりその意見を重視している。このように、「最善の利益」は台湾において新しい命を得るに至った。しかし、その具体的内容については、さらなる検討を要する。

児童福利法の制定および改正

「子の最善の利益」について論じようとするならば、児童福利法の関連規定に触れなければならない。同法は前述の養女問題の改善を目的として、1973年に「児童の心身の健康を保護し、児童の正常な発育を促進する」（1条）ために制定された。条約に先立って「児童は、産みの親の下で成長するようにしなければならない」（4条）と定めたのは、かなり進歩的である。また、養親が養子を虐待、売買、婚姻の強制、好ましくない職業につくことの強要など親権濫用行為をした場合は、児童福祉主管機関などは裁判所に対し、離縁または後見人の選任を請求することができるとした（18、19、21条）。こうして第三者の介入により、迅速かつ有効に養子保護の目的が達成されるようにしたのである。

このような「社会法からの対応が民法より早い」、あるいは「民法に規定すべき事項を社会法に規定してしまう」例は、いくつもある。児童福利法が

1993年に改正されたときに、①児童養子縁組事件の認可基準を「子の最善の利益」に引き上げ、7歳以上の者の意向を尊重すべきであることを強調した（27条）。②（養）父母が子どもの世話を怠り、養育状況が悪い場合には、裁判所は児童福祉団体の責任者など非親族から後見人を選任することができるようにし、民法1094条の制限を排除した（40条）。③父母が離婚した場合は、裁判所は申立てまたは職権により、子の利益のために親権者を変更し、または後見人を選任することができるようにし、民法1051条、1055条、1094条の制限を排除した（41条）。④2003年、児童福利法と少年福利法を統合して制定した児童及少年福利法は、主管機関は養子となる必要性を調査しなければならず、また、養子縁組について父母の意見に齟齬があっても、裁判所は最善の利益に基づきそれを認可することができると定めた（14条）。⑤2011年、児童及少年福利法が全面に改正され、「児童及び少年の福祉と権益保障法」に改称されたが、そこでは養子縁組は斡旋団体の斡旋を要し、かつ国内養子縁組を優先すると定められた（16条）。

　以上のように、社会法は子の最善の利益のために先頭に立って戦っており、その内容も評価されるべきである。それがただ民法を補充しているにすぎないのか、それとも民法の内容を越権によって創造しているのかは明らかでない。とは言え、さまざまな社会法の規定を参照しない限り、民法の規定を全面的に理解することはできないこと、また社会法によって条約の理念が以前から台湾法において実現されていたことは、十分に認識しておくべきであろう。

台湾の裁判実務における子の最善の利益の実現

　日本と異なり、台湾は早くも1996年に民法を改正し、子どもの最善の利益の原則を離婚後の親権者の決定に導入した。同原則は親権をいずれの親に与えるかについては中立的であるが、初期の裁判実務（劉 2011：84-106）[17]では親権を母に与えることが多く（75%）、台湾社会では母が子の主たる養育者となることが期待され、現実にもそうなっているようだとされる（劉 2011：97）。1055条の1で列挙されている考慮事項のなかで、父母の職業お

第7章　児童の権利に関する条約と「子どもの最善の利益」の原則

よび経済力（経済力が相手より劣っていても、子どもを養育することができるならそれでよい）、子の意向、子の年齢（母親優先の原則）が決定的な要素であり、そのほかに監護の継続性（主たる養育者）および親族の援助の可能性も重視されている。もっとも、裁判所と当事者のいずれもオール・オア・ナッシングの思考モデルに縛られており、親権を獲得した方は養育費をすべて負担しなければならないのに対して、獲得していない方は面会交流権も扶養責任もないとされることがめずらしくなかった。当事者が自己の権利を知らないという可能性もあるが、裁判官も法律の内容を押さえておらず、また、「法は家に入らない」という観念に加えて、ただでさえ多すぎる仕事を、これ以上増やしたくないという思惑もあったためであろう（劉 2011：98, 100-101）。それに、華人社会では面子が重要であり（黄 1988：7）、離婚は「恥をかく〔丟臉〕」、「決裂〔撕破臉〕」を意味するから、離婚後の夫婦が連絡を取り合い、相手から金銭を受け取るのは実に難しいことである（張 1995：120；黄 1996：323, 330-331）。この理由は、離婚後の共同親権は法的に認められているにもかかわらず、裁判所はそれについてあまり考えないという現象の説明にもなるであろう（劉 2011：98, 103）。

　ところが、近年では、母が親権者となるケースが依然として多数を占めているものの、共同親権の判決も見られる（表1）。調査[18]によると、父母の経済力の重要度が下がっており、それに代わって主たる養育者の原則、子の意向、父母の監護意欲が優先的に考慮されている。また、裁判所は母親優先の原則、同性の親による養育、親族の援助の可能性を考慮に入れているが、父母の一方が無断で子を海外に連れ出して既成事実を作った場合は親権をどちらに与えるべきか、父母が敵視し合っている場合は共同親権にするべきかどうか、また、兄弟姉妹不分離の原則を採用すべきかどうかなどといったことについては、意見が分かれている。なお、監護能力など父母の親権者たる適格性に優劣をつけ難く、かついずれも監護の意欲が強い場合は、裁判所は子がいまだ幼いことを考え、最大接触の原則に基づき共同親権と判断する傾向がある（黄 2012：123-130）。もっとも、裁判上、ソーシャルワーカーの調査報告が常に重要な参考資料となっているにもかかわらず、ソーシャルワー

5 「子どもの最善の利益」と台湾法

表1 親権者の指定を付帯した地方裁判所の離婚事件の結果別内訳

年	総数	単独親権 父	単独親権 母	共同親権	後見*
2007	2,482	809（32.6％）	1,533（61.8％）	114（4.6％）	26（1.0％）
2008	2,452	787（32.1％）	1,486（60.6％）	157（6.4％）	22（0.9％）
2009	1,953	640（32.8％）	1,192（61.0％）	100（5.1％）	21（1.1％）
2010	1,722	616（35.8％）	1,003（58.2％）	75（4.4％）	28（1.6％）
2011	1,591	517（32.5％）	992（62.4％）	47（3.0％）	35（2.2％）
2012	1,448	489（33.8％）	884（61.0％）	29（2.0％）	46（3.2％）
2013	1,309	457（34.9％）	758（57.9％）	41（3.1％）	53（4.0％）

*親族や社会福祉主管機関を後見人とする。
出典：司法院ホームページ http://www.judicial.gov.tw/juds/report/Sf-18.htm と sf-18r3.htm（2014年9月26日アクセス）。

カーの専門性ないし調査報告の信憑性と品質は、依然として疑わしいとされている（劉 2011：102；黄 2012：142-146）。それは、2012年の家事事件法の制定に伴い家事調査官制度が導入され、法学、心理学ないし社会福祉を理解する人材を抜擢して家事事件の調査に当たらせることにした理由でもある。

日本法に対する示唆

台湾は、国際社会に認められ、また、国内の児童問題を解決するために、1993年から次々と積極的に子どもの最善の利益の原則を国内法に導入している。それに対し、日本は1994年に条約に加入したにもかかわらず、国内法の整備に消極的な態度を示しており、2007年に初めて関連用語が条文に現れた。とは言え、両国の法改正の背景には、いずれも深刻化した児童虐待問題があり、法改正の過程にも共通点が見られる。すなわち、まず応急処置として社会法を改正し、次に民法の抜本的な改正を行うというプロセスをとったのである。

では、なぜ日本民法はかつて、「子の最善の利益」という用語を採用しようとしなかったのか。それは、親権者の指定などについて、条文上はすでに「子の利益」により審理すると規定していたため、裁判所は解釈論を用いて

215

第 7 章　児童の権利に関する条約と「子どもの最善の利益」の原則

条約の理念を具体的ケースのなかで実現することができたからである。逆に、台湾では、1996 年から、民法において子どもの最善の利益の原則を条文化してきたにもかかわらず、裁判官もソーシャルワーカーも専門性に欠けており、条約の原則に基づき親権の帰属を判断する能力がなく、判断したがらないといった現状がある。事実、「最善の利益」を判断することは難しいと言わなければならない。

日本民法でも 2011 年改正の時に、同原則を離婚紛争のなかに導入した。従来の実務の運用が法的根拠を得たことを意味するだけでなく、日本が国内ないし国際社会に対し、子どもを保護しようとする決意を示した点でも重要な意味を有する。たしかに「最善の利益」の判断は難しいが、不可能ではない。日台両国の離婚後の親権者の指定に関する実務状況を比較すると、具体的な考慮事項も、父母のいずれかがより適格性を有するかを衡量するという判断方法も（台湾では、母親優先の原則および父母の監護意欲の重要度がやや高いように見えるという違いはあるものの）同様であり、さらに近年の判断傾向もかなり類似している。ともに、主たる養育者の原則、子の意思尊重原則を重視する一方、改めて監護の継続性の原則、フレンドリー・ペアレント・ルール、兄弟姉妹不分離の原則を検討しているのである。少なくとも、日本でも、不法滞在者退去強制事件のみならず、ほかの事件でも子の最善の利益が考慮されていることは認識しておく必要がある[19]。

最後に、子どもの最善の利益の原則について、台湾民法からの示唆をまとめる。①父母が重大事項の親権行使をめぐり意見が対立した場合については、子の最善の利益を実現するために、裁判所が介入できるようにすること。②子の最善の利益を満足させるために、離婚後の共同親権を導入すること。③普通養子縁組の離縁の場合に養子が未成年であれば、裁判所が養子の最善の利益に基づき関与できるようにすること。④出自を知る権利を保障するために、子に嫡出否認権を付与すること。⑤子の氏名権を充分に保障するために、その意思を尊重し、一定の条件を満たす場合には、自己のアイデンティティに基づき改姓できるようにすることである。もっとも、以上の各点について台湾の実務がいかなる見解をもっているのか、また、子の最善の利益の

実現状況がどうなっているのかについては、なお検討の余地がある。

6 おわりに

　本章は子どもの権利条約、特に「子どもの最善の利益」について、主として憲法と民法の側面から、日本と台湾の状況にどのような違いがあるかを比較したものである。日台比較の結果、多くの興味深い知見が得られたように思う。おわりにあたって、内容とは別に、研究方法上のことについて付言しておく。

　本章の著者たちは、地球法（Global Law）の構築を念頭に、多国間法情報サイトの機能の開発やその内容に関する共同研究を行っている。国際法と異なり、地球法の研究は各国の言語から構築されてきた法的規範に一定の共通的理解をもっていなければ、当該国の発展には寄与し難い。共通的理解へのアプローチ、または体系的に構築しようとする地球法的考え方は、従来の比較法という分野で使われる研究の方法とは、多少重なるところはあるものの、一線を画していると言えよう。

　多国間法情報サイトを利用し、研究を行う手順としては、次のようになる。この情報サイトはいくつかの法域（現在は中国、韓国、日本および台湾がメインとなっている）の法情報サイトを相互に連結することによって形成されており、英語のキーワードを入力すれば、それぞれの法域で存在する情報サイトに直ちにリンクすることができ、キーワードが表示されるホームページも一覧表の形として表されることになる。これによって、使用者はキーワードと関連する特定の法域に存在する法情報に短時間でアクセスすることができる。

　例えば、台湾の研究者が子どもの権利条約をめぐる日本法の現状を調べたいと思うならば、この情報サイトを利用すれば、直ちにこの条約を紹介する日本の外務省のホームページへアクセスすることができ、日本は同権利条約の締約国であることがわかる。

第7章　児童の権利に関する条約と「子どもの最善の利益」の原則

　このように、同情報サイトは、インターネット上に分散している関連情報サイトを一度に一つの画面に統合し、日本語という言語に精通していない利用者に、日本法についての広汎な情報を提供することができる。これはこの情報サイトのアピール・ポイントだと思われる。英語という言葉を媒介にしているため、サイトによって用いられる言葉は異なっているが、同じ大陸法系に属する法域の人であれば、示された情報を誤って理解する可能性も低く抑えられると考えられる。

　以上のような手順を踏めば、子どもの権利条約をめぐる中国、韓国、日本および台湾の比較法的研究は容易になるであろう。多国間法情報サイトが集中管理している四つの法域に存在する情報サイトへのアクセスにより、必要な情報の概要を簡単に把握することができる。これによって十分な研究経費をもたない研究者は、各法域で出版される学術的書籍や論文を収集するために直接現地に出向くことをせずにすませられる。特に、憲法や民法は一国の法制度の枠組みを定める重要な法規であるから、一つのデータベースを通して厖大な量の情報を直ちに閲覧できるのは素晴らしいことである。本章の執筆も、このサイトを活用して行われた。

　この情報サイトは国際社会で広く通用している英語を共通語にしているから、まず必要な情報に関わるキーワードを一つか二つ取り出して英訳する必要がある。それゆえ、今のところ、同情報サイトを利用したいと考える人は、英語力[20]をある程度まで身に付けなければならない。

　また、多国間法情報サイトをより充実したものにするため、各法域ですでに存在する裁判例や法律、さらに将来発生する裁判例や制定される法律の英訳作業を着実に行っていかなければならない。台湾の場合、現在大法官が作成した大法官解釈の英訳は行われているが、最高裁判所の判決についてはいまだ十分でない。その検討が必要であろう。

注

1) この国連の総会で採択された Convention on the Rights of the Child の日本語訳をめぐり、いくつかの議論があった。例えば、永井憲一は、1976 年 5 月 21 日の最高裁学力テスト事件判決の中ではすでに「子ども」という言葉が法的用語として取り扱われていたことや、「児童」という言葉は、保護される対象と考えられがちである故、条約の趣旨、理念およびその内容に背反するおそれがあること等を理由にして、日本政府の公式的訳語である「児童の権利に関する条約」が相応しくなく、「子どもの権利条約」と訳されるべきだと主張している。永井憲一（1992）「国際教育法と子どもの人権」『法政大学現代法研究所叢書 12　子どもの権利条約の研究』（法政大学現代法研究所）29 頁を参照。
2) 「子どもの権利条約」をキーワードとして、書籍の出版状況を国会図書館のデータベース http://iss.ndl.go.jp/で検索してみると、同権利条約が採択された 1989 年に出版された関連書籍が 18 冊であるのに対して、翌年の 1990 年には約 6 倍の 102 冊が出版されている。同権利条約への注目度の高まりがうかがわれる。
3) 民集 62 巻 6 号 1367 頁。
4) 中華民国司法院ホームページ http://www.judicial.gov.tw/constitutionalcourt/P03_01_detail.asp?expno=329&showtype=相關附件（2014 年 7 月 21 日アクセス）
5) 聯合國/NGO 台灣區世界公民總會ホームページ http://www.worldcitizens.org.tw/awc2010/ch/F/F_d_page.php?pid=1049（2014 年 7 月 22 日アクセス）
6) 著者（宋）は 2013 年 11 月に開かれた「国連子どもの権利条約に関する国内法化の実施可能性」プロジェクトの専門家会議に参加した。当時から政府のなかには両公約施行法に倣って「子どもの権利条約施行法」を制定しようという考えがあり、それは 2014 年 11 月 20 日に実現した。
7) 教育学の分野には、子どもの権利条約の内容を真剣に取り扱い、分析するものが少ないという危惧がある。林來發 聯合國兒童權利公約評析 教育資料與研究 第 14 期（1997 年 1 月）86 頁。
8) 司法院大法官ホームページ http://www.judicial.gov.tw/constitutionalcourt/p03_01.asp?expno=712（2014 年 7 月 24 日アクセス）
9) 日本ユニセフ協会のホームページには、同会議が作成したパンフレットが掲載されている。http://www.unicef.or.jp/library/pres_bn2007/pres_07_10.html（2014 年 7 月 30 日アクセス）
10) 國軍人才招募中心ホームページ http://rdrc.mnd.gov.tw/rdrc/Recruit/ccafps_a.aspx「中正預校 103 學年度高中部入學簡章下載」を参照。（2014 年 7 月 30 日アクセス）
11) 2007 年の児童虐待防止法の附則により、「政府は、この法律の施行後 3 年以内に、児童虐待の防止等を図り、児童の権利利益を擁護する観点から親権に係る制度の見直しについて検討を行い、その結果に基づいて必要な措置を講ずるものとする」

(2条)。すなわち、日本は児童虐待問題を緊急に対応するために、まず社会福祉関連法規の改正に取り組み、次に親子関係を規律する民法に対し、根本から見直し作業に着手したわけである。
12) ちなみに、全国の児童相談所における児童虐待相談の対応件数は、1990年1,101件、1995年2,722件、2000年17,725件、2005年34,472件、2010年56,384件、2012年66,701件と、増え続けている。子どもの権利擁護の重要性および通報制度に対する一般の人々の理解を深めるうえで、児童虐待防止法の制定および民法の改正は効果的だったと評価してよいであろう。以上のデータは、政府統計の総合窓口ホームページ http://www.e-stat.go.jp/SG1/estat/NewList.do?tid=000001034573 による (2014年8月31日アクセス)。
13) ここで引用された条文は、条約3条1項・5条、民法旧766条2項・819条6項である。
14) 大阪高裁平成17年6月22日決定・家月58巻4号93頁、東京高裁平成17年6月28日決定・家月58巻4号105頁。
15) 東京高裁平成15年1月20日決定・家月56巻4号127頁。
16) 仙台家審昭和45年12月25日・家月23巻8号45頁、判例タイムズ270号374頁。
17) この研究では資料として以下の二つが用いられている。一つは1998年4月から2000年1月まで、司法院法学検索システム (http://jirs.judicial.gov.tw/Index.htm) から検索した台北と屛東地方法院の関連判決書で、双方による弁論のある事件59件である。もう一つは2001年の夏に、19人の裁判官に対するインタビューの結果である。
18) 黄 (2012)。この研究では資料として以下の二つが用いられている。一つは2000年1月24日から2012年11月9日まで、前掲注17ウェブサイトで掲載された台北、士林、新竹、台中、雲林、嘉義、台南、高雄、屛東、台東、花蓮地方法院の関連判決書(後見を除く)489件である。もう一つは2012年9月から10月の間に、6人の弁護士に対するインタビューの結果である。
19) 日本は条約を批准する際、出入国管理の裁量権を確保するために、37条3項を留保し、9条と10条を解釈して (広沢 2008：70)、不法滞在者の子どもの出国を制限した。
20) もちろん、エスペラントという国際共通語がある。目下、エスペラントを使う人の割合はまだ少ないが、将来法律の分野でエスペラントが多く使われるようになれば、この多国間法情報サイトの共通語の設定を変更することになろう。日本エスペラント学会ホームページ http://www.jei.or.jp/を参照 (2014年7月31日アクセス)。

参考文献

稲角光恵（2005）「子ども兵士に関する戦争犯罪―ノーマン事件管轄権判決（シエラレオネ特別裁判所）」『金沢法学』第 48 巻第 1 号、77-107 頁

喜多明人（1990）『新時代の子どもの権利―子どもの権利条約と日本の教育』エイデル研究所

後藤武秀（2009）『台湾法の歴史と思想』法律文化社

清水節（2000）『先例判例・親族法Ⅲ―親権』日本加除出版

永井憲一（1992）「国際教育法と子どもの人権」『子どもの権利条約の研究（法政大学現代法研究所叢書 12）』法政大学現代法研究所、3-32 頁

永井憲一（1993）「子どもの権利条約の批准と普及」『季刊教育法』第 92 号、4-10 頁

中川明（2013）『寛容と人権―憲法の「現場」からの問いなおし』岩波書店

日本弁護士連合会編（2006）『子どもの権利ガイドブック』明石書店

枦山茂樹（2009）「君が代・日の丸問題」『ガイドブック教育法』三省堂、196-197 頁

広沢明（2008）「子どもの権利条約と家族法」野田愛子＝梶村太市編『新家族法実務大系　第 1 巻　親族［Ⅰ］―婚姻・離婚』新日本法規、69-81 頁

堀尾輝久（1992）「人権と子どもの権利―子どもの権利条約にちなんで」『日本教育法学会年報』21 号、6-31 頁

結城忠（2007）『生徒の法的地位』教育開発研究所

若林昌子（2001）「判決に従わずに子を監護している父への親権者変更（大阪高裁平成 12・4・19 決定）」『民商法雑誌』第 125 巻第 1 号、139-145 頁

――――（2008）「親権者・監護者の判断基準と子の意見表明権」野田愛子＝梶村太市編『新家族法実務大系　第 2 巻　親族［Ⅱ］―親子・後見』新日本法規、383-399 頁

王惠敏（2013）「由社工實務看台灣兒童人權保護」『新世紀智庫論壇』第 64 号、59-63 頁

史尚寛（1974）『親属法論〔第 3 版〕』史尚寛出版

呉煜宗（2011）「兒童權利公約與台灣親子法―再訪子女知其出自的權利與釈字第 587 号解釈」『台湾国際法季刊』第 8 巻第 2 号、151-188 頁

李震山（2011）「第十章 台灣人權一甲子回顧與前瞻」『人性尊嚴與人權保障〔第 4 版〕』元照出版、447-479 頁

林柏儀（2013）「髮禁怎麼廢除的？―一個由中学生以社会運動方式改変校規的実例」『人本教育札記』財団法人人本教育文教基金会編第 293 号、18-21 頁

林来発（1997）「聯合国兒童權利公約評析」『教育資料與研究』第 14 号、81-86 頁

施慧玲（2004）「論我國兒童人權法制之發展―兼談落實聯合國兒童權利公約之社會運動」『國立中正大學法學集刊』第 14 期、169-204 頁

――――（2011）「從聯合国兒童權利公約到子女最佳利益原則―兼談法律資訊之応用與

台日比較研究方法」『台湾国際法季刊』第 8 巻第 2 号、95-150 頁
陳孟瑩（1996）「聯合国児童権利公約與我国法律対児童之保護」『社会建設』第 94 号、4-7 頁
張清富（研究責任者）（1995）『単親家庭現状及其因応対策之探討〔初版〕』行政院研究発展考核委員会
黄異（2004）「国際条約及国際習慣法在我国国內法領域中的効力」『輔仁法学』第 27 号、51-80 頁
黄光国編（1988）『中国人的権力遊戯〔1 版〕』巨流
黄宗楽（1980）「離婚後子女之監護與扶養」『親子法之研究』黄宗楽出版
黄宗楽（司会者）、彭雅珍（記録）（1996）「離婚法制研討会紀録」『台湾法学会学報』第 17 号、310-354 頁
黄逸柔（2012）『離婚後親権人之決定與未成年子女最佳利益之研究』国立中正大学法律学研究所碩士論文（施慧玲教授指導）
廖静芝（1996）「保障婦幼生存権利奠定民族発展基礎」『社会建設』第 94 号、39-41 頁
劉宏恩（2011）「「子女最佳利益原則」在台湾法院離婚後子女監護案件中之実践—以法律與社会研究之観点」『軍法専刊』第 57 巻第 1 号、84-106 頁
薩孟武（黄俊杰修訂）（2007）『中国憲法新論〔修訂 2 版〕』三民書局
Demleitner, Nora V.（2014）"The State, Parents, Schools, "Culture Wars", and Modern Technologies: Challenges under the U. N. Convention on the Rights of a Child," *The American Journal of Comparative Law,* vol. 62, pp. 490-514.
Mortorano, Nicole（2014）"Protecting Children's Rights Inside of the Schoolhouse Gates: Ending Corporal Punishment in Schools," *The Georgetown Law Journal,* vol. 102-2, pp. 481-518.

[ウェブサイト]
外務省児童に関する権利条約第 1 回政府報告書・第 2 回政府報告書・第 3 回政府報告書　http://www.mofa.go.jp/mofaj/gaiko/jido/

[**施慧玲**（1 節、6 節）、**宋峻杰**（2 節、3 節）、**黄浄愉**（4 節、5 節）]

第 8 章

地方公共団体・地方自治体の露語訳とロシアの地方自治

1 はじめに

　ソ連では地方自治は否定されていた。しかし、1990年10月の「ソ連における地方自治および地方経済の一般原則」についての法律（以下「1990年ソ連法」）[1]および1991年7月の「ロシア共和国における地方自治」についての法律（以下「1991年ロシア共和国法」）[2]に見られるように、1991年12月のソ連の崩壊の直前、地方自治の概念はソ連（ロシア共和国）で受容された[3]。

　ソ連の崩壊とともに成立したロシア連邦では、1993年12月の全人民投票の結果採択された憲法（以下「1993年ロシア連邦憲法」）で地方自治が保障されるようになった。地方自治は、ロシア連邦憲法の基本原則の一つであるとともに（第1章「憲法体制の基本原則」の3条および12条）、独自の章でも規定されている（第8章「地方自治」）[4]。ロシア連邦では1995年に「地方自治の組織化の一般原則」についての法律（以下「1995年ロシア連邦旧法」）[5]が制定された。この法律は、2003年10月に全面改正されている（以下「2003年ロシア連邦新法」、施行は2009年）[6]。

　ロシア連邦は欧州評議会に加盟し、欧州地方自治憲章も批准している。したがって、現代ロシアでの地方自治の継受は、ソ連からロシア連邦への体制転換に伴うものであると同時に、欧州地方自治憲章という国際基準への適合

第 8 章　地方公共団体・地方自治体の露語訳とロシアの地方自治

の過程でもある。この小論は、このような二つの側面をもつロシア連邦における地方自治の継受を、まずは、日本国憲法の地方公共団体および欧州地方自治憲章のなかで地方自治体に対応する言葉の露語訳の問題を切口に検討しようとするものである[7]。

　なお、日本の法令用語としてとくに必要な場合に地方公共団体を用い、そうでない場合は地方自治体と記す。

2　地方公共団体および地方自治体という言葉の露語訳

　まず、これまで、日本の地方公共団体という言葉がどのように露語に翻訳されてきたか、また地方自治体にあたる用語が欧州地方自治憲章でどのような言葉で表現されているか見ておきたい。

地方公共団体の露語訳

　管見の限りでは、日本国憲法には、二つの露語訳がある。すなわち、(1) ユーラシア研究所・日本ユーラシア協会による露語訳（Научно-исследовательский Институт Евразии при обществе «Япония – страны Евразии» 1995）、(2) 翻訳者は特定できないが、ロシアのウェブサイト上で流布しているもの[8]である。また、地方公共団体という用語の訳を含む日本の法律の露語訳として、(3) GIZ（ドイツ国際協力協会）による日本の行政手続法の露語訳（GIZ 2013）、(4) モスクワ大学のストロスティナ氏およびサヴィンツェヴァ氏による「日本国憲法の改正手続に関する法律」の露語訳（Старостина И. А., Савинцева М. И. 2011）がある。さらに、(5) 最高裁判所事務総局刑事局監修（2013）には、地方公共団体の対訳が示されている。特定できない(2)を除いて、翻訳の発表年は 1995 年以降である。

　上記の(1)から(5)のそれぞれで地方公共団体という用語は、以下のように露語に訳されている（英語は執筆者による）。

　(1) Органы муниципальных образований（organs of municipal formations）、

(2) Местные органы публичной власти（local organs of public authority or power）、(3) Органы местной власти（organs of local authority or power）、(4) Муниципальные органы власти（municipal organs of authority or power）、(5) Местное сообщество（local community）

以上から、地方公共団体の露語訳には定訳がないといえる。

地方公共団体の露語訳は、いくつかの視点で分類できる。まずは、муниципальное образование という言葉を用いる(1)に注目し、この(1)とそれ以外に分けることができる。муниципальное образование という言葉は、ロシア連邦民法典第1部（1994年、第5章）で、はじめて用いられ、その後、1995年ロシア連邦旧法、さらには2003年ロシア連邦新法で用いられていく。(1)の訳は、ロシアでのそのような муниципальное образование の使用を反映したものと考えられる。しかし、(1)では、この言葉は、機関（орган, organ）という言葉とともに用いられている。このような機関という言葉の使用に着目すると、(1)から(4)は、地方公共団体の団体にあたる部分の露語訳として機関という言葉を用いる点に特色があるといえる。

そして、(1)および(3)では、この機関という言葉が、муниципальные образования（municipal formations）または местная власть（local authority or power）の機関という意味で用いられている。これに対して、(2)および(4)では、публичная власть または власть の機関という意味で用いられている。つまり、どのような権力のどのような機関かという視点から見ると、前者は、「地方権力の機関」というような意味に、後者は「権力の地方機関」というような意味になる。後者は、地方ソビエトを「国家権力の地方機関」（地方国家権力機関）と呼んだソ連の時代の考え方と類似している。

いずれにしても、(1)から(4)の訳は、地方公共団体（団体）を、露語としては機関と訳すという特徴がある。これに対して、(5)は、団体の部分を露語で機関と訳すことを避けて、いわば、社会実態を示す «сообщество»（community）を訳語として選択している。(1)から(4)と(5)のちがいは、前者が、日本語の内容が正確に表現されているかどうかは犠牲にしても、日本語の用語が示すものにロシア連邦で対応するものを指す言葉を採用しているの

に対して、後者が、日本語の用語の意味内容を露語でできるだけ正確に表現する点にある。

このような翻訳の考え方のちがいは、(1)から(5)における条例の翻訳をみるとより明瞭である[9]。(1)から(5)における条例の翻訳は以下の通りである。(1) постановление (decision)、(2) постановление (decision)、(3) нормативно-правовые акты (normative-legal act)、постановление (decision)、(4) уставы (regulations)、инструкции (instructions)、постановления местных органов власти (decisions of local organ of power)、(5) нормативный акт законодательного собрания местного самоуправления (normative act of legislative assembly of local self-government)。

(1)から(4)が、条例に対応するものを指す露語を用いるのに対して、(5)は、条例の定義を訳そうとしている。

欧州地方自治憲章における地方自治体の露語訳

欧州地方自治憲章は、欧州評議会の条約の一つで、1985年に閣僚委員会で採択され、1988年に発効した。その批准は、ロシア連邦が欧州評議会に加盟する条件であった[10]。欧州地方・地域自治体会議 (Congress of Local and Regional Authorities of Europe) が欧州評議会に設置されており、この会議は、地方民主主義の状況について定期で報告の作成を加盟国に求めることで、欧州地方自治憲章の実施の確保を図っている[11]。1996年に欧州評議会への加盟を認められたロシア連邦は、1998年に欧州地方自治憲章を批准した。

さて、欧州地方自治憲章は、前文で「地方自治体はあらゆる民主主義体制の主要な基礎の一つ」であり、「真の責任を有する地方自治体の存在が効果的で市民に身近な行政を提供」できると述べ、「地方自治の概念」を「法律の範囲内で、自らの責任において、その住民のために公的事項の基本的な部分を規制し処理する地方自治体の権利及び実質的な権能」(3条1項) と定めている。この「地方自治体の権利」は「自由に選ばれた者で構成される参事会 (councils) 又は議会 (assemblies) によって行使」(3条2項) される[12]。

地方自治体とここで日本語に翻訳されている言葉は、英語の正文では

2　地方公共団体および地方自治体という言葉の露語訳

local authorities で、仏語の正文では les collectivités locales である[13]。オックスフォードの仏語辞典（Oxford-Hachette French Dictionary）（仏英・英仏）は、les collectivités locales の英語訳を local authorities、local authorities の仏語訳を les collectivités locales、としている。つまり、この辞典によれば、local authorities と les collectivités locales の字義は同じである。

ただし、authority と la collectivité の意味は同じではない。authority の仏語訳は la autorite で、日本語では「権限」「職権」「当局」「権威」であり、la collectivité の英語訳は group および community で、日本語では「集団」「共同体」である。したがって、local authorities と les collectivités locales の示すものは同じだと考えるとしても、la autorité と la collectivité に着目すると言葉の意味は異なる。

その点で、日本で出版されている英米法および仏法の辞典での local authorities と les collectivités locales の説明は興味深い。小山（2011）によれば、local authority は「地方当局、地方執行機関；《英》地方自治体参事会、地方自治体」を指すのに対して、中村・新倉・今関監訳（2012）によれば、les collectivités locales は「地方公共団体」で「国が法人格および公選機関による自治を行う権限を与えた、国家の領土の一定部分に地理的に位置している人的集団を指す総称」である。つまり、前者が組織・機関（地方自治体参事会）を指すのに対して、後者は人的集団を意味する。なお、中村・新倉・今関監訳（2012）はフランスで出版された法律用語辞書の翻訳である。

「国が法人格および公選機関による自治を行う権限」を与えるのが、あるいは「法律の範囲内において、自らの責任で、その住民のために公的事項の基本的な部分を管理し運営する権利及び実質的な能力」（欧州地方自治憲章3条1項）をもつのが、組織・機関であるか、領域的人的集団（団体）であるかは、現実は、大きな問題ではないかもしれない。しかし、近代における地方自治の出発が、山田（1991）が言うように、公選議会をもち、法人格を与えられた住民団体の成立にあると考えると、日本語の地方自治体に当たる言葉が、どのような言葉で表現されるかの検討は、それなりに意味をもつ。とくに、ロシアをふくめた旧社会主義国については、それぞれの国の体制転換

227

第8章　地方公共団体・地方自治体の露語訳とロシアの地方自治

における地方自治の個体発生が、近代における地方自治の出発の系統発生を繰り返すものであるかどうか、そうではないか、検討する手がかりを与える。

　欧州地方自治憲章の各国版を見ると、local authorities および les collectivités locales に各国で対応するものを表現する言葉を用いている場合と、意味を訳していると思われる場合とがある。

　前者の例は、独語版で、die kommunale Gebietskörperschaft（local/municipal corporation/corporate body）という言葉が用いられている。この場合、Körperschaft は英語で corporation であり、英語と仏語の正文と比較すると言葉の意味としては仏語の正文の les collectivités locales に近い。伊語版は le collettivita locali、スペイン語版は las Corporaciones locales で、仏、独、伊およびスペインは、団体または集団を意味する言葉が用いられている点で共通する。

　後者の例は、ポーランド語版で、społeczność lokalnych（local community）という言葉を用いている。地方自治体を表す言葉としてはポーランドではこの言葉は用いられていない[14]。ブルガリア語版やチェコ語版も地方共同体が訳となる言葉を用いている。この場合、仏語版の意味が訳されていると考えられる。

　露語版では、органы местного самоуправления（organs of local self-government）という言葉が用いられている。ここでは、local authorities および les collectivités locales に、ロシア連邦で対応するものを示す言葉として、органы местного самоуправления を採用していると考えられる。言葉の意味から考えると、仏語の la collectivité と露語の орган（organ）の意味は異なる（前者は集団または共同体、後者は機関）。英語の authorities と露語のораны は、意味が近い。ロシア連邦で一般に流通している辞書（Андрианов С. Н., Берсон А. С., Никифоров А. С. 2009）が、local atuhotrity の訳として местная власть; орган местной власти を挙げている。オックスフォードの露語辞典は、authorities の訳として власти; органы власти を挙げ、エルゼビアの露英辞典（Macura, P. 1990）は、орган власти の訳として authority を挙げている。しかし、authority と орган（organ）の意味が近いことから、

228

露語版でорганы местного самоуправления（organs of local self-government）が採用されているわけではなく、すでに述べたように、local authoritiesおよびles collectivités localesにロシア連邦で対応するものを示す言葉として、органы местного самоуправленияという言葉が採用されていると見るべきである。この言葉は、ロシアの歴史に根ざした言葉である。

　すでに見たように、日本語の地方公共団体の露語訳をместное сообщество（local community）とする訳があるのと同じように、欧州地方自治憲章の地方自治体の露語訳は、органы местного самоуправленияではなく、местное сообщество（local community）とすべきだという主張がある（Замотава 1996：17）。このような主張は、地方自治体に対応するものを示す言葉が、ロシア連邦ではорганы местного самоуправленияであるとしても、органы местного самоуправленияの内容は地方自治体の内容とは一致しないという考えがあることを示している。この論文は、英語版では、地方自治はlocal self-governmentで地方自治体はlocal authorities、仏語版では、地方自治はl'autonomie localeで地方自治体はcollectivites localeであるのに対して、露語版で、地方自治が<u>местное самоуправление</u>で地方自治体が<u>органы местного самоуправления</u>であるのは、自分で自分を定義しており、論理矛盾であると指摘している。下線で示したように、地方自治体は、露語では、地方自治に機関を足して表現されているに過ぎないからである。

3 地方自治の否定と継受における機関と権力の概念

　これまでの検討から明らかになったことは、日本の地方公共団体の露語訳の多くがорган（organ）という言葉を用いていること、そして、欧州地方自治憲章の地方自治体の露語訳はорганы местного самоуправления（organs of local self-government）であり、どちらも、地方自治体（地方公共団体）をорган（organ）とする点で共通していることである。そして、орган（organ）という露語では、地方自治体（地方公共団体）を表現できないと考え、

229

местное сообщество（local community）という露語を用いるという主張があることも確認した。

地方自治体（地方公共団体）が露語訳で、орган（organ）となる理由はロシア革命に起因する。

国家権力機関としての地方ソビエト

ロシア革命において、「労働者ソビエト、農民ソビエト、兵士ソビエトといった形で組織され階級代表制の機関」が、「そのまま公的権力機関に転化」した（藤田 1980：140）。各地のソビエトは「中央集権的な軍事＝官僚機構の「破壊」をめざす蜂起の拠点として生成」した（藤田 1980：147）。このような機関の生成は、「地域社会の住民生活のなかで形成される自治的な共同関係とそこにおける公共的な機能とを含んだ全体関係」＝「地域的公共関係」（山田 1991：19）あるいは「共同体的関係と異なる村落の公共関係、したがってまた行政村の内発的な公共的関係」（大石 2007：14）を基盤として成立する地方自治および地方自治体のそれとは異なる性格をもった。伝統的共同体とソビエトとの関係は社会主義建設の過程での大きな問題であり（溪内 1989）、ソビエトの区域は 1920 年代に大きく見直される。

第三回全ロシア労働者・兵士ソビエト大会（1918 年 1 月）で採択された「勤労し搾取されている人民の権利の宣言」は「中央と地方のすべての権力は、これらのソビエトに属する」と謳った。1918 年ロシア共和国憲法は「すべての権力は、市ソビエトよび村ソビエトに統合された国の全労働住民に属する」と定めた。基層の市ソビエトおよび村ソビエトこそ、権力の源泉だった。藤田（1982）は、「プロレタリア独裁の政治形態のソビエト型の独自性」を、「革命主体の構想」として次の三点にまとめている。すなわち、「同時に行政府でもあり立法府」でもあるような「行動的団体」、「諸ソビエト全体」が「全国規模で上から下までの統一された一個の体系、自発的結合」であること、「人民に対立する常備軍や警察をともなわないこと」。

1918 年ロシア共和国憲法は、市ソビエトおよび村ソビエトの代議員（代議員ソビエト）を直接選挙で選び、それより上級のソビエトは、市ソビエトお

よび村ソビエトの代議員のなかから選ばれた代表からなるという大会制を採用した[15]。なお、1936年ソ連憲法から、各級ソビエト（代表機関）の代議員を当該の区域で直接選挙する制度となった。執行処分機関（執行委員会）は当該ソビエトが選挙（1918年ロシア共和国憲法、1936年ソ連憲法および1977年ソ連憲法に共通）した。「権力の源泉」であることから、ソビエトとその執行処分機関（執行委員会）は選挙制だった。

ソビエトとその執行処分機関（執行委員会）が選挙制だったという意味で、ソビエトは自治を実現するものであったと見ることができる。しかし、「権力の源泉」であるということから、地方自治の概念は否定された。

「議会主義の枠ぐみ」（影山 1975：325）を粉砕したロシア革命は、「国家権力機関の統一的体系」に帰着し、「主権原理の段階的構成」（影山 1975：331）のなかに地方自治を位置づける展望をもたなかった。その原因は、ロシア革命およびソ連憲法理論における「国家権力機関の統一的体系」論には、「主権原理の段階的構成」論が前提とする「地方自治権力」の組織形態としての団体自治（影山 1975：330-331）の概念が欠けていたことにある。正確には団体そのものの概念が欠けていた。

そうではあるにせよ、1918年ロシア共和国憲法およびソ連の各憲法は、中央の権力の組織また機関だけでなく地方のそれも憲法事項としていた。すなわち、「地方におけるソビエト権力の組織」（1918年ロシア共和国憲法）、「国家権力の地方機関」（1936年ソ連憲法）および「国家権力および行政の地方諸機関」（1977年ソ連憲法）の各章である。地方ソビエトが何を管轄するかも憲法事項だった。すなわち、「地方におけるソビエト権力機関の管轄の対象について」（1918年ロシア共和国憲法）、「地方ソビエトの管轄」（1936年および1977年ソ連憲法）。

地方の権力の組織また機関が憲法事項であった理由は、国家権力が中央と地方とで統一であるという国家権力論上の理念に基づいて、各級ソビエトは、「民主主義的中央集権」に基づく「国家権力機関の統一的な体系」であると考えられていたからである。すなわち、「ソビエト国家は、下から上までのすべての国家権力機関が選挙され、それらが人民に対して報告義務をも

ち、下級機関は上級機関に決定にしたがう」という民主主義的中央集権（1977年憲法3条）で組織され、「人民代議員ソビエトは、国家権力機関の統一的な体系を構成する」（同89条）。また、ソビエトの執行処分機関（執行委員会）は、当該ソビエトが選挙したが、自分を選挙したソビエトと上級の執行処分機関に報告義務を負っていた（「二重の従属」）（1936年および1977年ソ連憲法）。

以上のような意味で、ソ連において、憲法は、地方自治を否定した上で、中央と地方の権力機関および権力機関のあいだの関係を定めていた。

地方ソビエトを「国家権力の地方機関」と位置づける権力論（国家論）に変化はなかったが、そうした枠組のなかであるにせよ、社会の変化（都市化）の進行とともに1960年代後半から「区域の総合的発展」のために地方ソビエトの役割＝作用の拡大がめざされた（樹神1987）。つまり、「国家権力の地方機関」としての地方ソビエトの作用＝役割には変化があった。

「民主主義的中央集権」および「国家権力機関の統一的な体系」の教義を、はじめて、憲法で確認したのは1977年ソ連憲法だった。この憲法には、一方での、これらの教義の確認と、他方での、地方ソビエトの役割＝作用の拡大の志向とが併存していた。

後者は、146条および147条に明らかである。すなわち、地方ソビエトは、「地方的意義をもつすべての問題を解決」するとともに、「共和国的および全連邦的意義をもつ問題の討議に参加し」、「その地域において国家建設、経済建設、社会的、文化的建設を指導」（146条）する。地方ソビエトの主要な管轄事項は、1936年憲法では「地方的な経済建設および文化建設を指導」することにとどまっていた。

そして、1977年憲法が定める地方ソビエトは、「その権限の範囲内で、その地域の総合的な経済的および社会的発展を保障し、その地域にある上級所属の企業、施設および団体による法令の遵守の監督」するとともに、「これらによる土地利用、自然保護、建設、労働力の利用、日用品の生産ならびに住民にたいする社会的、文化的および日常生活上その他のサービスの分野における活動を調整し、監督」（147条）する。「民主主義的中央集権」および「国家権力機関の統一的な体系」の教義の1977年ソ連憲法での確認は、地方

ソビエトの役割＝権限の拡大と対立するものではなく、それを促進するものであった（樹神 1988：354-358）。

「市民社会」と自治―ソ連における地方自治の継受

以上のような 1970 年代を経て、1980 年代には「『市民社会』の自己調整メカニズムとの関係」で「国家管理の領域」を「限定」（樹神 1988：361）する必要を主張する議論が、地方自治概念の受容への道を開いた。その要点は、社会主義のもとでも、国家と（自己調整メカニズムを有する）市民社会の二元論が成立し、社会の側に自治の領域を認める必要があるということである。このような国家と社会の二元論を前提に、地方自治を社会の側に位置づける発想は、地方自治の継受に強い影響力をもったと考えられる。そして、ペレストロイカを経て、地方自治の概念がソ連で受容された。

1990 年ソ連法は、「市民（граждане, citizens）の自己組織」と地方自治を定義するとともに、「自主性と独立性」は代表機関である人民代議員ソビエトのそれであると捉えた。すなわち、「直接または市民により選挙された機関による地方的意義のすべての問題の解決のための市民の自己組織」（1 条）と地方自治を定義し、以下のものを地方自治の基本原則としていた。「人民代議員ソビエトおよび地方レフェレンダムその他の直接民主主義」、「適法性」、「人民代議員ソビエトの自主性と独立性および地方的意義の問題の解決についての責任」、「市民の権利および適法な利益の保護」、「人民代議員ソビエトおよび地域的社会的自治機関の選挙制と住民による監督」、「公開と世論の考慮」および「地方利益と国家利益の結合」（4 条）。

1991 年ロシア共和国法は、地方自治を、「地方的意義の問題の自主的（自己責任での）解決のための市民（граждане, citizens）の活動の組織の体系」（1991 年ロシア共和国法 1 条）と定義した。「市民の活動の組織の体系」という 1991 年ロシア共和国法の地方自治定義と「市民の自己組織」という 1990 年ソ連法の地方自治定義からすると、1990 年ソ連法と 1991 年ロシア共和国法における地方自治の理解自体には共通性がある。しかし、次の点で違いがある。

まず、1991 年ロシア共和国法が地方行政府の長を公選としたことは、

1990年ソ連法と1991年ロシア共和国法との断絶を示す。なぜなら、ソビエトは、代表機関が執行機関でもある（「立法と執行の統一」）ことを理念としており、地方行政府の長の公選は、この理念の否定を意味するからである（「脱ソビエト化」）。

次に、1991年ロシア共和国法が、制度や機関をとおして「地方自治を実現」する、つまり、「地方自治の実現主体」として住民（население, inhabitants）を位置づけたことは、地方自治をめぐる概念に「市民」と「住民」の二つの概念が混在していることを意味する。すなわち、「市民の活動の組織の体系」（1条）である地方自治は、「代表権力機関―人民代議員ソビエト（以下、ソビエト）、行政機関―地方行政府、地方レフェレンダム、住民集会（総会）その他の直接民主主義および地域的社会的自治機関を通して住民」（2条1項）が実現する。ここで、確認しておくべきことは、地方自治の定義では「市民」が、その実現では「住民」の概念が用いられていることである。

この「市民」と「住民」との混在以上にここで重要なのは、「地方自治の実現主体」という考え方そのものである。日本の地方自治理解に引きつければ、「地方自治の実現主体」を住民自治に対応するとみることは可能だろう。そうであるとしたら、団体自治に対応する概念はあるのだろうか。法人格を基準としてみるとすると、1991年ロシア共和国法が法人格を認めていたのは機関だった。すなわち、1991年ロシア共和国法は、「地方自治機関＝法人」について、「地区、市内の地区、町および村のソビエトならびにそれぞれの行政機関は法人である。他の機関に法人格を付与する決定は、当該ソビエトがこれを採択する」（8条）と定めていた。したがって、法人格をもった団体という概念そのものが、ここには存在しない。

国家権力と自治権力―1993年ロシア連邦憲法

1993年ロシア連邦憲法が定める地方自治は、欧州地方自治憲章に合致した内容をもつと評価されている。また、日本でも高く評価されてきた。例えば、杉原他編（2003：18-19）は「中欧・東欧」で「制定された諸憲法」を、「『充実した地方自治』体制への転換」の例として挙げている。1993年ロシア連

邦憲法が保障する地方自治も同じ性格をもつものとしている。同書で、竹森正孝は、課題は「ロシア憲法の想定する地方自治をいかに実現するか」（122頁）であるとしていた。

しかし、1993 年ロシア連邦憲法の制定前後は、人民代議員大会対大統領の政治対立のなかで、大統領による地方自治改革、すなわち、「段階的憲法改革」[16] の一環としての「代表権力機関および地方自治機関の改革」[17] が進められ、選挙も行われなかった。1991 年ロシア共和国法公選の行政機関の長の職の設置に見られる「脱ソビエト化」が「上から」進められた。

それは別として、1993 年ロシア連邦憲法は、住民 (население, inhabitants) を地方自治の主体と位置づけたと理解されている。その根拠は、次のような地方自治の定義にあると考えられている。すなわち、「ロシア連邦における地方自治は、地方的意義の問題の住民による自主的決定ならびに自治財産の占有、利用および処分を保障する」（130 条 1 項）。

地方自治の主体を住民とする 1993 年ロシア連邦憲法が定める地方自治は、「地方自治体の権利及び実質的な権能」（3 条 1 項）として地方自治を定義する欧州地方自治憲章の地方自治よりも「民主主義の度合いが大きい」との自己評価さえある (Под ред. Н. С. Бондаря 2013：194)。このような自己評価はともかく、1993 年ロシア連邦憲法の地方自治の定義は、「市民の自己組織」または「市民の活動の組織の体系」を地方自治とする 1990 年ソ連法また 1991 年ロシア共和国法の定義とは、市民ではなく住民の概念を用いる点、そして地方自治を市民の「自己組織」または「活動の組織の体系」でなく住民による「自主的決定（解決）」とする点で異なり、何よりも、以上のような意味において、地方自治の主体を住民としていると理解しうる点で異なる。

ただし、1993 年憲法は、地方自治の定義とは別に、地方自治の実現主体について定めるという点では、1991 年ロシア共和国憲法と連続している。1993 年憲法では、地方自治の主体は住民 (население, inhabitants) であり、地方自治の実現主体が市民 (граждане, citizens) である。すなわち、「地方自治は、住民投票、選挙および直接の意思表示の他の形態により、または選挙制および他の地方自治機関を通して、市民がこれを実現する」（同条 2 項）。住

民（население, inhabitants）が「地方自治の主体」、「市民（граждане, citizens）」は「地方自治の実現主体」である。

　1993年憲法が地方自治の主体を住民としたことにはどのような意味があるのだろうか。注目に値するのは、住民を地域共同体（местное сообщество, local community）と理解する解釈が有力になりつつあることである（Бондарь 2004：120-130, Под ред. А. Н. Костюкова 2011：98）。このような見解からすれば、住民は地域共同体（местное сообщество, local community）、市民は個人と位置づけられ、住民と市民との関係は、集団とそれを構成する個人の関係として理解される。地方自治機関の位置づけという点からは、住民（地域共同体）を地方自治の一次的主体、地方自治機関を二次的主体と理解する見解がある（Под ред. В. Д. Зорькина 2011：949-950）。また、「地方自治の主体」と「地方自治の実現主体」の区別の関連して、「地方自治権」と「地方自治実現権」とを区別する主張もある。前者は客観的権利であり、個人または集団として住民が行使するのは主観的権利である後者である（Шугрина Е. С. 2012：25-33）。

　以上のような1993年ロシア連邦憲法130条（第8章）をめぐる議論、すなわち、住民を地方自治の主体と位置づけ、住民の概念に地域共同体（местное сообщество, local community）を読み込むことが、国と地方[18]との関係をめぐる議論に影響を与えているかというと、必ずしもそうではない。国と地方との関係をめぐる問題は、1993年ロシア連邦憲法においては、主に、3条と12条をめぐる議論のなかで検討されている。

　1993年ロシア憲法は、地方自治の章（第8章）で地方自治を保障しているだけでなく、はじめにで指摘したように憲法体制の基本原則の一つとして地方自治を位置づけて保障する点に特徴がある[19]。1993年ロシア連邦憲法の基本原則としての地方自治は、「人民は、直接に、または国家権力機関および地方自治機関を通して、その権力を実現する」（3条2項）ことであり、さらに「ロシア連邦においては、地方自治を承認し、保障する。地方自治は、その権限の範囲内で自主性を有する。地方自治機関は、国家権力機関の体系を構成しない」（12条）ということである。この条文を、杉原泰雄は、杉原

3 地方自治の否定と継受における機関と権力の概念

他編（2003：18）で、日本でいう団体自治に対応する内容を定めていると理解する。そのように見ることはできるとしても、ロシア連邦の地方自治においては、そもそも、団体の概念が希薄であるとすれば、この条文がロシア連邦でどのように理解されているか検討する必要があろう。

それは別として、3条と12条の二つの条文について見ると、前者は、ソ連の憲法と連続しており、後者は、断絶している。

前者（3条2項）が、ソ連の憲法と連続しているというのは次のような意味である。この条文は、日本国憲法に置き換えれば、前文の「日本国民は、正当に選挙された国会における代表者を通じて行動」の部分を、地方公共団体が統治団体であることを理由に、「日本国民は、正当に選挙された国会および地方議会における代表者を通じて行動」すると書き換えるに等しい意味をもつ。しかし、近代憲法の国民主権論からも、その地方自治論からも、それは許容されない。樋口陽一（2002：378）は「近代国民国家は、国家＝国民の主権というシンボルを掲げること」により「集権的国家と個人がむきあう二極構造を、基本的に推進」し、「旧ヨーロッパの伝統が、地方自治を支えるものとして残存したが、それは、近代国民国家＝近代立憲主義の論理ゆえにそうなるという関係ではなく、にもかかわらず中世立憲主義の伝統がそこに反映した」ととらえるべきだと指摘している[20]。

日本国憲法で「代表者」となるところがロシア連邦憲法では「機関」となることもふくめて、「人民」が「地方自治機関」を通しても権力を実現するという規定は、ロシア革命以来のソ連の憲法史と切り離して理解することはできない。しかし、「人民」がそれを通して権力を行使するのは、「地方自治機関」であって、「国家権力の地方機関」ではなく、その点で、1993年ロシア憲法は、ソ連の憲法の考え方を否定する。後者（12条）はこの点を明確にするもので、この条文は、「民主主義的中央集権」および「国家権力機関の統一的な体系」という考え方との断絶を明確にしていること自体に意味がある（Под. ред. Б. Н. Топорнина 1997：144）。

したがって、ソ連の憲法史と連続する3条が、断絶する12条によって、どのような新たな意味を、とくに国と地方との関係でもつことができたかを

第 8 章　地方公共団体・地方自治体の露語訳とロシアの地方自治

問うことができる。それは、1993 年ロシア連邦憲法の定める地方自治が、欧州地方自治憲章に適合するかどうかとは別の、1993 年ロシア連邦憲法が定める地方自治の可能性の問題である。残念ながら、そのような可能性が展開する方向に議論は進んでいない。

　まず、12 条について見ると、この条文自体に矛盾があり、必ずしも、明瞭とはいえないという主張がある（Пешин Н. Л. 2011：62）。このような評価には根拠がある。

　12 条は、日本でいえば「固有権説」に近い考え方を採用していると解釈しうる内容をもっている。それは、第 1 文と第 3 文に表現されている。12 条の第 1 文は「地方自治を承認し、保障する」（12 条）である。「承認し、保障する」という言葉は、1993 年ロシア連邦憲法においては、この他に、「人および市民の権利および自由を承認し、保障する」（17 条）という規定のなかで用いられる。つまり、1993 年ロシア連邦憲法は、人権と同じように地方自治を「承認し、保障」している。このことから、1993 年ロシア連邦憲法では、前国家的に存在する地方自治が「承認」されていると解釈できる。第 3 文は、「地方自治機関が国家権力機関の体系を構成しない」と定める。これを根拠に、3 条の定める地方自治機関を通して実現される権力は、国家権力と対置される社会権力であると理解されようになる。そうした意味で、国家と地方自治との対置が導き出される。

　これに対して、第 2 文の「地方自治は、その権限の範囲内で自主性を有する」に示されている自主性は「権限の範囲内」のものであり、したがって、ここでの自主性は、そのような権限を定める権力の存在を前提とした自主性であり、「固有権説」による理解はむつかしい。

　12 条が定める自主性について、次のような指摘がある。すなわち、「注釈されている規定の分析が示すのは、12 条が、国家権力との関係での地方自治の自主性を確認していることである。このことを考慮して、検討されている条文の文脈での自主性の主体の問題を決定する必要がある。この場合、問題となるのは、何らかの地方自治機関の自主性（権限上その他の）ではなく、地方自治の体系により代表される自治権力と国家権力との相互関係の基本原

則である。したがって、自主性の主体として住民を位置づける 130 条とも、地方自治機関の自主性を確認する 132 条とも異なり、憲法 12 条は、当該関係領域におけるより広い、統合された基盤を決定している。それは、人民権力の実現形態の一つであるとともに、住居地の住民の自己組織の公法制度としての地方自治の自主性であり、地方自治の深くにある原則の前提となるものである」(Под ред. В. Д. Зорькина 2011：132)。

　ここで言われていることは、国家権力とは区別される自治権力を認めつつ、その相互関係(自主性)を人民権力論として検討するということである。そして、人民権力の問題は、「自主性の主体として住民を位置づける 130 条とも、地方自治機関の自主性を確認する 132 条とも異なる」と理解されている。したがって、ここでは、国家権力と自治権力は区別されているが、対置はされておらず、同じ人民権力の実現形態としてとらえられている。

　1993 年ロシア連邦憲法の制定前後の地方自治論について、12 条の内容を念頭に置いて「1993 年に地方自治の新しい構想がつくられるさいに、自然法の教義が支配していたと結論することができる」(Пешин Н. Л. 2007：17)と主張され、また「1993 年憲法および 1995 年連邦法の採択の段階で優勢であった地方自治の非国家的性格の構想」が指摘されている(Авакьян С. А., Люцер В. Л., Пешин Н. Л. и др. 2013：66)。しかし、12 条を根拠とする「自然法の教義」「非国家的性格」の主張に代わって、3 条に根拠をもつ人民権力論が展開されることで、12 条の解釈も、この人民権力論を踏まえたものに変化していると整理することができる。

　3 条を根拠とする人民権力論の展開について、この小論ではさしあたり次のことを指摘しておきたい。一つは、公的権力論である。つまり、「国家権力機関および地方自治機関を通して」実現される権力について、すでに指摘したような国家権力と自治権力を区別する考え方を認めたうえで、この二つの権力を異質なものとしてではなく、公的権力の種別としてとらえようとする見方である(Шугрина Е. С. 2012：22-23)。

　もう一つは二重理論(Теория дуализма, Theory of dualism)または混合形態論(смешанная форма власти народа)である。それは、人民権力には、国家権力、

社会権力および地方自治権力（自治権力）があるとした上で、地方自治権力（自治権力）を「社会的国家的混合形態」と位置づける見方である（Авакьян С. А. 2007：339）。この見方の特徴は、地方自治権力（自治権力）の独自の成立根拠を探るのではなく、それを国家的性格と社会的性格の混合とする点にあり、そうした枠組のなかで次第に国家的性格が強調されるようになっている（Пешин Н. Л. 2011：10-129）。社会的性格が地方自治権力（自治権力）の要素とされるのは、地方自治の継受の過程で国家と市民社会論の二元論を前提に地方自治が社会の側からとらえられたからであり、また1993年憲法制定前後に「自然法の教義」「非国家的性格」の主張が強かったからだと考えられる。しかし、二重理論または混合形態論は、地方自治を国家と社会の対置という枠組で見るものではないから、国家権力と地方自治権力（自治権力）との関係は対抗関係ではなく、基本的に、協力関係と見ることになる。

4 おわりに

　以上の検討から言えることは、地方自治の否定から継受への転換の過程で、「市民の自己組織」（1990年ソ連法）または「市民の活動の組織体系」（1991年ロシア共和国法）といったある種の「市民社会」論の視点からの地方自治の継受や、地方自治の主体を住民と位置づけ、そこに地域共同体（местное сообщество, local community）を読み込む地方自治論の展開にもかかわらず、「国家権力の地方機関」が地方自治機関に置き換えられることで機関の概念が継続するとともに、権力論の水準で国と地方との関係を検討する思考法が連続しているということである。
　公的権力論の展開について言えば、それは、これまでの「階級的」な国家権力論の克服の試みと見ることができる。しかし、この小論で見た限りでは、地方自治の主体を住民とし、その住民に地域共同体を読み込み、その自主性を論じる議論が登場しているにもかかわらず、公的権力論がこの自主性を取り込み、それを保障するものとしてではなく、それとは別の方向に議論

が進んでいるように見える。

　こうしたことの原因は、ソ連およびロシア連邦の地方自治の歴史において、団体の概念が欠けているからである。団体概念が欠けているがゆえに、国と地方との関係が権力論として議論され、その権力論が団体概念に基礎を置くものでないがゆえに、それぞれの権力の根拠が明確になりにくい。そのように理解できるとすれば、1993年ロシア連邦憲法の定める地方自治が欧州地方自治憲章に適合していることを強調するとしても、団体概念を欠いた地方自治でもあるということに注目すべきだろう。

　地方公共団体または地方自治体の露語訳という視点からは、団体概念を欠いた地方自治という認識のないままに、日本でもロシア連邦でも、地方公共団体または地方自治体に対応する言葉として、органы местного самоуправления（organs of local self-government）が用いられていると見ることができる。この用語の利用を批判する場合でも、местное сообщество, local community という言葉にすべきだという主張にとどまっているし、地方自治の主体が住民（население, inhabitants）であることに地域共同体（местное сообщества, local community）を読み込もうとする解釈も、団体概念の検討へと連続していない。

　「地方公共団体および地方自治体という言葉の露語訳」の「地方公共団体の露語訳」で指摘した、1994年のロシア民法典第1部（第5章）で1995年ロシア連邦旧法および2003年ロシア連邦新法が用いる муниципальное образование（municipal formation）については、別の機会に検討したい。この概念は、以下に見るような意味で、ロシア連邦における団体概念の検討につながりうるものである。

　民法典第一部の定めるこの概念は、地方自治機関の法律行為が、муниципальное образование の名義で行われることを要求するもので、きわめて法技術的なものである。これに対して、1995年ロシア連邦旧法における муниципальное образование は、「この法律の範囲内で、地方自治が実現され、自治体財産、地方予算および選挙制地方自治機関を有する、この法律の規定する市型居住区域、村型居住区域、一つの区域に合併した複数の

町、居住区域の一部および他の住民居住区域」（1条）であり、単なる法技術的な概念ではなく、「自治体予算、地方予算および選挙制地方自治機関」という実体要件を備えた概念である。しかし、2003 年ロシア連邦新法で муниципальное образование の用語は残ったが、それは、地方自治の区域の総称にすぎなくなった（2条）。

ここには、法人という法技術、団体であることの実質、そして区域の意義といった問題が凝縮されている。そして、муниципальное образование をめぐる変化は、地方自治の主体の団体性と区域性の検討を迫っているように思われる。ロシア連邦においては、団体の概念が希薄でも、муниципальное образование が民法上の形式的技術的概念に過ぎないとしても、一定の区域に住む住民が投票や選挙を通して地方自治を実現するという論理は存在する。このような論理に立脚する地方自治は、団体概念を踏まえた地方自治とどのような点でちがうのだろうか、それともちがわないのだろうか。

注

1) Ведомости СССР. 1991. № 17. Ст. 90.
2) Ведомости РСФСР. 1991. № 22. Ст. 776.
3) ソ連での地方自治概念の受容の前史としての 1970 年代と 1980 年代における地域の総合的発展と地方自治について、樹神（1987）（1988）を参照。
4) 1993 年ロシア憲法の邦訳については、さしあたり、高橋編（2007）を参照。この小論のロシア憲法の訳は憲法集の通りではない。また、1918 年ロシア共和国憲法および 1936 年ソ連憲法の翻訳は、高木・末延・宮沢編（1957）に、また、これに加えて 1922 年および 1977 年のソ連憲法の翻訳が、ノーボスチ通信社編稲子恒夫訳（1978）に納められている。1918 年ロシア共和国憲法ならびに 1922 年、1936 年および 1977 年のソ連憲法の訳については、稲子恒夫訳に従う。
5) СЗ РФ. 1995. № 35. Ст. 3506.
6) СЗ РФ. 2003. № 4. ст. Ст. 3822. この法律は頻繁に改正されている。
7) この小論は、地方自治法の露語訳の経験を踏まえたものである（科学研究費補助金・基盤研究Ａ（平成 22〜25 年度、研究代表者・末永敏和）「高度法情報発信のための多言語情報の最適組み合わせに関する研究（略称：高度法情報発信研究プロジェクト）」）成果は以下を参照。http://www.law.osaka-u.ac.jp/bestmixture/

russianlaw.html
8) 例えば、以下を参照（2014 年 7 月）。http://asiapacific.narod.ru/countries/japan/constitusion_of_japan1.htm
9) (1)から(4)を対応用語選択型、(5)を内容表現型とみることができる。
10) Parliament Assembly Opinion 193（1996）. http://assembly.coe.int/Main.asp?link=/Documents/AdoptedText/ta96/EOPI193.htm
11) Statutory Resolution（2000）1 relating to the Congress of Local and Regional Authorities of Europe http://conventions.coe.int/Treaty/EN/Treaties/Html/Resol20001.htm
12) 欧州地方自治憲章の翻訳は、杉原泰雄他編（2003）所収の広田全男・糠塚康江の訳を利用した。
13) 欧州地方自治憲章の正文および各国版は以下を参照（2014 年 7 月）。http://conventions.coe.int/Default.asp?pg=Treaty/Translations/TranslationsChart_en.htm#122
14) 小森田秋夫東京大学名誉教授のご教示による。記して、感謝したい。
15) 大会制は、理念上は、「下から」の「権力の段階的構成」を表現していると理解できる。「段階的構成」においては、中央と地方との対抗の側面は消失する。
16) САПП РФ. 1993. № 39. Ст. 3597.
17) САПП РФ. 1993. № 41. Ст. 3924.
18) ロシア連邦において、「国」に対応するのは連邦および連邦構成主体である。ここでは、単純化して「国と地方」の関係としておく。
19) 原則（基本原則）（第 1 章）、人権（人と市民の権利および自由）（第 2 章）および改正（全部改正および一部改正）（第 9 章）については、その改正の発議に、連邦会議および国家会議の議員総数の 5 分の 3 が賛成した場合に憲法改正の手続が進行する。
20) 杉原（2008）の「充実した地方自治」論は、ある意味で、樋口と同じ近代国民国家認識に立ちつつ、現代の課題として地方自治の充実を主張する。これに対して、山田（1991）は近代国民国家の基礎として地方自治を捉える。地方自治の歴史認識はさまざまであるが、この小論は、山田（1991）の問題意識を踏まえた、現代ロシアの地方自治の特徴と課題の分析を試みることをめざしている。

参考文献

[法令集・資料集]
高木八尺・末延三次・宮沢俊義編（1957）『人権宣言集』岩波書店
ノーボスチ通信社編、稲子恒夫訳（1978）『新ソ連憲法　資料集』ありえす書房
杉原泰雄・大津浩・白藤博行・竹森正孝・広田全男編（2003）『資料現代地方自治―「充

実した地方自治」を求めて』勁草書房
高橋和之編（2007）『［新版］世界憲法集』岩波書店

［露語翻訳］

Научно-исследовательский Институт Евразии при обществе «Япония – страны Евразии»（1995）Конституция Японии: Перевод на русский язык, Токио: Научно-исследовательский Институт Евразии при обществе «Япония – страны Евразии».

Старостина И. А., Савинцева М. И..（2011）Конституционный референдум в Японии. М.: МедиаМир.

最高裁判所事務総局刑事局監修（2013）『法廷通訳ハンドブック　実践編〔ロシア語〕』法曹会

GIZ（2013）Сборник законодательных актов по административным процедурам Ташкент: Abu Matbout-Koysalt.

［辞典］

Macura, P.（1990）Elsevier's Russian-English Dictionary. Amsterdam: Elsevier.

Андрианов С. Н., Берсон А. С., Никифоров А. С.（2009）. Англо-русский юридический словарь. М.: Abbyy Press.

田中英夫編（1991）『英米法辞典』東京大学出版会
山口俊夫著（2002）『フランス法辞典』東京大学出版会
小山貞夫著（2011）『英米法律語辞典』研究社
中村紘一・新倉修・今関源成監訳、Termes juridiques研究会訳（2012）『フランス法律用語辞典』三省堂

［論文等］

影山日出弥（1975）「憲法の基礎理論」勁草書房
藤田勇（1975）『社会主義における国家と民主主義』大月書店
藤田勇（1980）『社会主義社会論』東京大学出版会
藤田勇（1982）『ソビエト法史研究』東京大学出版会
樹神成（1987）「ソ連における国民経済の管理と地方自治―ペレストロイカ前夜（一）」『法政論集』第117号
樹神成（1988）「ソ連における国民経済の管理と地方自治―ペレストロイカ前夜（二）」『法政論集』第118号
溪内謙（1989）『ソビエト政治史』岩波書店
樹神成（1990）「ソ連のペレストロイカと地方ソビエト―予備的考察」『法政論集』130号
山田公平（1991）『近代日本の国民国家と地方自治』名古屋大学出版会

樋口陽一（2002）『憲法〔改訂版〕』創文社
大石嘉一郎（2007）『近代日本の地方自治の歩み』大月書店
杉原泰雄（2008）『地方自治の憲法論―「充実した地方自治」を求めて』勁草書房
Замотава А. А.（1996）Местное самоуправление как элемент государственного устройства. Российская юстиция. № 6.
Под. ред. Б. Н. Топорнина（1997）Конституция Российской Федерации: Научно-практический комментарий. М.: Юристь.
Бондарь Н. С.（2004）Гражданин и публичная власть: Конституционное обеспечение прав и свобод в местном самоуправлении. М.: ОАО «Издательский дом Городец».
Авакьян С. А.（2007）Конституционное право России: В 2 т. Т.1. М.: Юристь.
Пешин Н. Л.（2007）Государственная власть и местное самоуправление в России: проблемы развития конституционно-правовой модели. М: Статут.
Под ред. А. Н. Костюкова（2011）Муниципальное право. М.: ЮНИТИ-ДАНА.
Под ред. В. Д. Зорькина（2011）Комментарий к Конституции Российской Федерации. М.: Норма: ИНФРА-М.
Пешин Н. Л.（2011）Муниципальное право Российской Федерации. М.: Юрайт.
Шугрина Е. С.（2012）Муниципалное право. М.: НОРМА: ИНФРФ-М.
Под ред. Н. С. Бондаря（2013）Муниципальное право Российской Федерации. М.: Юрайт. стр. 194.
Авакьян С. А., Люецер В. Л., Пещин Н. Л. и др.（2013）Муниципальное право России. М.: Проспект.

［樹神　成］

あとがき

　この国の法を世界に向けて開いていくために、私たちには今何が求められているだろうか。東アジアという地域における相互理解に焦点を合わせて、法と言語に関わる多様な問題を取り上げた本書は、この今日的な問いに答えるための糸口を見出すことを目的として編まれたものである。

　本書の内容は、末永敏和教授を研究代表者とし、平成22年から25年にかけて行われた科学研究費補助金による研究プロジェクトの研究成果に基づいている。このプロジェクトは、末永教授を中心とする大阪大学の法学系研究者と、松浦好治教授をはじめとする名古屋大学の法情報学研究者との緊密な連携によって進められた。水野真木子教授をはじめ、法と言語の問題に関心をもつ言語研究者も参加しており、学際的な性格を特徴とする。分野によって研究のスタイルが異なるため、調整にはそれなりの苦労が伴った。多くの外国人の参加するプロジェクトを実務面で支え、研究成果の取りまとめに当たっても献身的な努力をしてくれた渡邉浩崇氏には、深く感謝しなければならない。

　研究成果を書籍化するにあたり、章相互の関係ができるだけ見えやすくなるように配慮したが、本書全体を貫くテーマの提示の仕方において、なお不十分な面のあることは否定できない。しかし、根底にある考え方は一貫している。各章を読むなかでそれを汲み取っていただけるならば、編者として大きな喜びである。

　プロジェクトを指導してこられた末永教授は、平成24年の3月に大阪大学を退職され、龍谷大学に移られた後も、本書の刊行に向けて種々配慮してくださった。ご多忙のため、執筆をお願いすることはできなかったが、本書の生みの親であることには変わりがない。また、本書の刊行は、大阪大学法

学部50周年基金からの助成によって可能になった。助成を認めてくださった方々に厚くお礼を申し上げる。刊行にいたるまでの、岩谷美也子編集長をはじめとする大阪大学出版会の方々の尽力に対しても、記して謝意を表したい。

　現在、日本の法学教育機関は厳しい状況に置かれている。とりわけ、大学のいたるところで聞かれるグローバル化の掛け声に、従来ともすれば国内に視野を限定しがちであった法学部がどう応えるべきかという難しい問いに対する明確な答えは、なお示されていないように見える。大学に籍を置く者として、著者たちは、本書の各章で取り上げた論点をさらに深めることにより、今後とも、その答えに近づくための努力を続けていきたいと思う。

　さまざまなテーマの研究を幅広く盛り込んだ本書が、少しでも、法の世界のグローバル化に関心をもつ方々の役に立つことを願っている。

2015 年 5 月

竹中　浩

索　引

あ行

アド・ホック通訳人　25
アメリカ（合衆国）　5, 9, 26, 57, 58, 62, 69, 71-74, 108-111, 123
アメリカ法　108, 114, 123, 125
いじめ防止対策推進法　189
異文化仲介者　30
医療通訳　7, 71, 72, 74, 97
医療保険　150
インターネット　36, 84, 87, 97, 100, 124, 133, 218
インドネシア　9, 102
ウズベキスタン　9
英語帝国主義　105
英語による法教育　105, 107, 120
永住者　79, 80, 90
英米法　29, 162, 163, 227, 244
エスニック・メディア　83
欧州委員会　107, 121
欧州地方自治憲章　223, 224, 226-229, 234, 235, 238, 241, 243
欧州評議会　223, 226
欧州連合（EU）　105, 121, 125
大阪府国際交流財団（OFIX）　93, 101, 156
オーストラリア　7, 9, 22, 28, 31, 34, 37-41, 113, 114
オーストラリア翻訳・通訳資格認定機関（NAATI）　7, 38, 43, 44

か行

外国語教育　11, 127-129, 132, 138, 153, 154
外国人研修制度　4
外国人コミュニティ　89, 101
外国人登録法　96
外国人犯罪　139-142, 153, 156, 157
外国人労働者　4, 15, 78, 82, 99
外国法事務弁護士　84, 85, 91, 92
会社法　12, 161-163, 165, 171, 172, 174, 175, 180, 182, 184
覚せい剤密輸事件　25
学生納付特例制度　82
家事調査官（台湾）　208, 215
家族法　12, 201, 204, 221
家庭裁判所　88, 97, 108, 203-205
家庭内暴力（DV）　4, 98
カナダ　57, 74, 133
韓国　1, 11, 13, 17, 18, 77, 89, 90, 93, 100, 105, 113, 117, 118, 123, 124, 148, 217, 218
監護権　205
監護の継続性の原則　206, 216
監査役会　163, 174-176, 181
漢字文化圏　8, 11, 13, 14, 117, 118, 149
間接差別　61, 66
完全養子　204
官報　63, 107, 113, 122
カンボジア　9, 101

249

偽装結婚　4, 139, 141, 156
偽造事件　141
技能実習制度　4, 16, 17
虐待　189, 202-204, 210, 212, 215, 219, 220
教育基本法　187, 188, 197
教育権　201
供述拒否権（黙秘権）　139, 140, 147
供述調書　6
行政院（台湾）　190, 196, 222
兄弟姉妹不分離の原則　206, 214, 216
共同親権　202, 208, 209, 214-216
虚偽陳述　176-181
金融商品取引法　163, 177, 178, 180, 181
グローバル化（グローバリゼーション）　1, 2, 10, 12, 16, 105, 106, 127, 128, 154, 156, 186, 248
軍事教育　199
経済開発協力機構（OECD）　122
経済的、社会的及び文化的権利に関する国際規約　192
警察　4, 17, 21, 23, 24, 42, 44, 45, 50, 87, 131, 133, 140-142, 156, 157, 208, 230
刑事訴訟法（刑訴法）　23, 24, 47-49, 71
刑法　54, 56, 87, 131, 133, 140-142
契約法（中国）　161, 164, 166, 167, 169, 170, 181, 182
経理（権）　165, 166, 180
言語感覚（語感）　143-145
言語権　22, 54, 57
検察官　23, 33, 35, 37, 49, 115, 124, 133, 134, 147, 155, 203
限定的な英語力（LEP：Limited English Proficiency）　62-66, 69, 73-75
権利保障　3, 21, 23, 24, 46, 54
交通安全教育指導員　86, 87
口頭主義　21, 24, 52, 53
口頭弁論　23

公判手続　46, 48, 50
公民教育　5, 128
公民権法第6編（米国）　57-62, 65-68, 71, 72
コーポレート・ガバナンス　163, 171
公用語　66
勾留尋問　133-136, 147
勾留請求　140
国外退去　71
国際結婚　4
国際交流員　88
国際条約（条約）　46, 54, 91, 112, 185-187, 190-197, 199-203, 205-209, 212, 213, 215-217, 219, 220, 222, 226
国際人権規約（自由権規約）　22, 24, 43, 46-49, 54, 71, 73
国際法　7, 8, 46, 186, 193, 217, 221, 222
国際連合（国連）　22, 192
国籍　1, 16, 72, 77, 79, 82, 90, 91, 95, 96, 100, 101, 133, 190
国内法　46, 187, 190-193, 195-197, 200-202, 215, 219
国民健康保険　82, 97, 99
国民主権　237
国民的出身（national origin）　57, 58, 60, 62, 66, 67, 72
国民年金　82, 91, 99
国務院（中国）　112, 122, 171
国家権力機関（ロシア）　191, 225, 230-232, 236-239
国旗国歌法　187, 188
子ども（子、児童）の最善の利益　185, 186, 189, 194, 196, 198, 200-213, 215-217
子（児童）の意見表明権　202, 203, 208, 221
子の家庭成長権　202, 209
子の氏名権　201, 211, 216

子の奪取　206
コミュニティ通訳　38, 88
コモン・ロー　123
雇用保険　99
婚外子　198

さ行

最高裁判所(最高裁)　24, 39, 43, 55, 56, 58, 59, 61, 67, 108, 110, 112, 120, 124, 190, 219, 224, 244
最高人民法院(中国)　112, 122, 163, 176
最大接触の原則　214
裁判員裁判　6, 21, 24-26, 39, 43, 46, 51-56, 129, 155-157
在留資格　6, 78-80, 82, 95-99, 140, 141
詐欺　115, 133, 139, 141, 170
差別禁止　68, 69, 73
差別的効果(disparate impact)の法理　61, 68
自己決定権　211
児童　59-61, 88, 97, 99, 186, 189, 194-198, 201-204, 207, 212, 213, 215, 219-222
児童及び少年の福祉と権益保障法(台湾)　197, 213
児童虐待防止法　189, 202, 203, 219, 220
児童権利宣言　185
児童の権利に関する条約(子どもの権利条約)　185-190, 192-200, 217-219, 221
児童の最善の利益　202, 203, 207
児童福祉法　202
児童福利法(台湾)　207, 212, 213
自動車盗　133, 156
児童養護施設　203
司法解釈(中国)　64, 112, 163, 169, 176, 181, 182
司法省ガイドライン(米国)　58, 61, 64, 65, 68

司法通訳　6, 7, 21-24, 27, 28, 32, 34-38, 40-44, 70, 127-135, 138-141, 143, 145-148, 152-157
司法通訳の倫理→通訳倫理
司法手続　22, 36, 40, 46, 70, 129
司法判断　33, 42
市民　5, 88, 127, 146, 226, 233-236, 238, 240, 243
市民社会　233, 240
市民的及び政治的権利に関する国際規約　22, 192
社会主義　14, 15, 227, 230, 233, 244
社会制度　12, 106, 111, 114, 116
社会の設計図　106
社会法　212, 213, 215
住民　3, 4, 83, 93, 96, 100-102, 197, 226, 227, 230, 232-236, 239-242
住民自治　234
主たる養育者(の原則)　206, 213, 214, 216
出自を知る権利　193, 202, 210, 216
出入国管理及び難民認定法(入管法)　78, 90, 93, 96
証券法(中国)　161-163, 165, 176, 177, 180, 181
商行為(法)　161, 164, 183
少年　54, 88, 194, 197, 198, 202, 203, 207, 213
少年法　202, 203
消費者契約法　161, 164, 167-169, 181, 183
消費者権益保護法(中国)　161, 164, 167-170, 180, 181
商法(典)　161-167, 171, 175, 180, 182, 183, 221
情報開示　162, 163, 167-170, 176, 177, 181
商法総則　161, 162, 164, 165, 180, 183

251

全国人民代表大会常務委員会(中国)　112
省令(府省令)　8, 112
条例　112, 182-184, 194, 197, 226
書証中心主義　24
人格権　187, 193, 194, 210
人格の尊厳　196, 201
シンガポール　105
審議会　114, 120, 171, 172
親権　98, 119, 125, 185, 203-209, 211-216, 219, 221, 222
人権　4, 24, 54, 55, 57, 69, 72, 154, 185-189, 192, 194, 196, 199-201, 207, 219, 221, 238, 243
親権喪失　205
親権停止　205, 209
侵入強盗　133, 140, 141
侵入窃盗　131, 140, 141
人民　13, 112, 162, 182, 183, 191, 195, 196, 223, 230-237, 239
スペイン語　33, 89, 92-94, 228
税　82, 83, 88, 91, 92, 96, 208
制定法　113, 123
政令　8, 90, 112
世界人権宣言　22, 24, 54
窃盗　131-133, 138-142
全国人民代表大会(中国)　112
捜査　6, 18, 46, 48
総務省　113
ソーシャルワーカー　208, 214, 216
ソビエト　14, 225, 230-235, 244
ソ連(の)憲法　231, 232, 237, 242, 243

た行

対応関係をもった情報　111
タイ(人)　25, 43, 100, 105
退去強制　6, 98, 200, 216
大統領令13166号(米国)　58, 61, 62, 64

大陸法　8, 14, 162, 163, 165, 166, 218
代理商　162, 165-167, 181, 183
第二外国語　152, 153
第二言語　5
大法官会議(台湾)　191, 193, 208, 210
大法官解釈(台湾)　193, 218
多言語　89, 93, 98, 101, 102, 107, 117-119, 121, 128, 156, 242
単一国家　108
単独親権　205, 215
団体自治　231, 234, 237
地球法　217
地方公共団体(地方自治体)　71, 73, 112, 198, 223-230, 235, 237, 241
地方自治　15, 223, 224, 226-245
嫡出否認(権)　210, 216
中華民国憲法　186, 190-193, 195-197, 199, 207
中国語　89, 93, 94, 117, 127, 129, 133, 139, 140, 143-150, 153, 155, 157
中国人　13, 90, 139-143, 147, 156, 183, 222
懲役　25, 28, 53, 98
通達　8
通訳人　21-42, 45-56, 133, 134, 143, 144, 156
通訳倫理(司法通訳の倫理)　6, 40
通訳を受ける(求める)権利　45-50, 54
定住者　78, 80
適正手続　23, 46-48
電子政府　122, 124
導管モデル　28
投資者保護　163, 176, 178
特別代理人　204, 212
特別養子(縁組)　204
独立取締役(制度)　162, 163, 170-176, 181, 183, 184
トリオフォン(三者通話電話)　93

252

索 引

取調べ　21, 23, 24, 32, 46, 50, 51, 54, 129

な行

内閣法制局　14, 17, 114, 123
難民　29, 30, 43, 97
日系人帰国支援事業　78, 90
日系人就労準備研修　87
日本国憲法　23, 24, 188, 202, 204, 224, 237
日本国際協力センター（JICE）　87, 88
日本人の配偶者　80, 96
日本の経験　11, 12, 18
日本弁護士連合会　16, 56, 84, 91, 189, 221
日本法教育研究センター（名古屋大学）　9
日本法の透明化　17, 18, 119
ニュー・サウス・ウェールズ州（オーストラリア）　41, 113, 114
認定制度（通訳の）　6, 7, 22, 24, 27, 38, 40, 41, 50, 56
年金（制度）　82, 91, 96

は行

売春　25, 194, 197
バイリンガル教育　59, 61, 72
母親優先の原則　206, 214, 216
被害者　25, 26
比較対照（アプローチ）　9, 107-117, 119-124
比較法　7, 9, 10, 14, 106, 118, 122, 125, 162, 165, 167, 177, 182, 217, 218
東アジア　1, 2, 8, 10-18, 105, 106, 116, 117, 186, 247
被疑者　6, 23, 24, 31, 45-51, 70, 71, 133, 134, 140, 145, 155
被告人　21, 23-25, 28-33, 35, 45-50, 52, 54, 55, 70, 71, 155

フィリピン（人）　5, 77, 79, 90, 93, 101
複数通訳人体制　39
不実告知　169
不法行為　117, 118, 164, 178
扶養を受ける権利　202, 210
ブラジル（人）　5, 77-88, 90-92, 133
フレンドリー・ペアレント・ルール　206, 216
弁護人　26, 33, 35, 46, 48-51
法（の）教育　5, 7-11, 15-17, 105, 107, 110, 116, 120, 127-130, 138, 139, 153, 154, 156
法情報研究センター（名古屋大学）　13, 14, 122
法情報サイト　217, 218, 220
法情報データベース　186
法制処（韓国）　124
法整備支援　8, 12, 106, 122, 125
法定代理人　198
法廷通訳　21, 26-28, 30-34, 37, 39, 41, 43, 44, 54, 56, 155, 157, 244
法テラス（日本司法支援センター）　89, 92
法務省　8, 9, 36, 44, 79-81, 90, 117, 131, 154, 157
法務総合研究所　141, 153, 157
法律用語　6, 11, 28, 29, 31, 35, 36, 40, 49, 50, 118, 119, 145, 227, 244
法令用語　117-119, 123, 124, 224
母性優先の原則　206
ポルトガル語　83-87, 89, 92, 93, 129, 133, 139, 148, 155
香港　10, 105, 170, 171

ま行

麻薬密輸事件　25
未成年後見　205, 211
ミャンマー　9

253

民事訴訟法(民訴法) 23
民主主義的中央集権 231, 232, 237
民法(台湾) 18, 193, 194, 198, 200, 207, 208, 210-213, 216
民法(中国) 166, 169, 182
民法(日本) 91, 161, 164, 167, 200, 203-206, 215-218, 220
民法(ロシア) 225, 241, 242
面会交流 202, 205, 209, 214
模擬尋問 131-133, 135, 136, 138, 156
黙秘権→供述拒否権
モンゴル 9, 101

や行

薬物の輸入罪 53
やさしい日本語 94
養育費 205, 214
養子(縁組) 100, 198, 202, 204, 209, 210, 212, 213, 216
要通訳事件 21, 46, 52, 53, 55

ら行

ラオス 9
リーガル・リサーチ 116, 124, 125, 130
利益相反行為 204, 212
離婚 92, 96-99, 101, 102, 198, 204-209, 213-216, 221, 222
立法院(台湾) 190-192
留学生 10, 13, 18, 26, 82, 101, 107, 122, 147
両公約施行法(台湾) 192, 193, 219

良心の自由 188
連日(的)開廷 46, 51, 55
連邦裁判所(米国) 109, 110
連邦制 69, 108
連邦政府(米国) 58, 62-65, 67-69
ロール・プレイ(役割演技) 130, 133, 155, 157
ロシア人 133, 140, 156
ロシア連邦憲法 223, 234-239, 241, 242
ロシア(露)語 127, 129, 133, 135, 138-140, 145, 155, 223-226, 228-230, 241, 242, 244

わ行

ワシントン大学 9, 116, 124

A-Z

ADR 85
ANJeL(Australian Network for Japanese Law) 10
EU法 105
IATE(InterActive Terminology for Europe) 125
IPC TV 83, 84
JET(Japan Exchange and Teaching)プログラム 88
Japanese Law Translation 117
Web教材 132, 133, 138, 155
Wikipedia 124
World Factbook 111

執筆者紹介

竹中　浩（たけなか　ゆたか）【編者】［序章］［第 5 章 1 節、6 節］
大阪大学大学院法学研究科教授。専門は、西洋政治思想史。主な著作は、『近代ロシアへの転換―大改革時代の自由主義思想』（東京大学出版会、1999 年）、『大学で学ぶ西洋史（近現代）』（共著、ミネルヴァ書房、2011 年）、『排除と包摂の政治学―越境、アイデンティティ、そして希望（年報政治学 2007-Ⅱ）』（共著、木鐸社、2007 年）。

水野真木子（みずの　まきこ）［第 1 章］
金城学院大学文学部教授。専門は、司法通訳、コミュニティ通訳、法言語学。主な著作は、『コミュニティー通訳入門』（大阪教育図書、2008 年）、『コミュニティ通訳―多文化共生社会のコミュニケーション』（共著、みすず書房、2015 年）、『法言語学入門―司法におけることば』（共訳、東京外国語大学出版会、2013 年）、『実践　司法通訳―シナリオで学ぶ法廷通訳』（共著、現代人文社、2010 年）、『司法通訳』（共著、松柏社、2004 年）。

水谷規男（みずたに　のりお）［第 1 章補論］
大阪大学大学院高等司法研究科教授。専門は、刑事訴訟法。主な著作は、『疑問解消・刑事訴訟法』（日本評論社、2008 年）、『テキストブック現代司法（第 6 版）』（共著、日本評論社、2015 年）、福田雅章先生古希祝賀論文集『刑事法における人権の諸相』（共編著、成文堂、2010 年）。

髙井裕之（たかい　ひろゆき）［第 2 章］
大阪大学大学院法学研究科教授。専門は、憲法。主な著作は、『目で見る憲法（第 4 版）』（共著、有斐閣、2011 年）。

マルセロ デ アウカンタラ［第 3 章］
お茶の水女子大学基幹研究院人間科学系准教授。専門は、家族法、比較法。主な著作は、『親権法の比較研究』（共著、日本評論社、2014 年）、Katarina Trimmings and Paul Beaumont (eds.), *International Surrogacy Arrangements: Legal Regulation at the International Level* (Hart Publishing, 2013)。

255

北田加代子［第 3 章補論］
　公益財団法人大阪府国際交流財団総括相談員

松浦好治（まつうら　よしはる）［第 4 章］
　名古屋大学大学院法学研究科特任教授。専門は、法理学、法思想史、法情報学。主な著作は、『法と比喩』（弘文堂、1991 年）、『法情報学（第 2 版補訂版）―ネットワーク時代の法学入門』（共著、有斐閣、2006 年）。

養老真一（ようろう　しんいち）［第 4 章］
　大阪大学大学院法学研究科教授。専門は、法情報学。主な著作は、『法情報学（第 2 版補訂版）―ネットワーク時代の法学入門』（共著、有斐閣、2006 年）。

加藤純子（かとう　じゅんこ）［第 5 章 2 節、3 節］
　大阪大学外国語学部非常勤講師。専門は、司法通訳 WEB 教材開発、医療通訳 WEB 教材開発。主な著作は、『授業づくりハンドブック―ロシア語』（共著、大阪大学出版会、2008 年）。

相場美紀子（あいば　みきこ）［第 5 章 4 節、5 節］
　大阪大学・大手前大学非常勤講師、通訳案内士（中国語）、中国語通訳翻訳。専門は、中国語教育、記号論。主な著作は、『定性・定位から学ぶ中医症例集』（翻訳、東洋学術出版社、2003 年）、『針灸治療大全』（共訳、東洋学術出版社、2014 年）。

末永敏和（すえなが　としかず）［第 6 章監修］
　龍谷大学法科大学院教授、大阪大学名誉教授、弁護士。専門は、商法、会社法、中国法。主な著作は、『中小企業のための中国進出ガイド』（編著、中央経済社、2013 年）、『テキストブック会社法』（編著、日本経済社、2006 年）、『コーポレート・ガバナンスと会社法―日本型経営システムの法的変革』（中央経済社、2000 年）、『株式会社の法理論』（日本評論社、1991 年）。

徐進（じょ　しん）［第 6 章］
　浙江大学光華法学院副教授。専門は、商法、会社法。主な著作は、『闭锁公司的治理：大股东、经营者的责任』（浙江大学出版社、2013 年）。

施鴻鵬（し　こうほう）［第 6 章］
　浙江大学光華法学院大学院生

執筆者紹介

朱晶晶（しゅ　しょうしょう）［第 6 章］
　浙江大学光華法学院大学院生

陳晰予（ちん　せきよ）［第 6 章］
　浙江大学光華法学院大学院生

王賀静（おう　がせい）［第 6 章］
　浙江大学光華法学院大学院生

施慧玲（し　けいれい）［第 7 章 1 節、6 節］
　国立中正大学法律系及び法律研究所教授、中正大学国際事務処処長。専門は、法社会学、家族法。主な著作は、『婚姻移民人権之理論與実務』（代表編者、五南、2012 年）、『全人的・科際整合的・超国界的家庭法研究與教学』（元照、2010 年）、『家庭法律社会学論文集』（元照、2004 年）、『家庭、法律、福利国家：現代親属身分法論文集』（元照、2001 年）。

宋峻杰（そう　しゅんけつ）［第 7 章 2 節、3 節］
　湖北経済学院法学院特任准教授。専門は、憲法、教育法、家族法。主な著作は、『國際學術研討會：教育制度及政策論壇社會變遷與國教革新發展　2013』（共著、國家教育研究院、2014 年）、『國立中正大學法學集刊』第 37 期（共著、2012 年）、「子どもの自己決定と憲法(1)-(3)　米・台・日における子どもの人権・権利論の分析・比較」『北大法学論集』第 61・62 巻（2010 年、2011 年）。

黄浄愉（こう　じょうゆ）［第 7 章 4 節、5 節］
　輔仁大学法律学院法律学系助理教授。専門は、家族法。主な著作は、「台湾における養子縁組の制度的特徴と現実の機能—特に日本法との対比で (1) (2 完)」『新世代法政策学研究』7 号、8 号（2010 年）、『親権法の比較研究』（共著、日本評論社、2014 年）。

樹神　成（こだま　しげる）［第 8 章］
　三重大学人文学部教授。専門は、ロシア法。主な著作は、『どう考える自治体の行政評価制度』（自治体研究社、2001 年）、『現代ロシア法』（共著、東京大学出版会、2003 年）、『アジアの憲法入門』（共著、日本評論社、2010 年）。

言葉の壁を越える	東アジアの国際理解と法

発 行 日	2015年7月21日　初版第1刷
編 著 者	竹中　浩
発 行 所	大阪大学出版会
	代表者 三成賢次

〒 565-0871
吹田市山田丘 2-7　大阪大学ウエストフロント
TEL　06-6877-1614（直通）
FAX　06-6877-1617
URL：http://www.osaka-up.or.jp

印刷・製本　尼崎印刷株式会社

Ⓒ Yutaka TAKENAKA et al. 2015　　　　　Printed in Japan
ISBN 978-4-87259-506-2 C3032

Ⓡ〈日本複製権センター委託出版物〉
本書を無断で複写複製（コピー）することは、著作権法上の例外を除き、禁じられています。本書をコピーされる場合は、事前に日本複製権センター（JRRC）の許諾を受けてください。